HOW TO READ
NEW YORK

ニューヨーク
建築様式を読み解く

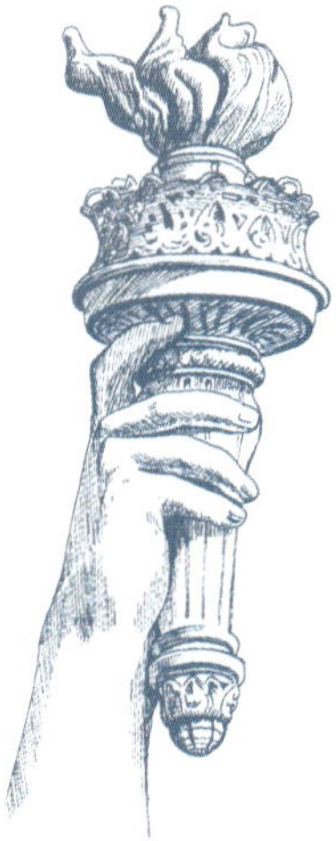

ウィル・ジョーンズ 著
乙須敏紀 翻訳

目次

ニューヨークへようこそ 6

手掛かりを探せ 8

古典様式&コロニアル様式 10

自由の女神像／監獄船慰霊碑／静かな湖面に佇むボートハウス／ロウ・メモリアル・ライブラリー／セントラル・パーク／ブロンクス・カウンティ・コートハウス／マリナーズ・テンプル／セイラーズ・スナッグ・ハーバー／リッチモンド・タウン／モルガン・ライブラリー・アンド・ミュージアム／リッチフィールド・ヴィラ／ブルックリン歴史協会／ジ・アーカイブ／イーグル・ウェアハウス・アンド・ストレージ・カンパニー／ザ・フリック・コレクション／ジョン・ボウン邸／カンファレンス・ハウス／ザ・クロイスターズ／IRTボーリング・グリーン駅／セント・ポール教会／バレンタインーバリアン邸／メトロポリタン美術館／ロケーション・マップ

ルネサンス様式 62

グランド・セントラル駅／ザ・ダコタ／エリス島移民博物館／セント・ジョージ・シアター／シティー・ホール／マンハッタン ミュニシパル・ビルディング／ザ・プラザ／キャリー・ビルディング／エニッド・A・ホウプト・コンサーバトリー／ロウズ・パラダイス・シアター／ライシーアム・シアター／地下鉄／ジェームズ・A・ファーレー郵便局／ブルックリン美術館／クーパー・ヒューイット博物館／ポッター・ビルディング／ニューヨーク公立図書館／ベラスコ・シアター／ブロンクス動物園／フラットアイアン(フラー・ビルディング)／ロケーション・マップ

さまざまな装飾様式 110

アメリカン・ラジエター・ビルディング／ザ・ウールワース・ビルディング／セント・パトリック教会／ブルックリン橋／グリーンウッド墓地／チャーチ・オブ・ジ・インカーネーション／セント・トーマス教会／セント・ジョン・ザ・ディヴァイン大聖堂／ベイヤード・コンディクト・ビルディング／エンパイア・ステート・ビルディング／チャニン・ビルディング／ロッ

クフェラー・センター／ウェスタン・ユニオン・ビルディング／ウォールドルフ・アストリア・ホテル／パラシュート・ジャンプ／ヤンキー・スタジアム／グランド・コンコース／クライスラー・ビルディング／ロケーション・マップ

初期モダニスト 154
国連本部ビル／ニューヨーク近代美術館(MoMa)／ニュー・スクール・フォー・ソーシャル・リサーチ／シーグラム・ビルディング／レヴァー・ハウス／スターレット・リーハイ・ビルディング／マニュファクチャラーズ・トラスト・カンパニー／ロックフェラー・ゲストハウス／クリムソン・ビーチ／ザ・ハイライン／トゥー・コロンバス・サークル／アーサー・キル・ブリッジ／ウィリアムズバーグ・ハウジズ／エドワード・ダレル・ストーン自邸／ヴェラザノ・ナローズ・ブリッジ／クイーンズ・シアター・イン・ザ・パーク／ニューヨーク科学館／TWAターミナル／ソロモン・R・グッゲンハイム美術館／ロケーション・マップ

モダン&ポストモダン 200
ニューヨーク・タイムズ・ビルディング／コニーアイランド駅／アメリカン・フォーク・アート美術館／シティグループ・センター／ニュー・ミュージアム・オブ・コンテンポラリー・アート／クイーンズ植物園ビジターズ・センター／ワン・コート・スクエア／ハースト・マガジン・ビルディング／コープ・シティ／メトロポリタン・オペラ・ハウス／マディソン・スクエア・ガーデン／クーパー・ユニオン新校舎／エイト・スプルース・ストリート／ホイットニー・アメリカ絵画美術館／ソニー・ビルディング／モルガン・スタンレー・ビルディング／シティ・フィールド／オーストリア文化フォーラム／トランプ・タワー／ワールドワイド・プラザ・コンプレックス／ワン・ワールド・トレード・センター／ロケーション・マップ

著名建築家18人作品一覧 250
用語 252
索引 254

WELCOME

ニューヨークへようこそ

ニューヨークに着くとだれもがする最初のリアクションは、上を見上げることだろう。マンハッタンの壮観なスカイラインは、世界でも他に比べるものがないほどに見る人を圧倒する。確かにニューヨークの偶像的なスカイスクレーパーは人々の注目を集めようと意匠を凝らして造られているが、それを支える建築構造は、それ以上に興味の尽きないものである。

本書は、有名なランドマークを次々に見て回る観光客のためのガイドブックではない。本書が提供するのは、このニューヨークという街に共存しているさまざまな建築様式を巡る建築行脚である。どこを見ればその建物を定義している建築様式を知ることができるか、過去と現在の建築家がどのような形でこの街の建築的特性を形作ってきたか、これらが本書が伝えようとしていることである。それゆえ、エンパイア・ステート・ビルディングやクライスラー・ビルディング、自由の女神などはもちろん登場するが、焦点は、それらの建築物の背後にある建築原理を理解することに当てられており、それによって読者は、はるかにもっと重要なものを発見することができる。

ニューヨークを訪れた観光客は、急いでできるだけ多くのランドマークを見て回り

緑の絨毯

A swath of green

この人口過密の街の中心にある緑の絨毯が、セントラル・パークである。それはあまりにも過密になりすぎることを中和するため、そしてすぐ近くで緑の環境を楽しみたいという住人の強い要望を受けて、1873年に完成した。

TO NEW YORK

たいという衝動に駆られ、その反対にニューヨークの住人は、それらをほとんど無視して通り過ぎる。本書は観光客にも住人にも、もっとゆっくりと歩き、細部を観察し、有名なランドマーク建築物を眺めるだけで満足せず、建築の宝石箱と呼ばれるこの街の魅力をもっと存分に味わうように提案する。

重要な建築物のすべてを網羅することはできないが、本書はこの街の建築的景観を読み解くための道具を提供する。それによって読者は、これまで気づきもしなかった大きな発見をいくつもすることができるだろう。

世界一を目指す

Aspring giant

ニューヨークの数多くのスカイスクレーパーの中でもひときわ異彩を放つクライスラー・ビルディングは、完成した1930年当時、世界一の高さを誇った。しかしその栄冠は長くは続かなかった。その高さ320mの尖塔は、それからほんの11カ月後には、エンパイア・ステート・ビルディングに追い抜かれてしまった。

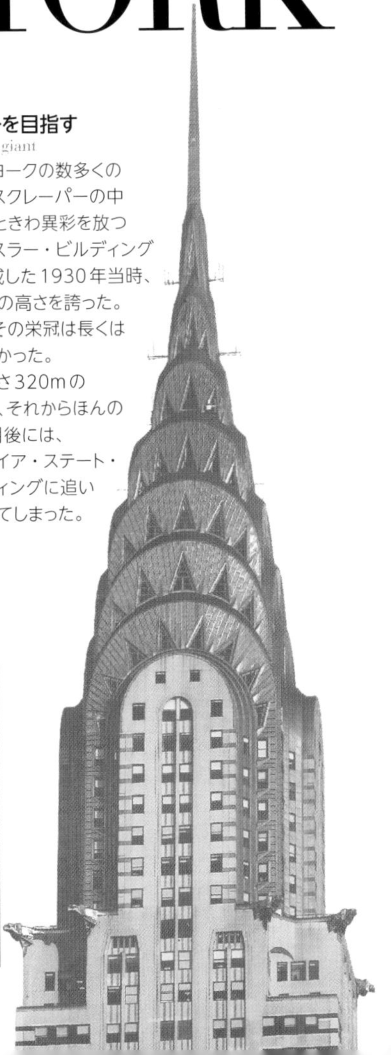

INTRODUCTION

手掛かりを探せ

構造設計という観点から見ると、建築は精密科学以外の何ものでもない。しかし様式や運動という観点から見ると、境界線はかなり曖昧である。ギリシャおよびローマの古典建築は、ほとんど継ぎ目なしにルネサンス様式やボザール様式に融合し、ゴシック様式のフォルムはアール・デコ様式へと受け継がれていった。一方、インターナショナリズムやモダニズムの教義は、逸脱を許さないほどに厳格なもののようであるが、建築家たちはその様式の中に半古典主義的な装飾をそっと忍びこませ、こうしてポストモダニズムが誕生した。

ではこれらの様式の間の違いや類似点は、どのようにして見分けることができるだろうか? そこで最も重要なことは、手掛かりを見つけることである。それは時に簡単に見つかることもあるが、たいていは密やかに隠されている。

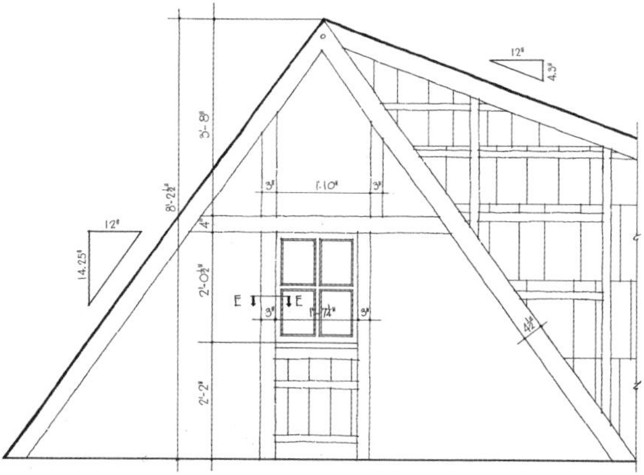

植民地時代の影響

Colonial influence

われわれが今日知っている有名建築物は、ニューヨークという独特の建築環境の中から湧き上がってきたものであるが、個人住宅の多くは、所有者の出身国や建築的指向を読み解くための手掛かりを多く与えてくれている。これはその一例であるが、対称的な軸組み構造をよろい下非板(アメリカでは特に人気が高い)で被覆した形は、当時のオランダで最も一般的な住宅建築様式であった。

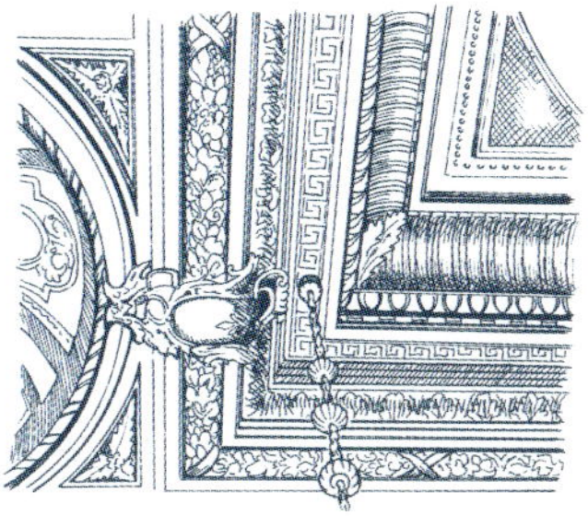

古典主義および新古典主義装飾

Classical and Neoclassical decoration

古典的な凝った装飾で飾られている建物は、わりと簡単にその様式の手掛かりを見つけることができる。この飾り天井の細部を見ると、幾何学的な雷文模様、エッグ・アンド・ダート、果実と葉の意匠をあしらったロープ・モールディング、そして巻物状の家紋が見られる。このように多様な装飾が一体となって使われていることから、この建物が新古典主義様式であることがわかる。それらが単独で使われている時は、ギリシャからバロックまでのさまざまな建築様式の影響を示している。

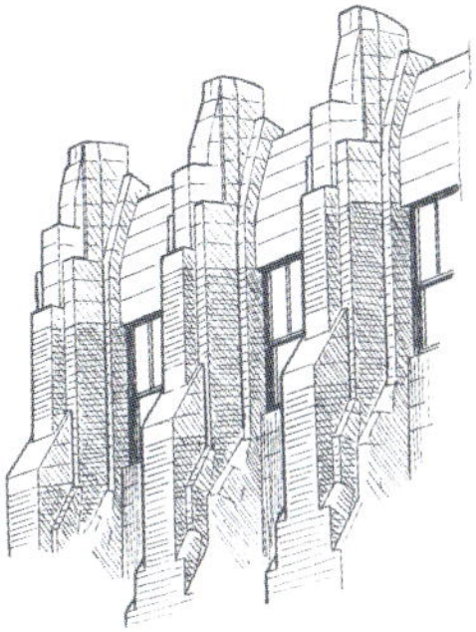

バットレス

Buttresses

バットレスは、本来ゴシック様式大聖堂などの高く重い石壁を支えるための構造として考え出されたものであるが、時代を経るなかで建築家は、それを装飾アーチや尖塔の中に巧みに組み込んでいった。このアール・デコ様式のチャニン・ビルディングでは、その考えは論理的結論まで推し進められ、バットレスはもはや構造的意味を失い、建物にドラマを付け加えるための純粋な装飾的要素となっている。

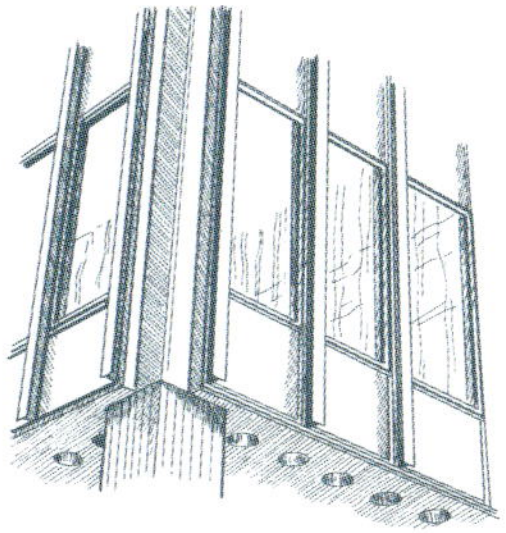

モダニストのファサード

The Modernist facade

シーグラム・ビルディングはモダニズム建築の代表である。モダニストにこれほど大きな影響を与えたスカイスクレーパーは他にはない。ガラスの外皮が薄い金属の枠によって支えれているだけで何の装飾もなく、建物の機能的骨格がそのまま前面に押し出されている。この建物は、モダニストの設計思想を極限まで純化した精製物である。

新しい世紀、新しいフォルム

New century, new forms

コンピュータを駆使して建築設計を行う時代に突入すると、建物はますます異様な形状を帯びるようになっていった。曲線の理想形を追求するフランク・ゲーリーから、このほとんど単純な箱を積み木のように重ねただけと言えるようなSANAAのニュー・ミュージアム・オブ・コンテンポラリー・アートまで、建築家たちは自らを表現する新しい独特の方法を探究している。

CLASSICAL & COLONIAL

古典様式&コロニアル様式

正統派
Class act

円柱、柱頭、そして文字の刻まれたエンタブラチュアなど、このロウ・メモリアル・ライブラリーは、古典様式のオーダーを忠実に再現している。完成したのは1895年であるが、この建物は、ニューヨークに多く見られる、古代の皇帝が代々継承してきた建築文法を正しく受け継いで設計されている。

ヨーロッパ人の観点からすると、16世紀半ばまで北アメリカとニューヨークは存在すらしていなかった。しかし偉大な探検家たちが、そこが巨大な新大陸であることを発見すると、次々に新たな植民者が彼らの足跡に続き、祖国の建築工法とそれに関連した装飾様式を持ちこんだ。それらの様式は、集合的にコロニアル様式——フランス風、オランダ風、英国風等々——と呼ばれた。それらの様式にはそれぞれ長所があったが、それぞれに特殊なデザインが生まれた理由は、装飾というよりは、構造あるいは住環境としての事情からが主であった。現在コロニアル様式は、当時のまま保存されている住居だけでなく、新しい様式の中に取り込まれた形で見ることができる。

壮麗なドーム、円柱、行列用大階段などの特徴を持つ本来の古典主義的建築様式は、16世紀以前のギリシャとイタリアの長い歴史の中で確立された様式である。とはいえその様式は、19世紀に入ってもさまざまな形態で都市景観の中に浸透していた。モダニズムの出現によって、ついに古典主義建築の妥当性に疑問符が投げられたが、その時でさえ多くの建築家がモダニストのデザインの厳格な機能主義に反発した。このような理由から、ニューヨークの最も印象的な建造物の多くが、そして20世紀に入って設計、建築された建造物でさえ、ロマネスク、ジョージア、ドリス、パラディアンの各様式の理想形を追求してデザインされている。

自由の女神像

頭部の完成
Getting a head
フランスとアメリカの友情の象徴である自由の女神像は、船でアメリカへ輸送される前に、フランス国民に一般公開された。1878年のパリ万博で頭部が展示されたが、会期中それが載せられていた基壇は、政界の大物が演説するステージとして使われた。

フランス人民からアメリカ合衆国への贈り物である自由の女神像は、単体ではおそらく世界で最も有名な彫像であろう。アメリカ独立100周年を記念して建造された、長衣をまとった女性リバティーは、ローマの自由の女神リベルタスの1つの解釈である。アメリカの自由の女神像は、高さが46mあり、同じ形の3つの彫像の中で最大のものである。等身大の像（台座を合わせて高さ約4.6m）は、フランス元老院があるパリのリュクサンブール庭園に置かれている。これは製作者のバルトルディが最初に造ったモデルである。2番目のものが、1889年に、フランス革命100周年を記念してアメリカ合衆国からフランス国民へ送られ、高さ約11.5mの女神像で、ニューヨークにあるものの正確な複製である。ニューヨークの自由の女神像の正式名は、『世界を照らす自由《Liberty Enlightening the World》』である。そして彼女が左手に抱えている銘板には、アメリカの植民地が大英帝国から独立を勝ち取った日付、1776年7月4日がローマ数字で刻まれている。

自由を感じる瞬間
A first glimpse of Liberty
右手を高々と上げる自由の女神像。その左肩越しに、元は移民管理局であったエリス島移民博物館が見える。

自由の女神像

場所

Liberty Island, New York Harbor

竣工 1886年

建築家

フレデリク・オーギュスト・バルトルディ、リチャード・モーリス・ハント

見どころ

像は、ステンレス鋼の骨組みの上を膨大な枚数の銅板で覆う形で造られている。設計者であるフレデリク・オーギュスト・バルトルディの指揮の下、約10年の歳月をかけて1886年に完成した。総重量は225トンを超えていた。その後分解され、241個の木製のコンテナに詰められてアメリカへ船で輸送された。バルトルディは1778年の米仏同盟に着想を得て像のイメージを作り上げ、像は両国人民が協力して建設すべきだと提唱した。こうして、フランス側が像を制作している間、アメリカ側が基礎と台座を建設した。1885年にその基礎と台座を設計し、建設を指揮したのが、リチャード・モーリス・ハントである。その基礎は、完成当時はベドロー島と呼ばれた。像はここに建立される前、頭部は1878年のパリ万博で展示され、右腕とたいまつ部分は、1876年にフィラデルフィアで開催された独立百年祭に展示された。1886年10月28日、大統領グロバー・クリーヴランド臨席の下、台座の上に載った自由の女神像の除幕式が行われた。

台座

Pedestal

像の基礎と台座を設計したリチャード・モーリス・ハントは、それを古典様式に則って設計することによって、リバティー像を完璧なものにした。11芒星の基壇の上に据えられている切石積み造の台座は、各面とも同じ形状をしている。10個の石の円盤が並んだ帯の上方に、ピラー（装飾角柱）で支えられたバルコニーが載っているが、その40個の円盤の表面には、当時アメリカ合州国を構成していた40の州の名前が刻まれるはずであった。

階段（右）

Stairs (right)

像の骨組の内側に二重らせん階段が設けられているが、観覧者はその前にまず、台座の中の階段を4階分昇らなければならない。たいまつまでは腕の内部の梯子を伝っていく。二重らせん階段を設計したのは、エッフェル塔で有名なアレクサンドル・ギュスターヴ・エッフェルと彼の構造技師モーリス・ケクランである。

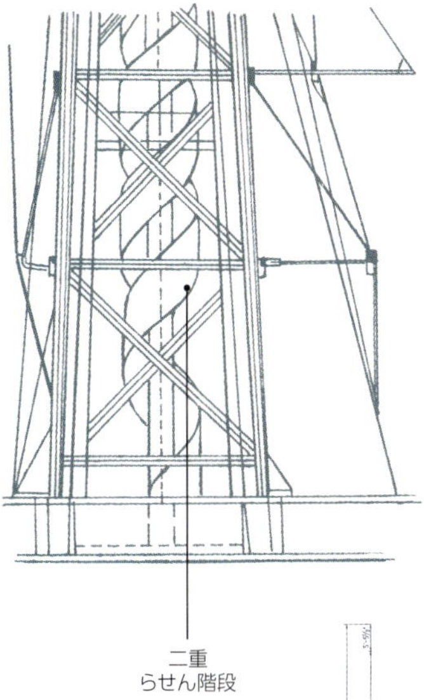

断面図（下）

Section (below)

断面図は、女神像を支えるために必要な巨大な鋼鉄製の上部構造を示している。像の外皮である成形された銅板が、リベット留めされた鞍部を経て、鋼鉄製の骨組みに固定されている。その巨大な上部構造とそれを台座の上に固定する方法を考案したのが、エッフェルである。

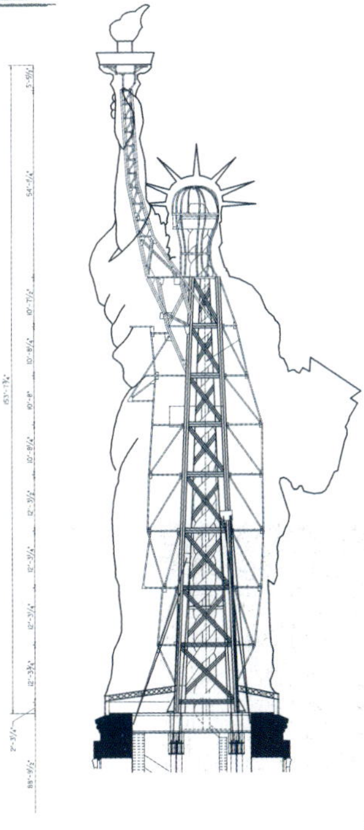

たいまつ

Torch

新古典様式で造られている自由の女神像は、右手でたいまつを掲げているが、それは彼女が「世界を照らしている」ことを示すと同時に、太陽、7つの海、7つの大陸を象徴する光輪をも暗示している。当初観覧者はたいまつの外枠の周りのバルコニーまで昇ることができたが、安全を考慮して1916年以降は禁止されている。

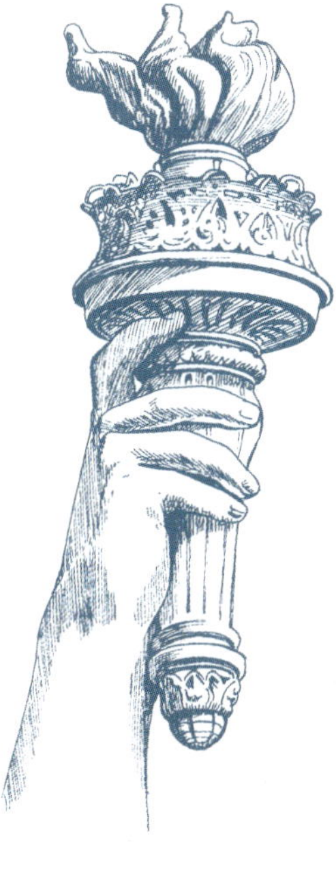

監獄船慰霊碑

アメリカ独立戦争の最中、イギリスは国王への忠誠を誓わない者をすべて逮捕したが、そのなかには一般のアメリカ市民や外国人船乗りが多く含まれていた。監獄が一杯になると、就航不能の船舶をウォーラバウト湾内に碇泊させ、それを海上監獄にした。この慰霊碑は、監獄船に収監されている間に亡くなった1万1000人以上の男性、女性、子どもの霊を慰めるために建立されたもので、その残虐行為の犠牲者を慰霊するものとしては3番目のものである。最初の慰霊碑が、1800年代初めにタマニー協会によって建立され、次に1873年に、遺骨を収める納骨堂が造られ、そして1908年に現在の慰霊碑が建立された。

痛恨の碑
Poignant marker

アメリカ独立戦争の最中にイギリスによって行なわれた残虐な行為を忘れないための痛恨の記念碑である監獄船慰霊碑は、過度なシンボリズムを避けた古典主義的なデザインとなっている。とはいえ、それが建立されたのは、戦争が終わって100年以上も経ってからのことであった。

円柱
Column

この単独で建つドリス式円柱の高さは約45mである。この円柱がドリス式オーダーであることを見分ける最大の特徴は、ほとんど装飾のない簡素な柱頭である。また、水平な溝が彫られているトリグリフもドリス式であることを示している。

場所　*Fort Greene Park, Brooklyn*

竣工　1908年

建築家　スタンフォード・ホワイト(マッキム, ミード＆ホワイト設計事務所)

ドア

Door

慰霊碑の基部にある真鍮製のドアは、比較的控え目な装飾となっている。古典様式の石造物にはたいてい何らかの形で装飾が施されているが、このドアの石枠にはほとんど細部装飾がなく、この慰霊碑が通常の石碑とは違うものだということを感じさせる。

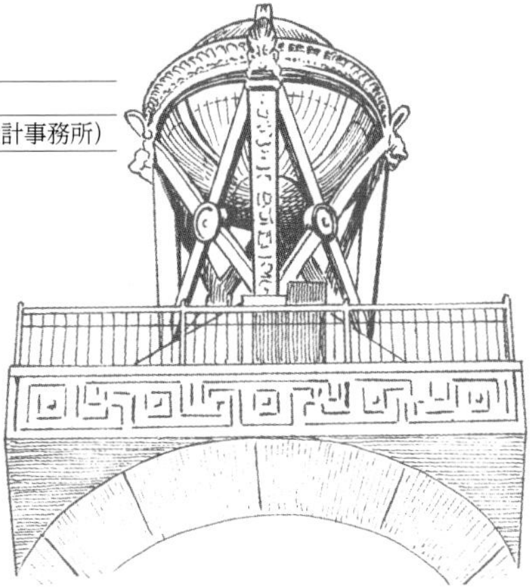

ブレイザー（火鉢）

Brazier

円柱の上に据えられているのは、彫刻家A・A・ワインマンが制作した真鍮製の火鉢である。その火鉢は永遠の炎を象徴している。その彫刻の重さは8トン以上もある。

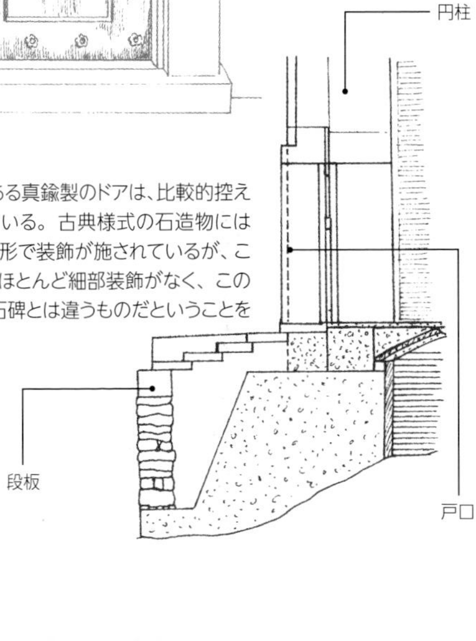

入り口

Entrance

基部の入り口付近の構造断面図を見ると、円柱の構造が極めて分厚く堅固であることがわかる。ドアは石細工の奥深くまでセットバックされているが、それは風雨による腐食を避けるためである。礎石から戸口まで、あまり段差のない5段の石の階段が造られている。

静かな湖面に佇むボートハウス

公園のフォーリー
Park folly
この新古典主義様式の建物は、ルネサンス時代のヨーロッパの幾何学的庭園によく見られる建築的フォーリー（人目を引く建物）のアメリカ版と言える。それらの建物は実際に使われることはほとんどないが、周囲の景観を完結させる役割を果たす。

ヘルムレ,ヒューバティ&ハズウェルによって設計されたこのボートハウスは、ブルックリンのプロスペクト・パーク内の湖の北東岸に佇んでいる。この建物は、1905年に、ヴェネチアの16世紀ルネサンス様式のサン・マルコ図書館に着想を得た折衷主義的新古典主義様式によって建設された。長い間あまり利用されず、1964年には解体寸前までいったが、1972年にこのボートハウスを、米国国家歴史登録材に登録させ保存しようという運動が起こった。現在この建物には、環境保護団体であるオーデュボン協会の都市利用案内センターが置かれている。

場所　*Prospect Park, Brooklyn*

竣工　1905年

建築家　ヘルムレ,ヒューバティ＆ハズウェル

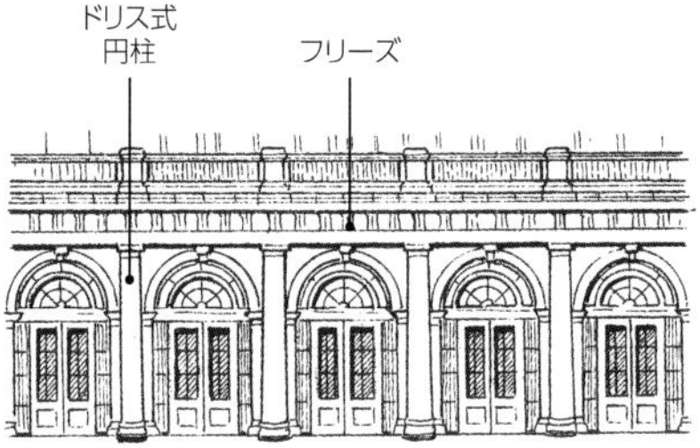

円柱とアーチ

Columns and arches

アーチとドリス式円柱が交互に並び、その上をフリーズが走るという西側ファサード1階部分のフォルムは、古典ローマ様式を代表する構造であり、ヴェネチアのサン・マルコ図書館が最も有名である。

街灯柱

Lampposts

西側ファサードの前には、真鍮製の街灯柱が並んでいる。様式化されたゴシック様式の柱頭の上にはガラス製の球が載っているが、その装飾様式と1.2mという抑えた高さによって、古典的な雰囲気が更に強く醸し出されている。

2階

Second story

ローマ建築の特徴である緩やかな傾斜の屋根を持つ2階のパビリオンは、バルコニーとボザール様式の欄干に囲まれている。壁面の疑似柱仕上げや窓廻りの新古典主義的装飾を除けば、2階部分も1階部分の荘厳さを引き継いでいる。

煙突

Chimneys

このボートハウスの煙突は、古典的なデザインのフォーリーと考えられる建物の屋根の上にあるものとしては、すこし奇異な印象を与える。それは2階部分の両端を締めくくる形で造られているが、この建物が、冬の間も使われることを想定して建てられたものであることを示している。

ロウ・メモリアル・ライブラリー

パンテオンの影響

Pantheonic influence

ライブラリー正面は、10本のイオニア式円柱で支えられたポルティコになっているが、渦巻き模様の柱頭が、それがイオニア式オーダーであることを示している。建物はローマのパンテオンを基にしているが、実際のパンテオンは三角形のペディメント（破風）になっているのに対して、この図書館は矩形のエンタブラチュアになっている。

コロンビア大学の学長であったセス・ロウが、父親を偲び、個人の資産を投じて建設したロウ・メモリアル・ライブラリーは、モーニングサイドハイツ・キャンパスの建築的ハイライトである。設計は、マッキム,ミード&ホワイト設計事務所で、彼らはキャンパス全体の設計も行った。その新古典主義的デザインは、ローマのパンテオンを模したもので、ドーム屋根とイオニア式円柱が、紀元126年に建立されたパンテオンとこの図書館のつながりを明確に物語っている。

場所 *Columbia University, 2960 Broadway, Manhattan*

竣工 1895年

建築家 マッキム，ミード＆ホワイト設計事務所

アーチ型窓

Arched window

中央大円形広間（閲覧室）の壁面の高い位置にある大きなアーチ型窓は、古代ローマ様式のもう1つの代表的建築であるディオクレティアヌス帝浴場の窓から着想を得たものである。尖頭や肩のない純粋な半円形のアーチが、それがローマ建築様式であることを示している。

隅部のディテール

Corner detail

正面ファサードの左隅部では、渦巻型のイオニア式柱頭がエンタブラチュアを支え、そこにはイオニア式装飾様式によく見られる花輪模様が飾られている。最頂部コーニスの角のモールディングは渦巻き模様になっており、柱頭の渦巻きと呼応している。

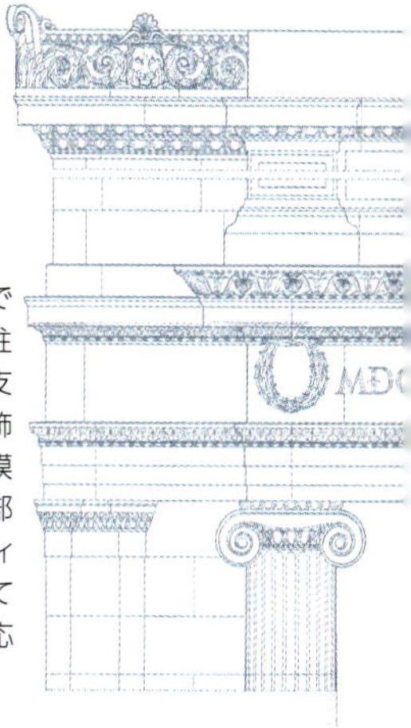

彫像

Statues

中央大広間のバルコニーの欄干にはめ込まれた台座の上には、4体の等身大の大理石像が見下ろすように立っているが、それらはギリシャとローマの哲学者、デモステネス、エウリピデス、ソフォクレス、アウグストゥス・カエサルである。図左がエウリピデスで、右がデモステネス。

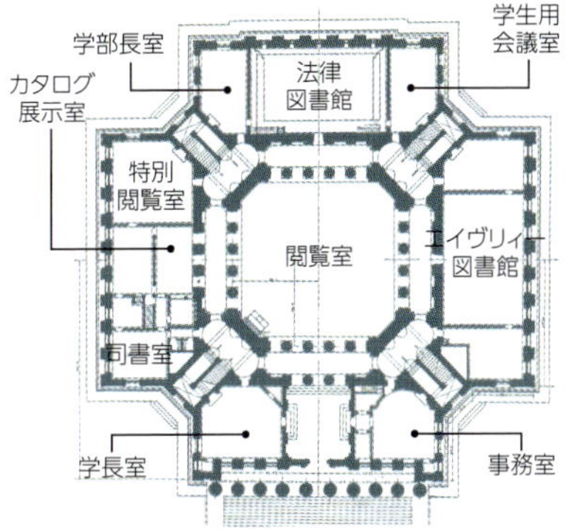

平面図

Plan view

ライブラリーの平面図を見ると、ギリシャ十字の形に構成されていることがわかる。中央大広間（ロトンダ）は大閲覧室として造られ、四方の壁上部のアーチ型窓から、明かりが降り注ぐようになっている。その後、この建物は用途を変え、ロトンダは現在式典用空間となっている。

セントラル・パーク

場所 *59th Street and Broadway (southwest corner), Manhattan*
完成 1873年
建築家
フレデリック・ロー・オルムステッド、カルヴァート・ヴォークス

19世紀初め、ニューヨークの人口は急増し、この街にもヨーロッパの大都市によく見られる大きな公園を造る必要があるという声が高まり、1856年に公開入札が行われた。フレデリック・ロー・オルムステッドとカルヴァート・ヴォークスが公園の設計を落札した。オルムステッドとヴォークスの公園計画を実施に移すために、315ヘクタールの土地から何百人という移民が強制移住させられた。当初グリーンズワードと呼ばれたセントラル・パークは、最終的には341ヘクタールまで拡張された。北側は自然のままの景観を感じさせる造りで、一方南側は、イングリッシュ・ガーデンや田園墓地の要素を用いたやや人工的な造りとなっている。

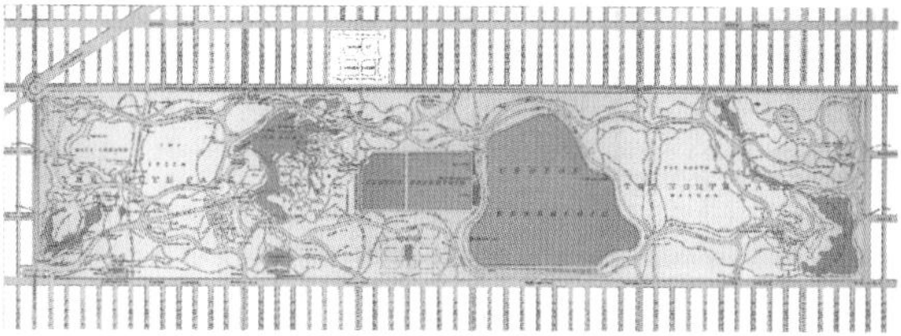

公園平面図
Park plan
オルムステッドとヴォークスのデザインは、公園を二分割するもので、北側を手つかずの自然を感じさせる部分とし、南側を、噴水、池などを配した秩序ある景観庭園を持つ田園部とした。

噴水の天使像

Angel of the Waters fountain

72丁目から続く道をまっすぐ公園を横切るように進むと、ヴォークスが設計したベセスダ・テラスが見える。その下側のテラスの噴水の中央に立っているのが、エマ・ステビンス作の青銅製の像「水の天使」である。天使は4人の若者によって高く持ち上げられているが、その4人の若者は、健康、純粋、節制、平和の象徴である。

ベセスダ・テラス・アーケード

Bethesda Terrace Arcade

有名なイギリスのミントン・タイル社製の1万5000枚の装飾タイルで覆われたベセスダ・テラス・アーケードをデザインしたのは、ジェイコブ・レイ・モウルドで、アーケードの内壁は、あえて周囲の景観と対照的な色彩豊かなデザインとなっている。壁を飾る壁がんには、大理石と花崗岩の粗仕上げの浮き彫りで表された壁画も含まれている。

ゴシック・ブリッジ

Gothic Bridge

ゴシック・ブリッジは、1864年に完成した鋼鉄と鋳鉄で造られた橋で、三角小間の鉄細工の曲線が、ゴシック大聖堂のバラ窓に見られる曲線に似ていることからこう名付けられた。この橋も、公園内の他の多くの橋と同様にヴォークスの設計によるものであるが、その中でもたぶん最も多く装飾がほどこされているものであろう。

公園北側遠景

Northward view of the park

公園は、高層ビルディングに支配された景観の中の緑の帯となっている。すでに1850年代のニューヨークはこのような密集した都市景観になっており、人々はその中に緑の空間を設けることを切望した。

ブロンクス・カウンティ・コートハウス

場所 *851 Grand Concourse, The Bronx*

竣工 1934年

建築家
マックス・ハウゼル、ジョゼフ・H・フリードランダー

大恐慌時代に800万ドルという巨費を投じて建てられたこの建物は、当時の多くの熟練職人に雇用機会と収入を提供するための貴重な源泉となった。建物は3年半の工期を経て1934年に完成し、当時の市長フィオレロ・ラガーディアの手によって除幕が行われた。コートハウスは鉄骨の骨組みを石のファサードで被覆する形になっており、新旧の素材の組み合わせで造られている。同様にその装飾も、新古典主義とより現代的な様式（アール・デコ）の組み合わせ、すなわちハイブリッド——20世紀アメリカ建築を特徴づける呼び名として時折使われる——となっている。設計したのは、ヨーロッパで経験を積んだ2人の建築家、マックス・ハウゼルとジョゼフ・H・フリードランダーで、この建物は1996年に、ニューヨーク市のランドマークに指定された。

司法の殿堂

Judicial grandeur

形も大きさも記念碑的であるブロンクス・カウンティ・コートハウスは、ニューヨークの住人の多くが生き残るために必死に戦っていた時代の偉大な建築的業績である。それはまた、ブロンクスをマンハッタンに比肩する地区にしようと熱心に取り組んでいた人々の熱き想いを今に伝える歴史的建造物である。

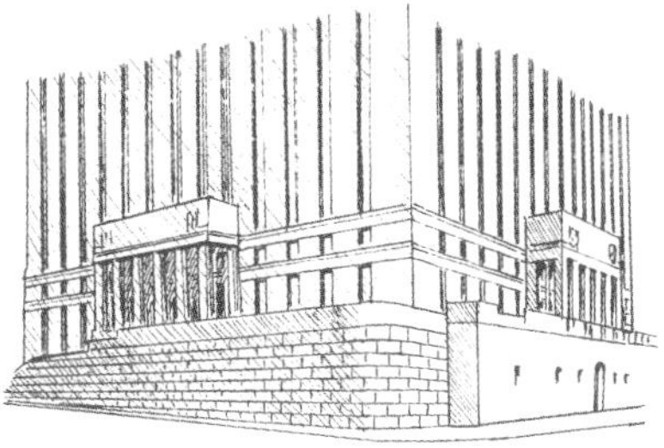

田舎風の基礎

Rusticated base

圧倒的なスケールのこのコートハウスは、見るからに畏怖の念を起こさせる建物となっている。しかしハウゼルとフリードランダーは、かなり素朴な質感の花崗岩を基礎に使うことによって、建物の量塊感を和らげている。その結果、建物は二分割され、基礎のブロックの上に、それとは性格も素材も異なった（石灰岩）建物が載っている格好になっている。

正面入り口

Front entrance

当時の多くの裁判所と同様に、正面入り口までは長い石の階段を昇って行かなければならない。入り口ドアは、6本の円柱に支えられたポルティコの奥にある。ポルティコの上のエンタブラチュアは、古典様式とアール・デコ様式のモチーフの浮き彫りの組み合わせで装飾されている。

フリーズ

Frieze

建物の基礎のやや上方には、農業、商業、工業、宗教、芸術にいそしむ人々を象徴的に描いた浮き彫りのフリーズがある。制作したのは彫刻家のチャールズ・ケックである。それは、銅とニッケルで造られた、窓と窓の間にある無機的な光を反射するアール・デコ様式のスパンドレルと好対照をなしている。

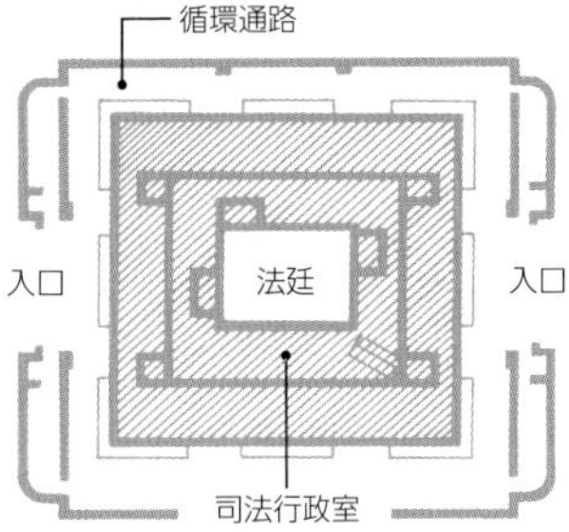

平面図

Plan

建物平面の略図は、各面のデザインが非常に類似性の高いものとして設計されていることを示している。同時に、内部では循環通路が外縁部に押しやられ、法廷が建物の中心に置かれていることがわかる。モダニスト運動の機能主義が、古典様式の華麗さを抑えて勝利している。

マリナーズ・テンプル

ギリシャ復古調

Going Greek

マリナーズ・テンプルは、19世紀アメリカ建築においてどれほど古典様式の影響が強かったかを今に伝える良い見本である。建築家たちは、革新的であることを望まず、ひたすら歴史から学ぼうとしていた。

マリナーズ・テンプルは、イースト・リバー地区に住む船員のための教会として、1795年にニューヨーク地区伝道教会によって設立された。最初はチェリー・ストリートのある教会に併設された形で存在していたが、1844年に、すぐ近くのオリバー・ストリートに、より大きな独立した教会として建立された。人通りの多い活発な地域の中に立つそのギリシャ復古調の荘厳な教会は、スウェーデン人、イタリア人、ラトヴィア人、ロシア人などの移民信徒を多く惹きつけた。教会は現在も礼拝の場所となっており、マリナーズ・テンプル・バプテスト教会と中国バプテスト伝道会の2つのバプティスト派信徒の心のよりどころになっている。

場所 *12 Oliver Street, Manhattan*

竣工 1844年

建築家 マイナード・ラフィーヴァー

天井装飾

Ceiling decoration

建築家マイナード・ラフィーヴァーの精緻な様式を締めくくるのが、格間天井の中心にある漆喰の円形模様である。それは数層の花弁、きつくカールした葉、矩形の葉状体によって構成されている。

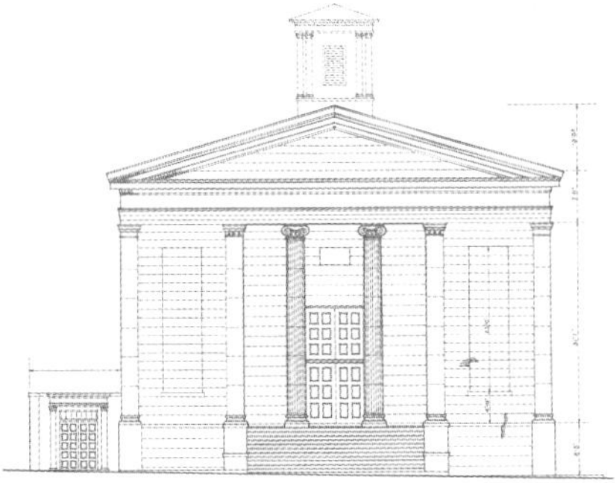

正面ファサード

Main facade

2本の角柱のピアと、その間にある2本の円柱によって支持されている教会正面入り口のポルティコには、奥行きのある玄関ホールと柱の上のドリス式のフリーズという特徴も見られる。とはいえこのとても劇的なギリシャ復古調のスタイルと、建物四隅のジョージア様式の隅石の組み合わせは、調和を欠いている。

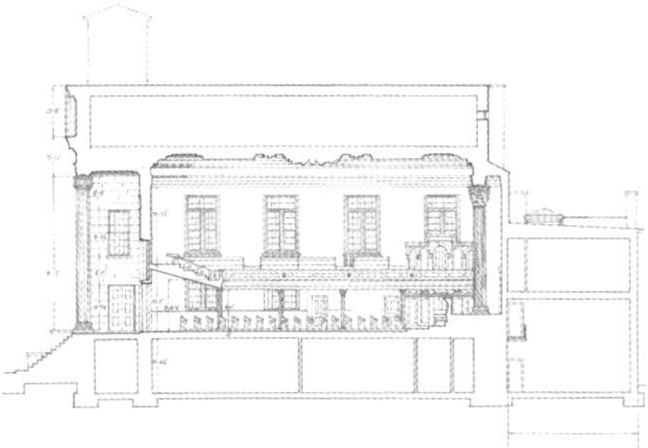

バルコニー

Balconies

教会内部の3面の内壁に沿うようにして設けられた階段状のバルコニーは、回廊の役割を果たしている。それらは小さなコリント式の小柱（コロネット）で支持されているが、それは正面ファサードの大きな円柱と呼応している。

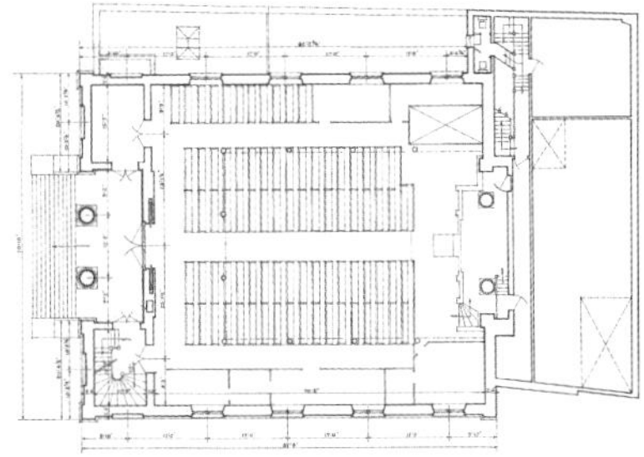

見取り図

Layout

礼拝者は回廊の下を歩き、中央通路を下って礼拝席に着席する。回廊は、教会内部の南、東、西の各面の長さ一杯まで伸びている。教会内部では、2本の大きなコリント式円柱が、正面の聖書朗読台の両脇を固めている。

セイラーズ・スナッグ・ハーバー

場所
1000 Richmond Terrace, Staten Island

竣工　1833年

建築家
マーティン・E・トンプソン
マイナード・ラフィーヴァー

ギリシャ様式の5つの建物
Five in Greek

1列に並んで、キル・バン・カル海峡を見下ろしている。そのすべてが古典ギリシャ建築様式で、生活の中心となっている。

1833年、ロバート・リチャード・ランドールは、「老齢になったり障害を負ったりして働けなくなった船員のための天国」を創造するという使命感につき動かされて、キル・バン・カル海峡の段丘にセイラーズ・スナッグ・ハーバーを建設した。その慈善団体はニューヨーク市で最も資金力の豊かな組織に成長し、管理する敷地内には、農園、製パン工場、教会、サナトリウム、ミュージック・ホール、墓地、居住施設などが造られていた。敷地内の建築物は、19世紀から20世紀にかけての建築様式の変遷を反映したものであったが、その後多くの建物が老朽化し取り壊された。現在残っているものの中で最も目をひく建物が、当時は居住施設として使われていた5つのギリシャ復古調の建物である。そのすべてがギリシャの神殿建築の構造を基にしているが、建築家のマーティン・E・トンプソンとマイナード・ラフィーヴァーは、それぞれデザインを変え、劇的な景観を創り出している。

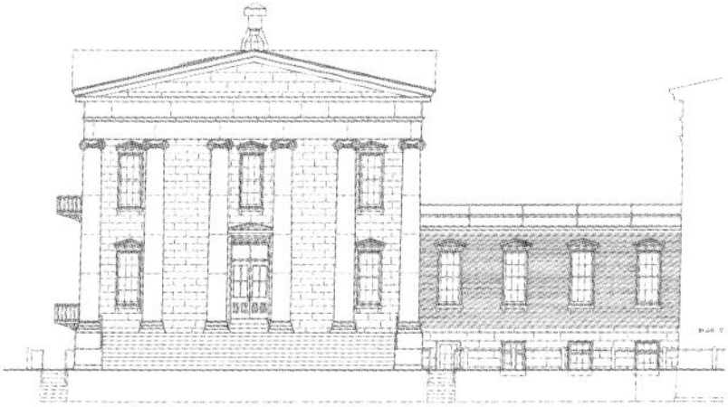

円柱のある正面の立面図

Elevation of the columned facade

このギリシャ復興調の古典的円柱で支えられたポルティコの特徴は、装飾のない三角破風である。イオニア式オーダーの渦巻き型の柱頭が、まるで本物のギリシャ様式の建物であるかのように感じさせるが、柱の奥に見える窓枠のある窓が、この建物が19世紀のものだということを思い出させる。

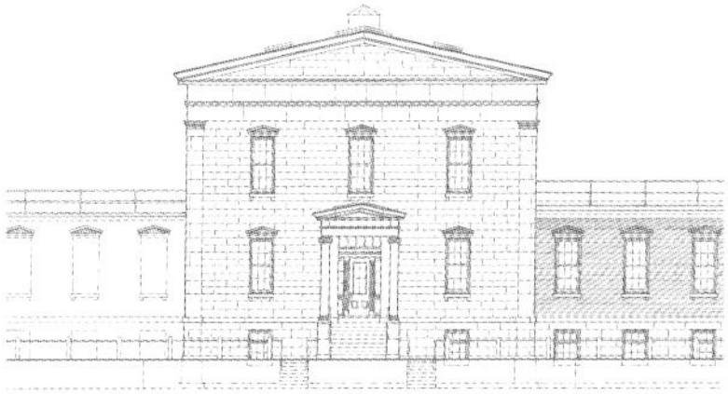

円柱のない正面の立面図

Elevation of the noncolumned facade

この飾り気のない簡潔な正面ファサードは、隣の建物からポルティコを除いたものにそっくりである。ここでは大きな三角破風の下に、5つの窓枠のある窓と小さな屋根付きの玄関（そして2本だけのイオニア式円柱）が、整然と収まっている。

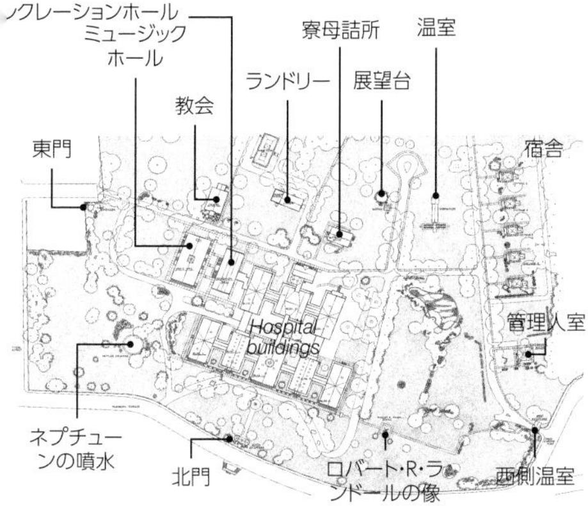

敷地見取図

Plan of the buildings and ground

見取図から分かるように、スナッグ・ハーバー総合施設には、5つの主要な建物以外に、その背後にも4つのひと並びの建物群があった。その中には、食堂や医療施設が含まれていた。しかし施設内の多くの建物が、老朽化のため取り壊された。

古い銅版画

Historic engraving

この銅版画には、居住施設の中央の3棟と、それをつなぐ渡り廊下が描かれている。スタテン島とニュージャージー州の境界であるキル・バン・カル海峡の岸辺から眺めた構図になっている。

リッチモンド・タウン

場所	*Staten Island*
竣工	1690年代以降
建築家	多数

歴史的住宅
Historic homes

リッチモンド・タウンは、1690年代から発展を続け、さまざまにスタイルを変えてきた。しかし、写真のようなよろい下見板の住宅が一般的で、開放的なポーチ、優美な傾斜を持つ屋根など、コロニアル様式の特徴を長く留めてきた。

スタテン島の町リッチモンド・タウンは、ニューヨークで最も早くから組織的な入植が行われたところで、17世紀には数えるほどの農家しかなかった集落から発展した町である。オランダ、フランス、イギリスからの移民がここに家を建て定住したが、優勢であったのはオランダ人移民で、彼らはここにオランダ改革派信徒のための本拠地を築いた。フォールレザーズ・ハウスは、牧師兼教師のヘンドリック・クローセンが生活し仕事をしていたところで、当時の小さな町の生活の中心であった。その建物は、アメリカ最古の校舎跡と言うことができる。リッチモンドは、スタテン島にできた最初の村というわけではないが、島の中央という立地から、17世紀から18世紀にかけてこの島の商工業の中心となった。建物の多くが、当初建っていた場所で改修されたが、観光客を引き付けるために、他の場所にあったものを解体してここに移し、再建された建物もいくつかある。

牧師館
The Parsonage

この牧師館は、ゴシック復古調で建てられているが、切妻の最上部の華麗な装飾の破風板と、建物を巻くように造られたベランダの装飾的細工がその様式の特徴をよく示している。2階建の木造骨組みの構造をよろい下見板で被覆したこの建物は、リッチモンド・タウンのオランダ改革派教会の牧師の家として建てられたものである。

フォールレザーズ・ハウス
Voorlezer's House

この家屋は、教会、学校、そして牧師兼教師のフォールレザーの住居として建てられたもので、1695年頃に建てられたと考えられている。その木造骨組みとよろい下見板の簡素な造りは、17世紀後半から18世紀初めにかけてヨーロッパ移民が用いていた建築様式をよく示している。

ブリットン・コテージ
Britton Cottage

ブリットン・コテージは、ニューヨーク植物園の創設者である植物学者のナサニエル・ロード・ブリットンの別荘だったところである。1671年頃に、別荘の最初の部分が粗石積みで造られ、その後18世紀半ばに、両脇に木造の下見板張りの部分が付け加えられた。

エドワーズ・バートン・ハウス
Edwards-Barton House

1869年に建てられたエドワーズ・バートン・ハウスは、単純化されたゴシック復古調とイタリアネート様式の組み合わせになっているが、急勾配の切妻屋根がゴシック様式の特徴を明瞭に示している。その大きさと堂々としたデザインから、初代の所有者であった仕立屋のウェブレイ・エドワーズがいかに裕福であったかがうかがえる。

モルガン・ライブラリー・アンド・ミュージアム

新しい入り口
New entrance
イタリアの建築家レンゾ・ピアノの増築部分は、3つのパヴィリオンが連なったもので、彼のトレードマークであるハイテク様式で造られている。ステンレス鋼板とガラスを切り子状に組み合わせた構造の増築部分によって、6970平方メートルの空間が新たに加えられた。

モルガン・ライブラリー——当初はこう呼ばれていた——は、金融家ピアポント・モルガンの依頼を受け、マッキム,ミード&ホワイト設計事務所のチャールズ・マッキムの設計によって建てられた。個人の図書館として建てられたが、その後拡張を続け、建物群の敷地が1街区の半分を占めるまでになった。図書館は1924年に、J.P.モルガンJr.によってニューヨーク市に寄贈されたが、元のパラッツオ様式の建物の隣りに、別館、モルガン邸が加わり、最近では2006年に、レンゾ・ピアノの設計によってそれらを一体化する増築部分が建設された。ピアノによる増築部分は、元の建築とはまったく対照的な性格を持つものであるが、良く調和し、ミュージアムのデザインの進化を強調している。

場所 *225 Madison Avenue, Manhattan*
竣工 1906年
建築家 チャールズ・マッキム、レンゾ・ピアノ

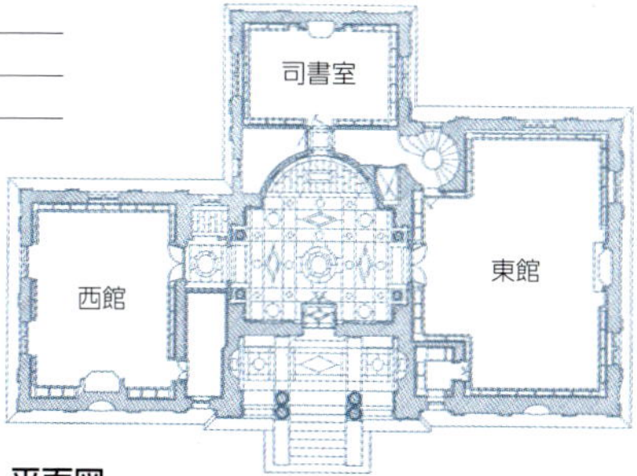

正面立面図
Front elevation

チャールズ・マッキムは、イタリア・ルネサンス様式に傾倒している建築家として有名であった。モルガン・ライブラリーの正面は、イタリア・ルネサンス様式の最高傑作の1つである。中央の2本のイオニア式円柱に支持されたアーチがエンタブラチュアを貫通している形のポルティコと、左右6本ずつのドリス式のピラスターの組み合わせは、パラディオ様式特有のシンメトリーの極上の表現である。

平面図
Plan

元の図書館の建物に足を踏み入れると、来館者はまずロトンダの中央に立つ。右手が図書館で、天井の高さは9mを越える。左手が書斎で、15～17世紀のステンドグラスの窓のある小さな空間である。真っ直ぐ奥が司書室で、1980年代まで館長が使用していた。

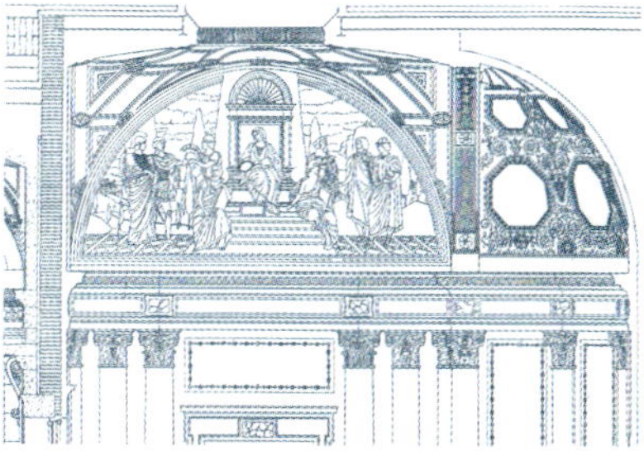

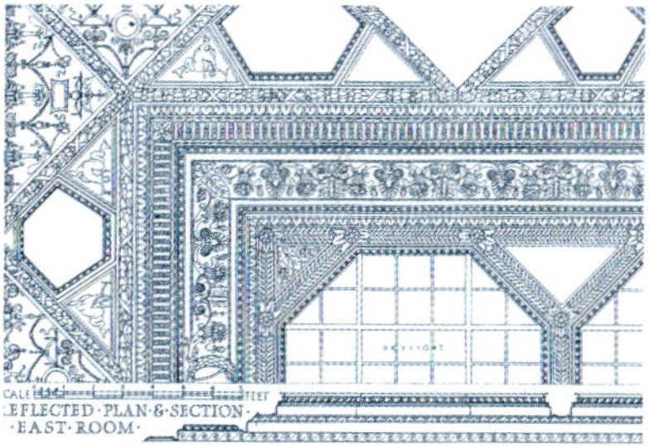

入口からロトンダまでの透視断面図
Section through the entrance and rotunda

ポルティコのドーム型天井が、ロトンダで次に目にするものを予告している。内壁に沿って円柱とピラスターが並び、正面入り口の上、図書館へのドアの上、そして書斎へのドアの上の半円形の空間には、バチカンのボルジアの間のピントゥリッキオの壁画（1492～94年）を模した絵が描かれている。

東館の装飾
East Library decoration

東館の天井は、H・シドンズ・モウブレイの絵画によって豪華に装飾されている。モウブレイは、上図の白い空白の中に知の女神ミューズを描いたが、それはローマのサンタ・マリア・デル・ポポロ教会にあるピントゥリッキオの女予言者の絵を基にしている。

リッチフィールド・ヴィラ

非対照性
Asymmetrical
ここでは、イタリアネート様式の奔放で風変わりな特徴が遺憾なく発揮されている。同じ建物の中に、円柱、四角柱、八角柱の塔が同居している。

鉄道王エドウィン・リッチフィールドは、1852年におよそ2600ヘクタールの牧草地を購入し、当時アメリカにおけるイタリアネート様式のパイオニア的存在であった建築家のアレキサンダー・ジャクソン・デーヴィスを雇い、この丘の上に彼と彼の家族のための邸館を建てさせた。しかし1868年にリッチフィールドは、この別邸を売らなければならなくなった。というのも、ブルックリンに新たにプロスペクト・パークを建設する計画が浮上し、その中にこの土地と建物が含まれていたからである。邸館は1885年に、新しい公園の管理事務所になり、現在は、ニューヨーク市公園課ブルックリン本部とプロスペクト・パーク協会が置かれている。リッチフィールド・ヴィラは1966年に、ニューヨーク市ランドマークに指定された。

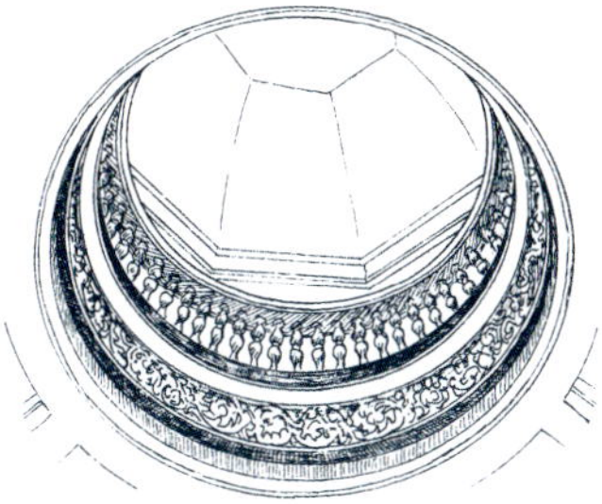

木製の手すり
Wooden railings

円筒形のタワー・バルコニー（内部を眺めるための）には、装飾的な木製の手すりが付けられている。この八角柱の塔の内部のトップライトに、イタリアネート様式の重要な特徴である遊び心と装飾性が明瞭に表現されている。円筒の内部が、重厚な細工の木製の手すりと装飾的な漆喰のフリーズで豪華に縁取られている。

場所　*Prospect Park, Brooklyn*
竣工　1857年
建築家
アレキサンダー・ジャクソン・デーヴィス

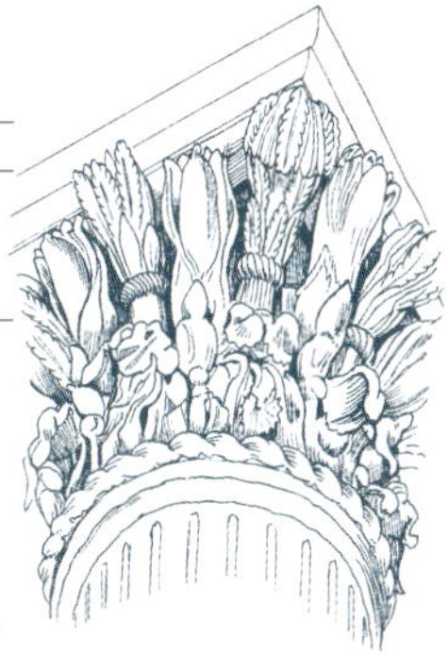

円柱細部
Detail of column

リッチフィールド・ヴィラのメイン・ベランダの円柱は、縦溝の彫られたコリント式のオーダーであるが、柱頭は伝統的なアカンサスの葉ではなく、小麦の穂束とトウモロコシの穂で飾られている。しかしこの風変わりな解釈は、少しもヴィラの古典的な様式を損なっていず、愉快な遊び心に満ちている。

切妻飾り
Decorative gabling

隙間なく装飾をほどこされた切妻と軒が、パラディアン様式と新古典主義のピクチャレスク的復興であるイタリアネート様式の特徴をよく示している。主たる切妻は、装飾のない三角破風のまわりを、対照的な色の切妻飾りが縁取っている。当初は、明るい色の化粧漆喰《スコッタ》の上で暗い色の切妻飾りが並んでいたが、現在はその切妻飾りは、明るい色に塗装され、レンガ組積造のファサードと美しいコントラストを見せている。

四角柱の塔
Square tower

四角柱の塔は完全な４階建てである。屋根は、装飾的な木工ろくろ細工の手摺子のある欄干で仕切られたルーフ・バルコニーになっている。すぐその下には、同形の３つの窓の組み合わせが、４つの面すべてに設けられている。そのアーチの単調な繰り返しも、イタリアネート様式の大きな特徴である。

ブルックリン歴史協会

場所
128 Pierrepont Street, Brooklyn
竣工　1881年
建築家
ジョージ・B・ポスト

建築家ジョージ・B・ポストによって設計されたピエールポント・ストリート128番地の建物は、当初はロング・アイランド歴史協会という名前の団体のために建てられた。ポストは最初から、地元で生産されるテラコッタを使い、構造は、主に橋梁設計者によって用いられるトラス構造によって回廊図書館の天井を支え、内部に柱のない開放的な空間を造るという構想を持っていた。建物は1991年にアメリカ合衆国国定歴史建造物に指定され、図書館を含むインテリアの一部は、ニューヨーク市のインテリア・ランドマークに指定された。

創られつつある歴史
History in the making
ニューヨークのスカイスクレーパーのように目を惹くものではないが、ブルックリン歴史協会の建物は、壁面に収納されている歴史資料と同じくらい、建築デザインにおいても重要である。建物は、1800年代から1900年代初めの、あまり資金力のないクライアントのためのデザインがどのようなものであったかを物語っている。

正面入り口ドア

Main door

クイーンアン様式で建てられたブルックリン歴史協会の建物は、装飾的なテラコッタ、レンガ細工、そして彫刻で華やかに彩られている。テラコッタのバイキング像が、正面入り口のローマ様式アーチを見守っている。

レンガ細工のディテール

Detail of the brickwork

格子細工のテラコッタをレンガ細工が縁取っているが、これがポストのクイーンアン様式の装飾の大きな特徴である。釉薬を掛けずに焼いたテラコッタが、焼成赤レンガに対してコントラストを作りだすのではなく、溶けあうように融合している。それは当時、はるかに一般的であった釉薬を掛けて焼いたテラコッタと同じくらいの装飾効果を出している。

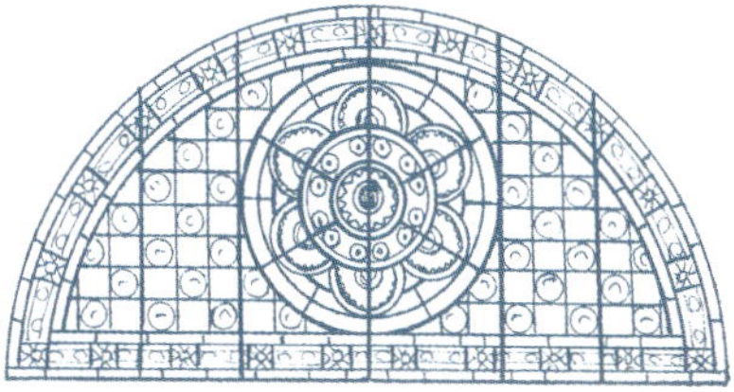

ステンドグラスの飾り窓

Stained-glass window

この主にレンガとテラコッタで造られた建物にとって、ステンドグラスはあまり例のない組み合わせである。しかしポストは、芸術家を雇うことによって彼の建築が一層生きてくると信じていた。そのステンドグラスの窓と明かり取りの小窓を制作したのは、有名な画家チャールズ・ブースの工房であった。

シェークスピアの胸像

Shakespeare bust

ポストはさらに彫刻家のオリン・レヴィ・ワーナーに依頼し、歴史的人物の胸像を造らせた。東側ファサードには4体の胸像があるが、それらは、グーテンベルグ、ベートーベン、シェークスピア(上図)、ミケランジェロである。その胸像の上には、Historia Testis Temporum (歴史、時の証人)と刻まれたフレーズが掲げられている。

ジ・アーカイブ

場所
666 Greenwich Street, Manhattan

竣工 1899年

建築家
ウィロビー・J・エドブルーク、ウィリアム・マーチン・エイケン、ジェームズ・ノックス・テイラー

連邦政府の公文書保管庫として1899年に完成したジ・アーカイブ・ビルディングは、赤レンガと石の装飾トリムを用いたリチャードソン・ロマネスク様式で建てられている。この建物だけで1街区を占め、現在は住居、スーパーマーケット、その他の小売業を含む多目的開発ビルディングになっている。その11階建ての建物は、完成当時はグリニッチ・ストリート最大のビルで、現在も、グリニッチ、バロウ、ワシントン、クリストファーの各ストリートの景観を支配している。この建物は現在、アメリカ合衆国歴史的建造物登録財に指定されている。

堂々たる偉観
An imposing sight
ハドソン川の向こう岸から眺めたアーカイブ。その大きさと規模で周囲の建物を圧倒している。それは19世紀の連邦政府の基盤整備の規模を物語る記念碑であると同時に、21世紀における歴史的建造物の修復と再利用の進展の象徴でもある。

ローマ様式半円形アーチ

Round Roman arches

1階と7階のファサードには、印象的なローマ様式アーチの列がある。尖頭も肩もない完全な半円形であることから、他の様式のアーチと簡単に見分けがつく。7階のアーチ型窓は現在の住人に、大聖堂から見たような眺望をもたらしている。

隅角の曲面

Curved corner

美しく造られた建物隅角の曲面が、このビルに、最近の急造された倉庫ビルにはない格別な風格をもたらしている。興味深いのは、石のくり型が壁面を途切れることなく巻いているが、7階だけそれがないことである。なぜこの階だけくり型を外したのかは、謎である。

最上部軒蛇腹(コーニス)のディテール

Cornice detail at roof level

4面すべてのファサードの最上部を締めくくる重厚な軒蛇腹は、他の外周部の大半が石細工によって装飾されているのに反して、レンガの組積造で造られている。最上階の小さなアーチ型窓を引き継いで、アーチ型の持ち送りが軒蛇腹を支えている。

壁灯

Wall lamp

この装飾的な壁灯は、入り口アーチの両脇にある。典型的なロマネスク復古調で、ローマの自由の女神リベルタスを基にして造られた自由の女神像が掲げているたいまつと同じデザインである。真鍮の叩き出しで造られたもので、歳月を経るなかで酸化し、緑色に変色している。

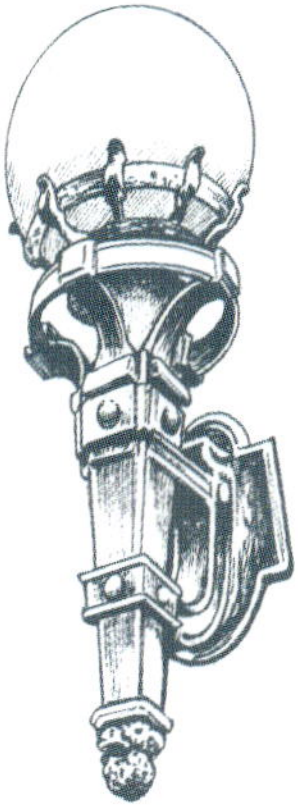

イーグル・ウェアハウス・アンド・ストレージ・カンパニー

場所　*28 Old Fulton Street, Brooklyn*
竣工　1894年
建築家
フランク・フリーマン

　ブルックリン・イーグル新聞社の跡地に建てられたイーグル・ウェアハウス・アンド・ストレージ・カンパニー・ビルディングは、ぞれほど背は高くはないが、堂々として風格があり、ロマネスク復古調建築の傑作である。この7階建のビルは、本来は家具と銀食器を扱う商社の倉庫であった。その銀食器は、地下の巨大なアーチ型倉庫に保管されていた。このビルは1980年代に、他の多くの同様の建物と同じく、集合住宅として生まれ変わった。ビル中心部に吹き抜け（アトリウム）が造られ、日光が建物の内部にまで入り込むようになった。

グランド・デザイン
Grand designs

重厚なレンガ組積造のイーグル・ウェアハウスは、現在は集合住宅になっているが、最初その新しい用途にはあまり適してないのではないかと危惧された。しかし改築を担当した建築家たちは、外観を維持したままアトリウムを設けることによって、ビル内部に光を通すことに成功した。その結果、この建物の歴史的な性格は少しも傷つけられることなく、用途を変えることができた。

軒蛇腹《コーニス》ディテール
Cornice detail

大時計の真下は軒蛇腹になっている。一連の小さなアーチ型窓がレンガ組積造の持ち送りの中に組み込まれ、その持ち送りが棚状の出っ張りとなり、そこから再度レンガ組積造が立ちあがり、銃眼のある胸壁を形成している。そしてその胸壁に、大時計と会社のロゴが納められている。

正面入り口
Main entrance

当時の才能豊かな熟練職人は、レンガを使ってどんなことでもすることができたようだ。巨大なローマ様式のアーチの内側に、迫り元から立ち上がった小さなアーチが数個造られ、彼らの能力の高さを証明している。半円形のカーブとその量塊感が、ローマ様式を強調し、装飾性というよりは堅牢さが前面に押し出されている。

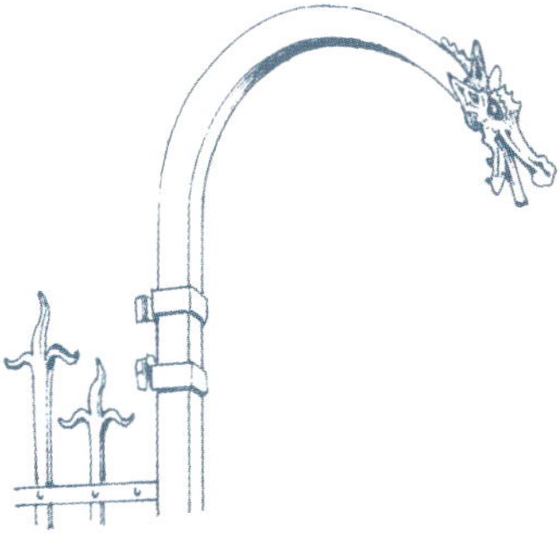

門扉
Gates

イーグル・ウェアハウスとストレージ・カンパニーの入り口には、緑色の青銅の柵が設けられている。巨大なローマ様式のアーチの下でスイングするように開閉するもので、アーチと同様の厳しさのあるスタイルになっている。全体的に装飾のない簡素な造りとなっているが、支柱の湾曲した部分の先端にある、今にも襲いかからんとする龍の頭の意匠だけは例外である。

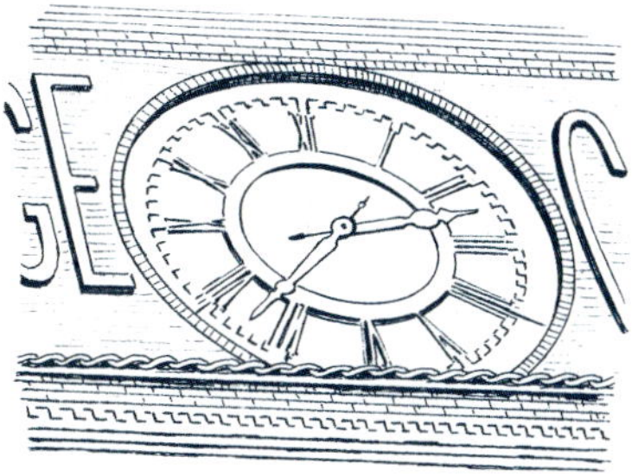

大時計
Clock

正面ファサードのルーフラインを支配している大時計は、レンガ細工の環の中にはめ込まれている。その表面はガラスでできており、建物最上階部の窓になっている。現在その時計窓は、ビルのペントハウス住宅の最大の呼び物となっている。

ザ・フリック・コレクション

場 所 *1 East 70th Street, Manhattan*

竣工 1913年

建築家

カレール＆
ヘイスティングス

邸館様式

Homely style

ルスティカ積みの石材、装飾的な窓廻り、そして石の欄干、これらすべてがルネサンス様式の影響を顕著に示している。

以前はピッツバーグのコークスと鉄鋼の大物実業家であったヘンリー・クレイ・フリックの個人邸館であったこの建物は、彼によって蒐集され飾られていた芸術作品と共に管財人に遺贈されたが、条件として、この建物を芸術研究センターにすることが挙げられていた。カレール& ヘイスティングスの設計（施工はジョン・ラッセル・ポープ）はそのままに、改修と追加工事が行われ、1935年に美術館として生まれ変わった。6つの展示室に、フリックと彼の死後は管財人によって蒐集された、ヨーロッパの巨匠の多くの有名な絵画を含む所蔵品が展示され、一方図書室には、歴史的絵画に関する稀覯本が収められている。

正面玄関

Doorway

アーチ型の破風がイオニア式オーダーの円柱に支持され、すぐその脇には同様のオーダーのピラスターが並んでいる。破風には、ゆったりと体を横たえた女性像が彫られている。アーチの頂点にあるブロックの要石が、ルネサンス様式の大きな特徴である。

噴水

Fountain

邸館の中央に中庭があるということほど贅沢なものはないだろう。イオニア式の双柱によって支えられた回廊に囲まれた空間の中心に、噴水がある。その銀皿のようなデザインも、この邸館全体を支配しているローマ様式の影響を示している。

階段とアーチ

Staircase and arch

この豪華な室内デザインは、19世紀ヨーロッパの邸館建築を連想させる。ロココ様式ともいうべき階段手すりの精緻なろくろ細工と踊り場アルコーブのドラマチックな装飾が、堅牢なローマ様式アーチと好対照をなしている。

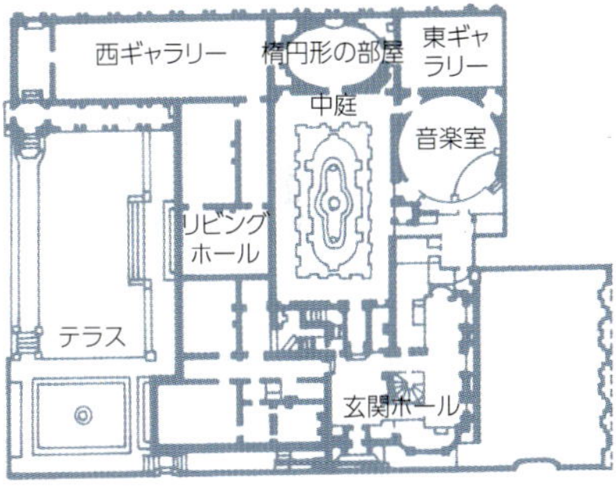

平面図

Plan

平面図を見ると、この建物が美術館ではなく個人の邸宅として建てられたものであることがよく分かる。部屋の多くが小さすぎて、絵画の展示にはあまり向いてない。しかし邸館の規模自体が大きいので、パーティーなどに使われていた部屋は縦横のつり合いが良く、展示空間に適している。

ジョン・ボウン邸

最古の邸宅

This old house

美しく修復されたコロニアル様式の邸宅は、ヨーロッパ建築の模倣ではなく、アメリカの田園生活そのものから発想されたものである。

イギリス人移民ジョン・ボウンによって1661年頃に建てられ、その後家族が増える中で1669年と1680年に増築されたジョン・ボウン邸は、オランダ・コロニアル様式の特徴を最も良く示す建物であり、ニューヨーク市に残る歴史的な個人邸宅の1つである。1947年に、ボウン邸保存協会が、クイーンズ区の最古の邸宅であるその建物を最後の住人であったパーソン姉妹から買い取り、それ以降管理してきた。その邸宅は1977年に、アメリカ合衆国歴史的登録財に指定された。

場所　*1 Bowne Street, Queens*

竣工　1661年

建築家　ジョン・ボウン

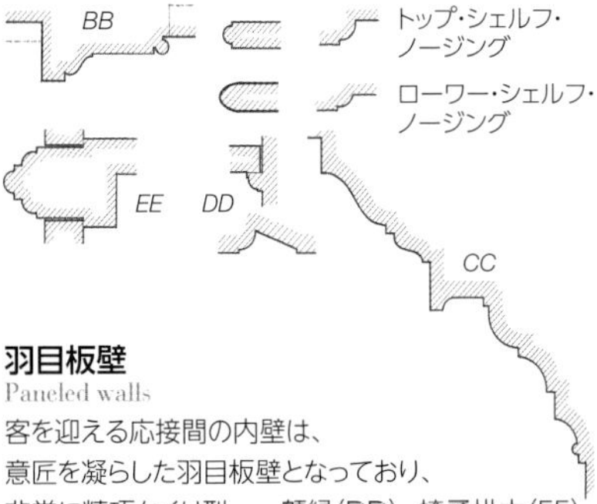

羽目板壁

Paneled walls

客を迎える応接間の内壁は、
意匠を凝らした羽目板壁となっており、
非常に精巧なくり型――額縁(DD)、椅子横木(EE)、コーニス（CC）――で装飾されている。ほとんどすべてが、アーキトレーブ(BB)に見られる半円形の大玉縁(トップ・シェルフ・ノージング)や葱花くり型(Sを長く伸ばした形)などの要素を用いている。

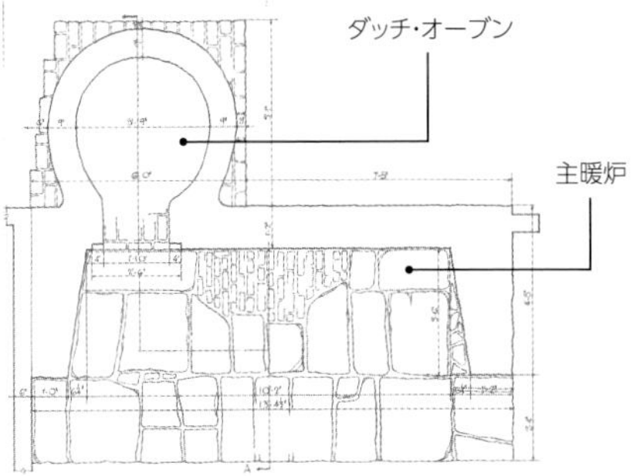

ダッチ・オーブン

Dutch oven

主暖炉の一番奥はダッチ・オーブンになっている。それはドーム型の調理空間で、小さなレンガ造りのアーチに扉が設けられている。内部は、熱を均等にゆきわたらせ、むらなく調理できるようにセメントで滑らかに仕上げられている。このオーブンは、当時の住宅建築において、オランダ・コロニアル様式がどれほど強い影響力を持っていたかをよく示している。

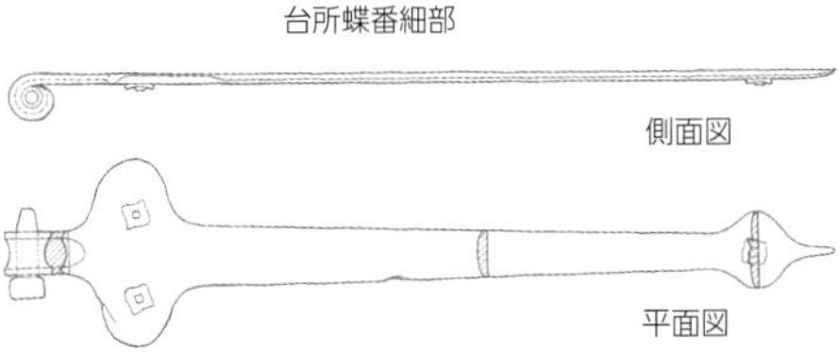

ドア蝶番

Door hinge

この鍛鉄製ストラップ・ヒンジは、17世紀のあまり資産のない家庭の住宅でよく使われたもので、客が入ってくることのない台所のドアに使われている。ストラップの端部の渦巻き状の部分が小穴となり、ドア枠に取り付けられた鉄製のペグに差し込むようになっている。蝶番は簡単な鍛造の木ねじとワッシャーでドアに固定される。

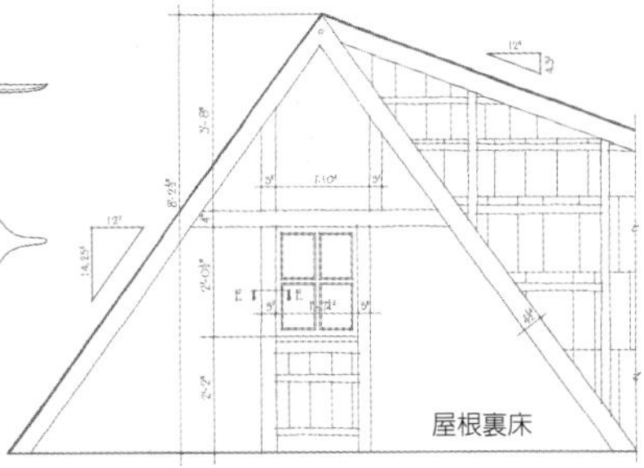

西側切妻の立面図

Elevation of western gable

この西側切妻の立面図を見ると、この邸宅の簡素な木造構造が分かる。軸組み構造の上を下見板で被覆した形は、当時の住宅では最も一般的なもので、非対照的な屋根の形も同じく一般的であった。

カンファレンス・ハウス

場所　*Conference House Park, Satterlee Street, Staten Island*

竣工　1675年

建築家　クリストファー・ビロップ

英国海軍の船長であったクリストファー・ビロップは、1674年にスタテン島を与えられ、その翌年にこの家を建てたと伝えられている。1700年代後半のイギリス軍のアメリカからの撤退に伴い、ビロップの孫の所有になっていたこの邸宅は、ニューヨーク州によって没収された。1926年に取り壊される直前までいったが、地元の住民グループがカンファレンス・ハウス協会を設立して保存運動を開始し、ついに1929年にニューヨーク市議会は、その保存をこの協会に委ねた。

見どころ

Talking point

英国海軍将官にふさわしい様式で建てられたカンファレンス・ハウスは、堂々とした存在感のある建物である。アメリカ独立戦争の後も破壊を免れ、英国カントリー・コロニアル様式の代表的な建築物として今日まで保存されている。

玄関ドア
Main door

地味な6枚パネルの玄関ドアが、この建物が個人住宅であることを表している。ドアの上の5枚のガラスの欄間は、当時のイギリス風とオランダ風の混じったコロニアル様式によく見られるものである。片側には、アメリカ独立戦争を終わらせるためにこの家で開かれた1776年の講和会議の模様を記した飾り額が留められている。

講和会議の様子を描いた絵画
Peace conference meeting painting

有名なスタテン島講和会議は、1776年9月11日にこの邸宅で開催された。第二次大陸会議のメンバー——ジョン・アダムズ、ベンジャミン・フランクリン、エドワード・ラトリッジ——と、イギリス海軍提督リチャード・ハウの間で行われたアメリカ独立戦争を終結させるための交渉は決裂した。

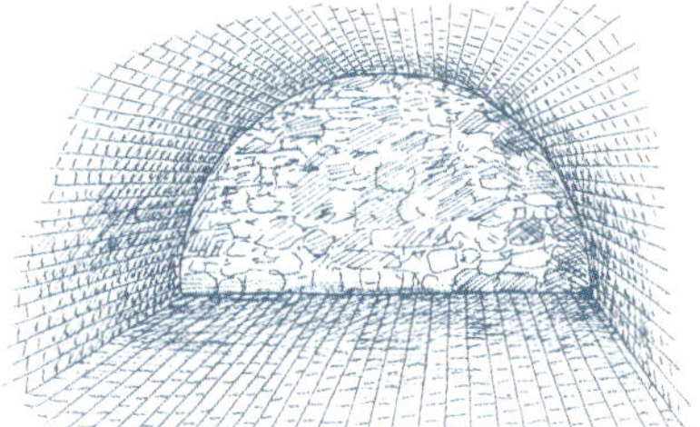

アーチ型天井地下蔵
Vaulted basement

建物外壁は粗石積みであるが、基礎と地下部分はレンガ組積造である。このアーチ型天井地下蔵は、所有者が比較的裕福であることを示している。というのは、それは木造の梁天井にくらべ、建築するのがはるかに複雑で困難であったからである。

粗石積みファサード
Stone facade

17世紀は木造軸組み工法が一般的であったが、一部の裕福な階級の人々だけが石材の組積造を用いた。というのも、それには熟練した職人が必要であり、工期も長く取る必要があったからである。窓の上の浅いアーチ型のレンガのまぐさと、段のある軒蛇腹がオランダ様式の影響をよく物語っている。

ザ・クロイスターズ

マンハッタンの中の中世

Medieval in Manhattan

中世フランスに建てられていたいくつかの修道院を解体移送し、ここに1つの修道院として再構築し、それを美術館としたのがクロイスターズである。もっと粗雑にやることもできたかもしれないが、建築家のチャールズ・コレンスは、歴史的様式に忠実に再現した。

クロイスターズ美術館&庭園は、メトロポリタン美術館の別館であり、中世ヨーロッパの絵画と建築を中心に展示している。その建物は、中世フランスの5つの修道院――サン・ミッシェル・ド・キュクサ、サン・ギレーム・ル・デゼール、ボンフォーン・アン・コマンジュ、トリエ・アン・ビゴール、フロヴィル――を始めとする南フランスの廃院になった修道院の建築要素を用いて建てられている。その結果、この建物自体が、この別館が重点を置いている時代の建築の素晴しい見本となっている。3つの修道院に囲まれた中庭に植えられている植物は、歴史的文書やタペストリー、円柱の柱頭、そしてそれらが造られた当時のステンドグラスの模様などから手掛かりを得て植樹されたものである。

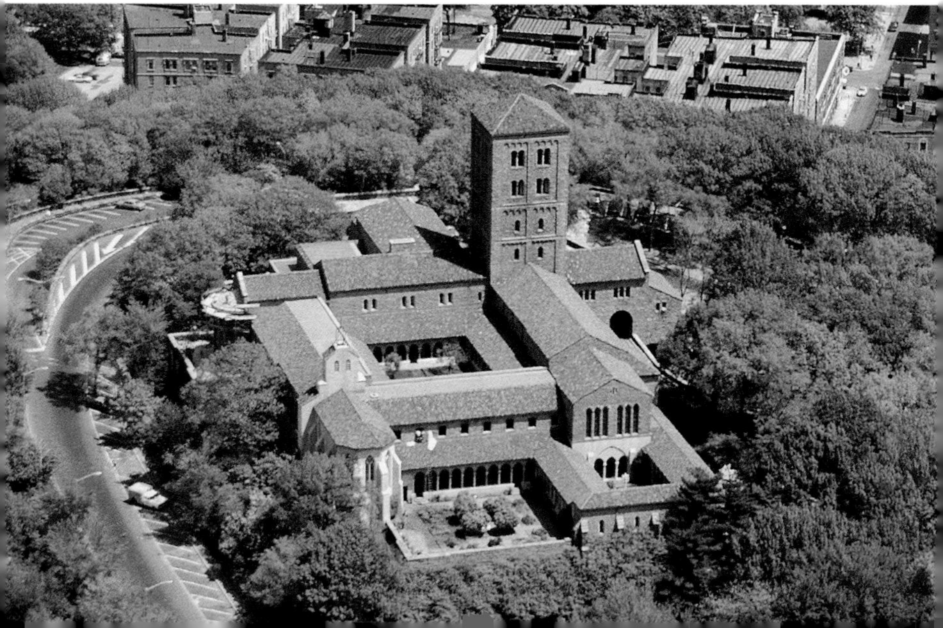

場所	*Fort Tryon Park, Manhattan*
竣工	1938年
建築家	チャールズ・コレンス

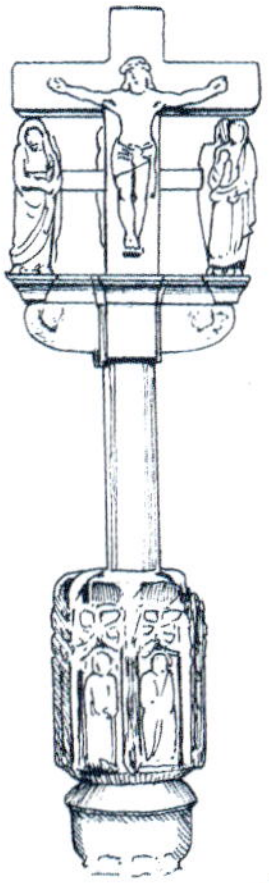

石細工十字架像細部

Stonework crucifix detail

この石細工は、『十字架の道行き』または『受難の道』の中のキリストの最後の数時間を主題にしたもので、16世紀初めのフランス、ロレーヌ地方で造られたものである。銘板には、「我が神なる主よ、聖なる十字架のしるしを持って、全ての敵の罠から、御民を守り給わん事を」と刻まれている。

回廊

Cloisters

双柱で支持された回廊は、南フランスの修道院の遺構を忠実に再現したものである。円柱にはイタリアの2つの様式の影響がみられる——単純な円形の柱礎はトスカナ様式の、そしてより装飾的な円柱と柱頭はロマネスク様式の影響を示している。

方形の塔

Square tower windows

単純な方形の塔の中のアーチ型窓という構成は、ローマ建築に特有の要素である。簡素な装飾と堅固な構造は、イタリアの影響を受けた修道院建築に多く見られ、ローマ・カトリック大聖堂の壮麗な建築とは対照的に、質素な生活を連想させる。

ドーム型アルコーブ内部の祭壇

Altar in domed alcove

彫刻された装飾品を細かく観察しなくても、この空間には、伝統的な石の組積造の美しさが見事に表現されている。とはいえ、ロマネスク様式のドーム型天井の造作や深い窓の返しと、アーチ迫り元の左右が異なった形の精緻な彫刻が、対照的な美しさを生み出している。

IRTボーリング・グリーン駅

驚くにあたらない
Little wonder
この地下鉄入り口の建物は、本書の他の建築物とくらべるとかなり小さなものであるが、威信を示すために用いられている装飾と細工は非常に興味深い。この小さな建物の中に、19世紀初めの熱狂が凝縮されている。

ニューヨーク初の地下鉄の重要な駅という地位を象徴するものとして石とレンガで造られているIRTボーリング・グリーン駅は、その荘厳ともいえる建築によって、当時の人々のこの新しい地下鉄道システムにかける意気込みと誇りを感じさせる。実際、今も72丁目にほぼ同じ形の建物がもう1つあり、そこにはボーリング・グリーン管制室が置かれている。その路線は、当時都市高速交通会社（IRT）が持っていたわずか3つの路線の中の1つであった。それ以降利用者の数が大幅に増大し、この小さな歴史的建造物を通って行く人の混雑を緩和するため、新しい入り口と出口が数カ所設けられた。

場所　*Battery Place and Broadway, Manhattan*

竣工　1905年

建築家　ヘインズ＆ラファージュ

隅角の装飾

Corner ornamentation

建物の切妻に建築的ドラマを創り出している低い胸壁は、隅角の華麗な装飾で完結されている。レンガ組積造の建物の４隅が、イオニア式とルネサンス様式のディテールを組み合わせた柱頭を含む、様式化されたピラスターの漆喰細工によって締めくくられている。

正面立面図

Front elevation

小さな建物であるにもかかわらず、ボーリング・グリーン駅入り口には、非常に多くの装飾的要素が含まれている。入り口ポルティコは、16世紀フランドル建築特有の帯飾りを採り入れ、角柱ピラスターには、湾曲した曲線を組み合わせた柱頭が載っている。建物の後ろ側も同じ形になっている。

時計

Clock

正面上部の円花飾りは、花弁の代わりに時計がはめ込まれている。時計は、4つの浮き出た要石を持つ石細工の環の中に収められている。デザインとしてはわりと簡潔であるが、ここに石を使うことで、周囲のレンガ組積造との対比で建築的に大きな効果を生み出している。

円花飾り

Rosette

駅入り口正面ドアの上の円花飾りの上半分をさらに囲むように飾っているのが、花綱飾りである。そこには、フランドル地方の伝統的な帯飾りの要素が取り入れられている。花綱を縛るように掛けられている帯は無地で、それが革の帯であることを示している。革帯の装飾によって、この建物がフランドル地方の建築様式を基にしていることが分かる。

セント・ポール教会

場所 *209 Broadway, Manhattan*
竣工 1766年
建築家
トーマス・マクビーン

独立戦争前に建てられ、今なお実際に使用されているニューヨークで唯一の建築物であるセント・ポール教会は、アメリカにおけるイギリス建築の影響を最も良く示す実例の1つである。設計したトーマス・マクビーンは、サー・クリストファー・レンの弟子であり、ロンドンで最も影響力のある教会建築家であったジェイムズ・ギブズに師事していた。こうしてセント・ポール教会は、ロンドンにあるギブズ設計のセント・マーチン・イン・ザ・フィールド教会を基にして設計された。セント・ポール教会の基部と壁に使われている石材は、今も教会のすぐ傍にある墓地の場所から採掘されたものである。その石材は、マンハッタン・フィールド・ストーンと呼ばれる雲母片岩である。

主張する建築
Making a point

周囲をはるかに高い建物に囲まれているにもかかわらず、セント・ポール教会は景観の焦点となっている。一般にゴシック様式大聖堂では、尖塔は周囲を威圧する付加的要素であるが、ここでは、イギリス様式の小さな教会は文字通り周囲の建物に圧倒されている。

説教壇

Pulpit

白と金を基調にした説教壇の天蓋は、小さな宝冠と、邪魔板に張り付けられた6枚の羽根で飾られている。この装飾様式は、セント・ポール教会外側の鉄細工の中にも繰り返されている。羽根は、イギリス貴族を表すシンボル的徴章であり、それがここに使われているのはとても興味深い。

円柱

Column

教会正面のポルティコは、当時アメリカで数えるほどしか建設されなかった、巨大な円柱で支持されたポルティコの1つであり、その破風には聖ポールの彫像が置かれている。それを支えているのは、縦溝のある量塊感に満ちたイオニア式円柱である。その柱の頂点にある渦巻き型の柱頭によって、それがイオニア式オーダーであることが明確に示されている。

ポルティコと扉

Portico and doors

古典的なギブズ・スタイルの大きな特徴は、教会正面にポルティコを置き、扉口と窓の廻りを大小の石のブロックを交互に並べて装飾することである。マクビーンは、この両方をセント・ポール教会に導入している。

時計塔

Clock tower

1797年にセント・ポール教会の尖塔の中に、ロンドンで鋳造された鐘が吊り下げられた。尖塔自体も、当初から計画に含まれてはいたが、1794年になって初めて付け加えられた。それは四角形の基部から八角形の塔の形で立ち上がり、その上に、アテネのリュシクラテスの合唱優勝記念碑の複製が置かれ、さらにその上に黄金色の風見鶏のある尖塔が据えられている。

バレンタイン－バリアン邸

ホーム・アローン
Home alone
18世紀の裕福な農民の生活を偲ばせる唯一現存している屋敷であるバレンタイン－バリアン邸は、コロニアル様式の影響も見られるが、全体的にはジョージア王朝様式である。それはイギリスに今も多く残っている邸宅と多くの共通点を有している。

このジョージア王朝様式の農家は、旧ボストン・ポスト・ロード沿いに建てられていた多くの住宅のうち唯一現存しているもので、現在それが建っている場所から掘り出された自然石で造られている。建てたのは、鍛冶屋も兼ねていた農家のアイザック・バレンタインである。その後バレンタインは経済的苦境に陥り、1792年に債権者からこの家を購入したのが、アイザック・バリアンである。その後バリアン家が代々住んでいたが、1904年に、ウィリアム・F・ベラーが購入した。1965年に、この屋敷はブロンクス・カウンティ歴史保存協会に寄贈されたが、土地がデベロッパーに売却されたため、明け渡しのため100メートルほど離れたところに移転させられた。屋敷は再度移転させられ、現在はウィリアムブリッジ・オーバル・パークにある。

場所　*3266 Bainbridge Avenue, The Bronx*

竣工　1758年

建築家　アイザック・バレンタイン

彫像

Statue

これはイタリア人彫刻家ジョン・グリグノラ作の北軍兵士の像である。元は、ブロンクス・リバーの墓石採石場に展示されていたが、この家がアメリカ独立戦争の最中にイギリス軍に占領されていたことを後世に語り継ぐものとして、バレンタイン－バリアン邸の敷地内に移された。

西側立面図

West elevation

ジョージア王朝様式は、対称性を重んじることが特徴である。それはこの勾配屋根の切妻にも顕著で、煙突は中央に立てられ、窓も左右対称に設けられている。ただドアの位置だけが、整然とした美を崩している。

正面玄関

Main entrance

三角破風のあるこの控え目な玄関ポーチは、木造である。全体的にほっそりとした造りで、石造の邸宅本体の重量感とは対照的である。この様式はアメリカでしばしば使われていたが、石の円柱のポルティコを多用したジョージア王朝様式の建築家や施工業者には好まれなかった。

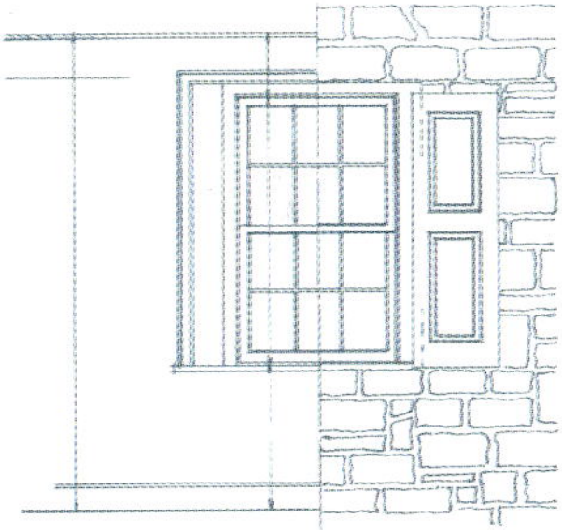

雨戸のある窓

Shuttered window

6枚のガラスを使った窓も、この家がジョージア王朝様式を基本にしたものであることを示している。しかし窓廻りに凝った石細工はなく、雨戸も簡素で、できるだけ簡単に建てられ、高いお金を出して建築家を雇わなくて済むような造りになっている。

メトロポリタン美術館

場所
Fifth Avenue and 82nd Street, Manhattan

竣工　1880年

建築家
カルヴァート・ヴォークス、ジェイコブ・レイ・モウルド；リチャード・モリス・ハント；マッキム,ミード&ホワイト；ローチ&ディンケルー

メトロポリタン美術館（略称The Met）は、1870年に準備委員会が設立され、最初は1872年に5番街681番地に展示室を開いた。その後1880年に、セントラル・パークの端に、カルヴァート・ヴォークスとジェイコブ・レイ・モウルドの設計による赤レンガと石の建物が造られ、そこに移動した。現在この最初の建物は、一連の増築部分によって完全に囲まれている。その増築工事は、早くも最初の建物が完成して20年後に始まった。

1902年には、美術館理事会の依頼を受けて建築家リチャード・モリス・ハントがボザール様式のパビリオンと正面ファサードを建設し、美術館正面が大通りに面するようになった。その9年後、今度は当時の建築界の実力者マッキム,ミード&ホワイトが記念碑的な増改築案を提示したが、どういうわけかその案は骨抜きにされた（とはいえ彼らが設計した北と南のウイングは、ハントの建物にかなり広い床面積を付け加えた）。1971年に、ローチ&ディンケルーによる包括的なマスター・プランが採択され、それから20年以上をかけて、6つの新しいウイングが加えられ、美術館の所蔵する200万を超える美術品が更に多く展示できるようになった。現在、5番街通りに面した正面ファサードは全長400mにもなり、建物全体の床面積は、元の建物の床面積の20倍以上にもなった。

堂々たる入り口
Grand opening

正面ファサードは、コンポジット式オーダー（柱頭の渦巻きとアカンサスに注目）の双柱によって支配されており、それがエンタブラチュアと、胸像によって銃眼を付けられたコーニスを支えている。これを設計したのはリチャード・モリス・ハントであったが、彼は完成を待たずに故人となった。

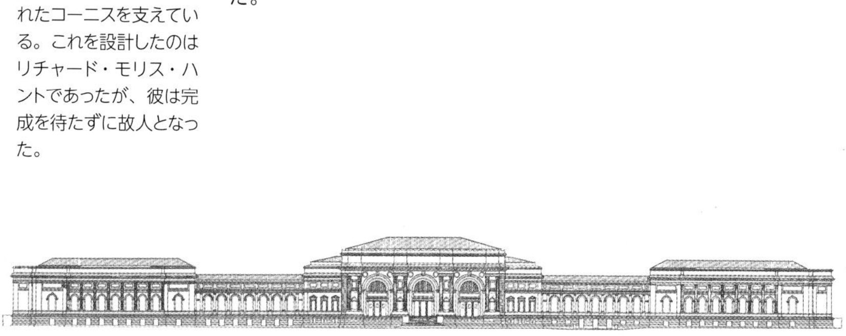

メトロポリタン美術館

本館大ホール

Great hall

Metの内部は、大アーチ、ピラスター、アルコーブ、そして彫像と、ローマの栄光を示す要素で満ち溢れている。美術館は多くの建築家によって増築されてきたが、ここ本館大ホールに見られるように、どれ1つとして建築的文法を喪失しているものはない。

見どころ

1880年にヴォークスとモウルドによって建てられたゴシック復古調の赤レンガと白い石材を使ったファサードは、現在も、彫像を展示しているペトリー・コートの背景となっている。それよりももっと分かりやすいのが、リチャード・モリス・ハントとマッキム,ミード&ホワイトの増築部分である。ハントのボザール様式のファサードは、現在も美術館の顔となっており、ロマネスク様式の双柱と豊かな装飾のルーフラインが、マンハッタンの他のどんな建物にもない独特の風格を醸し出している。コレクションが増え、増床を余儀なくされるなかで、本館の南北に、2つのウイングが造られた。マッキム,ミード&ホワイトによって付け加えられた北と南のウイングは、それぞれ1911年と1913年に完成したが、両方とも本館のハントのデザインを踏襲し、それぞれが8本の円柱を持つポルティコを擁している。それらの装飾が最小限に抑えられているのは、建築様式によるものでもあるが、美術館理事会が設定した資金的制約によるものでもある。現在1860万平方メートルの床面積の中に、19のテーマ別展示室が設けられており、この美術館は世界でも屈指の大型複合美術館となっている。

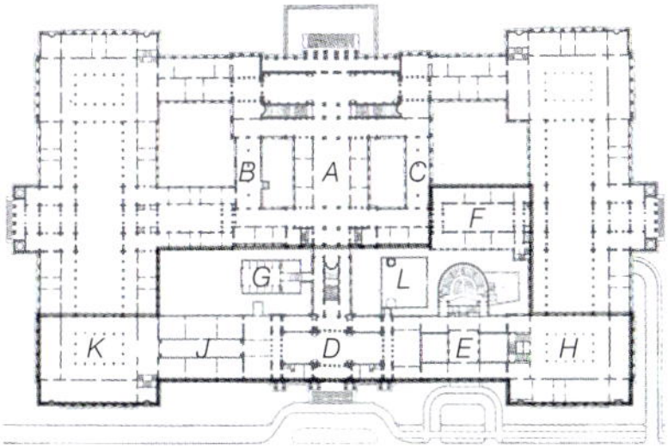

平面図

Plan view

最初の美術館は、平面図中央上方のほぼ正方形に近いところ(A、B、C)である。その下、中央の、道路に近い場所に飛び出している部分(D)が、ハントの増築部分である。そしてそこから左右に延びている部分(E、H、J、K)が、マッキム,ミード＆ホワイトによる両ウイングである。その後も増築や改築が継続している。

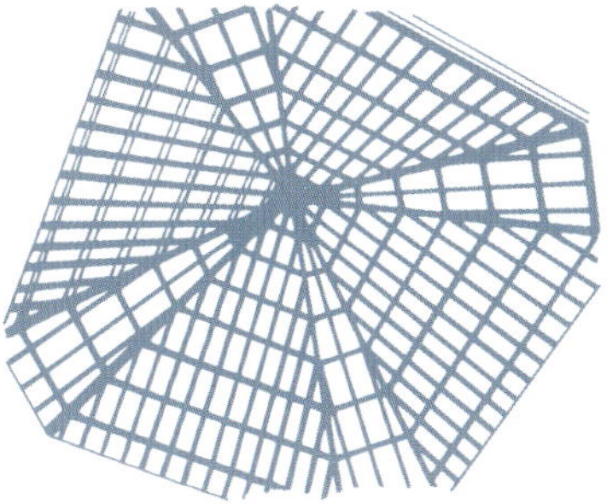

ガラスの屋根

Glazed roof

美術館全体を通して、ガラスを用いたさまざまな改築工事が行われてきた。古い回廊状の建物を統合し、展示スペースを拡張するために増築されたガラスの屋根が、現代的な要素——機能的で装飾のない——を導入している。そしてそれが歴史的な建築様式との対比で、大きな効果を演出している。

装飾アーチ天井／天窓

Decorated arched ceiling/skylight

美術館の本館大ホールを支配しているのは、ローマ様式の巨大アーチである。4つのアーチで1つのドームを支える形が連続しているが、天窓を持つドームもある。4つのアーチを連結し、四角形の枠の中にドームを納める役割を持つ球面三角形のことを、ペンデンティブという。

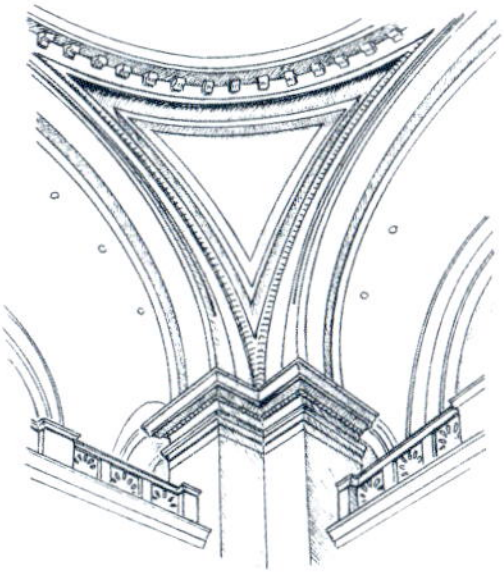

本館大ホール天井細部

Ceiling detail in the Great Hall

2つのアーチの接合部分の球面三角形がペンデンティブである。比較的抑制された装飾くり型で囲まれているが、それがローマ様式の大アーチと、それを支えているこちらも簡素なピラーとよく調和している。

CLASSICAL & COLONIAL

ロケーション・マップ

古典様式とコロニアル様式の建物を22例ほど見てきたが、それらは数多くあるものの中で最も興味深いものを選んだにすぎない。ジョン・ボウン邸からセント・ポール教会、自由の女神像まで、そしてセントラル・パークでさえも、古典様式とコロニアル様式は、ニューヨークのすべての建築的側面およびあらゆる景観に影響を与えている。

1 **自由の女神像**
Liberty Island
p.12

2 **監獄船慰霊碑**
Fort Greene Park
p.16

3 **ボートハウス**
Prospect Park
p.18

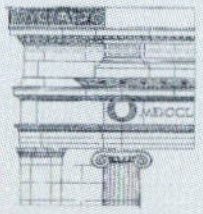

4 **ロウ・メモリアル・ライブラリー**
Campus of Columbia University, 2960 Broadway p.20

5 **セントラル・パーク**
Southwest corner—59th Street and Broadway
p.22

6 **ブロンクス・カウンティ・コートハウス**
851 Grand Concourse
p.24

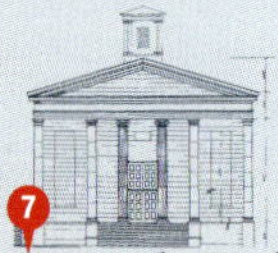

7 **マリナーズ・テンプル**
12 Oliver Street
p.26

8 **セイラーズ・スナッグ・ハーバー**
1000 Richmond Terrace p.28

9 **リッチモンド・タウン**
Staten Island
p.30

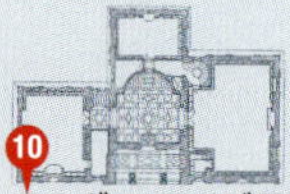

10 **モルガン・ライブラリー・アンド・ミュージアム**
225 Madison Avenue
p.32

11 **リッチフィールド・ヴィラ**
Prospect Park
p.34

12 **ブルックリン歴史協会**
128 Pierrepont Street
p.36

13 **ジ・アーカイブ**
666 Greenwich Street
p.38

14 **イーグル・ウェアハウス・アンド・ストレージ・カンパニー**
28 Old Fulton Street
p.40

15 **ザ・フリック・コレクション**
1 East 70th Street p.42

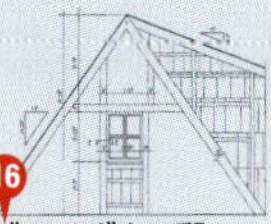

16 **ジョン・ボウン邸**
1 Bowne Street
p.44

17 **カンファレンス・ハウス**
Satterlee Street
p.46

18 **ザ・クロイスターズ**
Fort Tryon Park
p.48

19 **IRTボーリング・グリーン駅**
Battery Place and Broadway p.50

20 **セント・ポール教会**
209 Broadway
p.52

21 **バレンタイン－バリアン邸**
3266 Bainbridge Avenue p.54

22 **メトロポリタン美術館**
Fifth Avenue and 82nd Street p.56

Paterson
New Jersey
New York
21
18
BRONX
6
4
Harlem
North Bergen
MANHATTAN
West New York
5
22
East Orange
LaGuardia Airport
16
10
15
Union City
13
Newark
NEW YORK
QUEENS
7
Jersey City
Broadway Triangle
20
14
2
1
19
12
Downtown Brooklyn
Liberty Island
11
Bayonne
Prospect Park
Elizabeth
8
Upper New York Bay
3
BROOKLYN
STATEN ISLAND
9
Coney Island
Breezy Point
Richmond
Lower New York Bay
17

RENAISSANCE

ルネサンス様式

様式を読み解く

Reading styles

巨大なローマ建築様式アーチと重量感のある石造の欄干が、ニューヨーク公立図書館の閲覧者のための厳粛な空間を創造している。

時代をさかのぼり15世紀のルネサンス時代のフィレンチェへ旅することができたなら、いままさに近代建築が始まろうとしているのを目撃することができるだろう。建築家たちは古代ローマの遺構に魅了され、コロッセオやパンテオンなどの構造と比率を研究し、発見したものを積極的に当時の建築に導入した。ヨーロッパからの移民がニューヨークに定住しはじめたのは、それから約1世紀も経った後のことであった。そして建築家たちがこの街に、古典様式を手本とした新しい建築様式で大型の建築物を建て始めたのは、19世紀後半から20世紀初めにかけてであった。

当時ヨーロッパは、ルネサンス様式が確立されてからすでに数100年が経過していた。イタリア・ルネサンスとフランス・ルネサンスが2大潮流であったが、ドイツ・ルネサンス様式も大きな影響力を有していた。ルネサンスの建築家たちは、ギリシャやローマの建築を研究したが、それを単純に模倣しようとはしなかった。彼らは、ローマ様式アーチ、ヴォールト、破風などの諸要素を借り、それらを当時の建築物に適した様式の中に組み込んでいった。ニューヨークは、ルネサンス様式の建物で溢れている。ここで重要なことは、ルネサンス様式と真の古典様式の違いを見分けることである。

グランド・セントラル駅

場所
42nd Street and Park Avenue, Manhattan

竣工　1913年

建築家
リード＆ステム
ワレン＆ウェトモア

最もニューヨーク的といえる象徴的な空間の1つが、グランド・セントラル駅のメイン・コンコースである。高い壁の上のアーチ型窓から朝日が注ぎ込む中、何千というニューヨーカーがこの壮麗な空間を足早に通り過ぎる。彼らの多くが、その荘厳さに目もくれない。グランド・セントラル駅は1871年に、鉄とガラスの箱で列車を覆うだけの簡素な42丁目駅に替わるものとして建てられた。新しい駅の設計を受注したのが、リード&ステムである。彼らは駅のすべての機能的側面を設計したが、その中には、動線計画の作成、長距離列車専用ホーム、切符販売所および待合室、メイン・コンコース、地下鉄との連絡路、パークアベニューから新駅舎周回道路への乗り入れなどが含まれていた。ところが駅の所有者であったウィリアム・K・ヴァンダービルトは、リード&ステムの案を採用し、彼らに駅の設計を発注した後になって、彼自身の従弟の設計事務所を参入させた。それがワレン&ウェトモア設計事務所で、駅舎全体の装飾を彼らが請け負うことになった。ワレン&ウェトモアはパークアベニューに面したボザール様式の駅舎を設計し、この駅の持つ想像を越えた複雑な機能を設計図の中にすべて織り込むというリード&ステムの困難な仕事を、豊かな装飾で締めくくった。

威厳のある駅舎
Regal railroad shed
グランド・セントラル駅を描いた古い鳥瞰図を見ると、ワレン＆ウェトモアの駅舎のデザインと、リード＆ステムによる駅周回道路への乗り入れのためのマスター・プランの両方が良く分かる。この駅は、スカイスクレーパーが登場する前のミッドタウン・マンハッタンを支配していた。

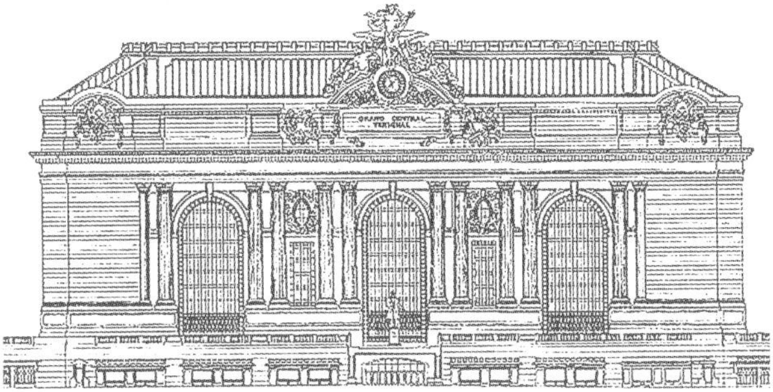

グランド・セントラル駅

地下鉄との連絡

Going underground

鉄道駅舎から地下鉄への連絡通路入り口は、天井高さの変化によって告知される。それはまるで旅行者に、今から地下世界の旅が始まることを告げているようだ。写真に見るように地下鉄のコンコースは、駅舎の壮大さを受け継いでいるが、より実用本位のデザインになっている。

見どころ

グランド・セントラル駅の建築的偉大さは、ワレン&ウェトモアの功績によるところが大きい。彼らはローマ皇帝の浴場を参考にし、この記念碑的な規模の駅を収めるのにふさわしい壮大な建物を設計した。建物外壁は石灰岩で被覆され、南側と正面のファサード中央には、ローマの凱旋門のアーチが採り入れられている。コリント式オーダーの双柱がエンタブラチュアを支え、その両端を緩やかなアーチ型の破風が締めくくっている。また正面ファサードの頂上には、ローマ神話のマーキュリーの彫像が置かれている。内部に目を転じると、コンコースは大洞窟のような空間になっており、上を見上げると巨大なアーチが天井を支えている。その天井は長い間煙草のヤニで汚れていたが、12年をかけた改修工事の結果、きれいになった。改修工事は1998年に完了したが、その過程で、フランスの画家ポール・セザール・エリュー作の夜空の絵の天井画も再生された。

時計と彫像

Clock and statue

駅南側ファサードの頂上にあるのが、ジュール・アレクシス・クータンのデザインに基づき、ジョン・ドネリー社が制作した彫刻である。ガラスで覆われた時計の両脇には、ローマ神話の神、ミネルヴァとヘラクレスが横たわり、その中央で、アメリカの象徴である鷲に支えられたマーキュリーが手を差し伸べている。彫刻の大きさは幅18m、高さ15mである。

グランド・コンコースのアーチ型入り口

Grand Concourse arched entrances

この3つの巨大なアーチ型の窓は、外部から見ると部分的に列柱の陰に隠れているが、メイン・コンコースの内側から見ると、圧倒的なスケールで迫ってくる。古典ローマ様式の形（純粋な半円形アーチ）のその窓は、南側ファサードの3つの入り口を支配している。

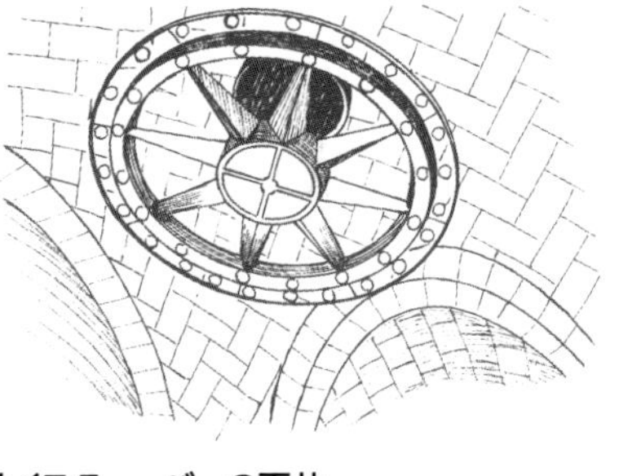

天井装飾

Ceiling ornamentation

エリューの星座の絵を縁取っているのが、豊かな装飾のくり型で、建物外壁と同じ石灰岩に彫刻をほどこしたものである。その細部を見ると、円花模様、一般的な花柄模様、そして、この駅の最初の所有者であったヴァンダービルト家の家紋であるオークの葉の意匠が見られる。

オイスター・バーの天井

Oyster Bar ceiling

メイン・コンコースの下には、この駅で最も古くから営業しているオイスター・バー・レストランがある。釉薬タイルを矢筈模様に敷き詰めた天井は、ラファエル・グアスタヴィーノの設計による精巧なデザインの交差半円筒ヴォールト（グロイン・ヴォールト）である。めずらしい形の照明器具は、このレストランの名物を供給している漁師に敬意を表したものである。

ザ・ダコタ

場所
72nd Street and Central Park West, Manhattan

竣工　1884年

建築家
ヘンリー・J・ハーデンバーフ

以前ここに住んでいたジョン・レノンが玄関の前で銃撃されたことでその名前が全世界に知れ渡ったザ・ダコタは、マンハッタン北側にある。建設当時は、その辺りはまだ未開発の土地であった。プラザ・ホテルの設計者でもあるヘンリー・J・ハーデンバーフが、高級マンションとして設計した。部屋数4～20の住居が、65戸入居している。建物は、富裕層のための住居として、当時としてはきわめて先進的であった。独自の発電設備、セントラル・ヒーティング、エレベーターなどが備えられていた。大きな中庭には、住人専用のクロケット用の芝生、テニスコートなどがあった。

ドイツ風ニューヨーク様式
German New York style
セントラル・パークを見下ろすように堂々とした姿で立っているザ・ダコタは、ヨーロッパの古都の雰囲気を漂わせている。急勾配の切妻屋根と豪華な装飾のコーニスが、ルネサンス様式であることを告げている。周囲の実用本位のビルの中にあって、ホッとした気分にさせてくれる建物である。

ランプ

Lamps

剣の突き出た王冠といういかめしいデザインのツイン・ランプが、ポート・コーシャー（馬車入り口）の両脇を固めている。様式化された植物の装飾模様は、アラベスク紋様にもフランス王家の紋章フラ・ダ・リにも似ている。

玄関口

Main entrance

18～19世紀のルネサンス様式の建物に多く見られる、馬車がそのまま中庭まで入って行くことができるほどに大きく開口した門が、ポート・コーシャーである。ザ・ダコタでも、ポート・コーシャーを抜けると、方形の中庭が広がる。

高層階の装飾的バルコニー

Ornamental balcony at high level

アーチ形の窓は、さまざまな建築様式を通して長い間好まれてきたが、方形の窓は、1800年代後半に広まったものである。それは、装飾的なバルコニーや、図の中央にある天蓋と基部の組み合わせのような彫刻的な装飾と組み合わせて、2つ並べて置かれることが多い。その飾りは、その間に彫像を置くために造られているようにも見える。

ドーム型屋根のあるルーフライン

Domed roofs and other roofline decoration

北ドイツ・ルネサンス様式で設計されているザ・ダコタは、同時代のフランス・ルネサンス様式の建物と形は似ているが、あまり精巧な装飾はほどこされていない。建物の急勾配の切妻屋根にはそれほど凝った装飾はないが、その代わり、その大きさと幾何学的なおもしろさが、この建物の建築的ドラマを生み出している。

エリス島移民博物館

場所
Upper New York Bay, Jersey City
竣工　1892年
建築家
ボーリング＆ティルトン

1892年に完成し1954年に閉鎖されるまでの間、1700万人を超える移民たちがエリス島移民管理局のホールを通過していった。12.3ヘクタールの島の面積の大部分が人工的に造成されたもので、埋め立てに使われた岩石や土砂の大半が、ニューヨークの地下鉄工事から出たものである。ボーリング&ティルトンの設計によるボザール様式の33の建物からなる複合施設である移民管理局は、閉鎖後は放置されたままだった。連邦政府は売却先を探したが見つからず、ついに1991年に博物館と観光施設として再生させた。その工事を請け負ったのは、ベイヤー・ブリンダー・ベルとノッター,ファインゴールド&アレクサンダーの2つの建築事務所であった。

目と鼻の先､しかし…
So near and yet
船で到着した移民は、ニューヨークを間近に眺め、その匂いさえかぐことができたが、上陸するためにはエリス島の移民管理局を通過しなければならなかった——目的地は、石を投げれば届く距離にあるというのに。施設は現在博物館になっており、観光客は、今日のニューヨークの繁栄の基礎を築いた移民の物語を学ぶことができる。

ドーム型の塔

Domed tower

本館正面ファサードを支配している2つの塔が、建築家がルネサンス様式に傾倒していたことを雄弁に物語っている。そのイタリア風ドーム型キューポラは、重厚な装飾がほどこされ、古典ギリシャ様式の破風まで組み込んでいるが、こうした混交した様式がボザール様式の特徴である。

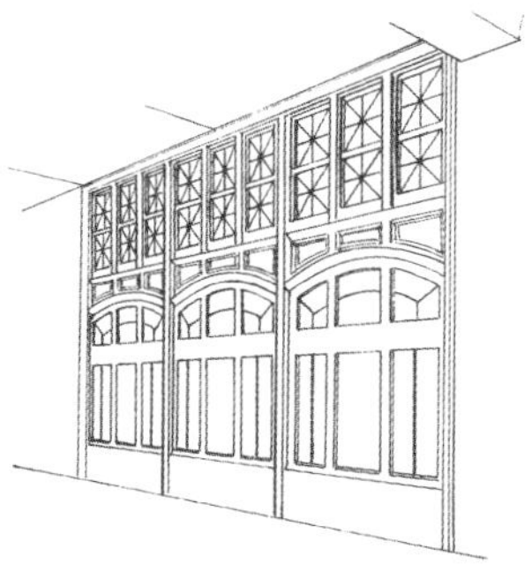

窓

Windows

どちらも複数の縦方向の仕切り（マリオン）と横方向の仕切り（トランザム）によって小さなガラス片に分けられているアーチ型窓と方形窓の組み合わせは、16世紀に広まったもので、ルネサンス様式のカントリーハウスに多く見られる。

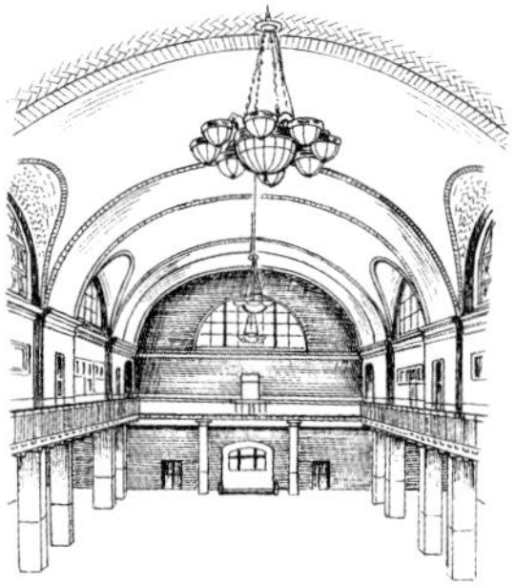

大ホール

Great Hall

大ホールの半円筒ヴォールトの天井は、ムーア人の建築から学んだものである。天井はラファエル・グアスタヴィーノの制作で、積層のセラミック・タイルが速乾性のポートランド・セメントによって矢筈模様に張られ、不思議な光沢を放っている。

アーチ細部

Arch detail

アーチは、形としては半円形で、ロマネスク様式であることを示しているが、ルスティカ積みの石灰岩細工は、どちらかといえばルネサンス様式に近いものである。図のような細部を持つ3重アーチが、建物東西の両側面に2階分の高さまでせり上がっている。

セント・ジョージ・シアター

場所
35 Hyatt Street, Staten Island
竣工 1929年
建築家
ユージン・デローサ、ネストル・カストロ

映画館でもあり劇場でもあるセント・ジョージ・シアターは、スタテン島にとっては1つの啓示であった。シアターのデザインは、オーナーであったソロモン・ブリルが公言していたように、マンハッタンの劇場と競うものであり、その建築は世間の注目を集めた。ユージン・デローサの設計した建物は、外見的に見るとわりと抑制された感じだが（オフィス・ビルでもあることから）、内部はバロック様式の乱舞であり、スペインとイタリアの影響が随所に見られる。内装のデザインを担当したのは、リブマンースパンジャー社のアートディレクターであるネストル・カストロである。建築の一部であれ、設備であれ、すべて装飾に関係するものはバロック調で統一されている。たとえば照明器具を見ると、古典的なC形曲線や貝殻、渦巻きの形が多用されている。同様の装飾が、コーニスや天井円花飾りにも見られる。

分裂した性格
Split personality

セント・ジョージ・シアターの外観デザインは、分裂した性格を表している。通りに面した1階部分には張り出し屋根があり、建物全体の屋根にはグロテスクな彫刻が置かれている一方で、中間のファサードはまったく平板な感じである。建物は劇場とオフィス・ビルという2つの役割を持ち、それがファサードのデザインに反映されている。

1階バルコニー
First-floor balcony

らせん状に巻かれた帯によって芸術的な華やかさを演出した２本の円柱で両脇を支えられたバルコニーは、行き過ぎたバロック調としか言いようがない。無数の華麗な曲線と渦巻き紋様の中に大きなホタテ貝のモチーフが浮かび上がって見えるが、それはそのまま壁と天井まで広がって行く。

水牛頭蓋骨飾り額
Buffalo-skull plaque

ブクラニア(雄牛の頭蓋骨を表すラテン語)は、ルネサンス様式ではよく使われる装飾要素である。劇場正面ファサードの幾何学的蛇行模様の横にこの飾り額がはめ込まれているが、その模様は古典ギリシャ的な特徴を有している。このようにさまざまな要素を組み合わせた形も、ボザール様式の特徴である。

グリフィン
Griffin

建物の頂上を飾っているのが、１対の石造のグリフィンである。グロテスクと呼ばれるこのデザイン様式は、この奇異な装飾の建物によく似合っている。それはたぶん劇場内部で上演されるドラマを暗示させると同時に、ボザール様式建築の多くに見られるルネサンス様式の影響を明瞭に示している。

バロック調照明
Baroque lighting

劇場内部の装飾は、渦巻と黄金色の爆発である。このシャンデリアはほとんどムーア様式で造られているが、C形曲線を編み込んだ精緻な鉄細工は、バロックとロココのデザインも示している。

RENAISSANCE

シティー・ホール

市長のオフィス
Mayoral office
はるかに規模の大きいマンハッタン・ミュニシパル・ビルディング（遠景に見える高い建物）の陰に隠れるように、ニューヨーク市長の執務室のある古典的なデザインのビルが立っている。今でも市長主催の式典や儀式はここで開催される。

ニューヨーク市の3代目の市庁舎であるこのシティー・ホールは、現在も職員が働き実際に行政機能を果たしている市庁舎としてはアメリカ最古のものである。ジョセフ・フランソワ・マンギンとジョン・マッコムJrがコンペに優勝し設計を受注したが、労働争議と市全体に広がった黄熱病によって、建設には9年を要した。建物自体はいくつかの様式の組み合わせ——外観はフランス・ルネサンス様式、内部はアメリカン・ジョージアン様式——で建てられている。マンギンとマッコムの最初のデザインは、建設費の高さと過度な装飾に反対した市議会によって、規模が縮小され、材料も変更させられた。

場所

City Hall Park, Manhattan

竣工　1812年

建築家

ジョセフ・フランソワ・マンギン、
ジョン・マッコムJr

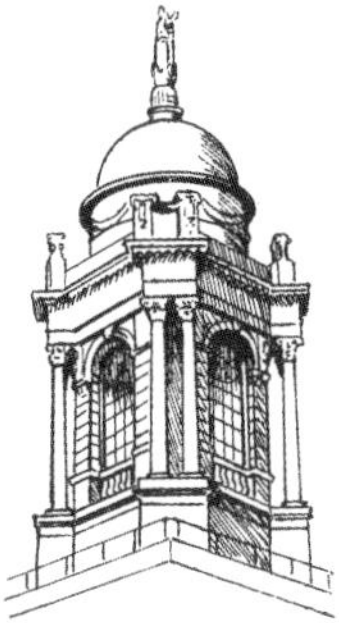

ドーム屋根鐘楼の細部

Detail of domed bell tower

シティー・ホールの頂上を飾るドーム屋根の鐘楼は、フランス・ルネサンス様式によく見られる複数の建築様式の組み合わせになっている。窓のローマ様式のアーチが時計の枠になっている。この鐘楼は、ハーバード大学、エリオット・ハウスの鐘楼の原型となった。

正面玄関

Main entrance

シティー・ホール正面の階段を昇ると、列柱によって支えられたポルティコがあるが、独特なのは、4隅の柱が縦溝のあるイオニア式の双柱になっていることである。その上の欄干は、2つあるものの1つで、上の方の欄干はドーム屋根鐘楼の前のルーフラインとなっている。

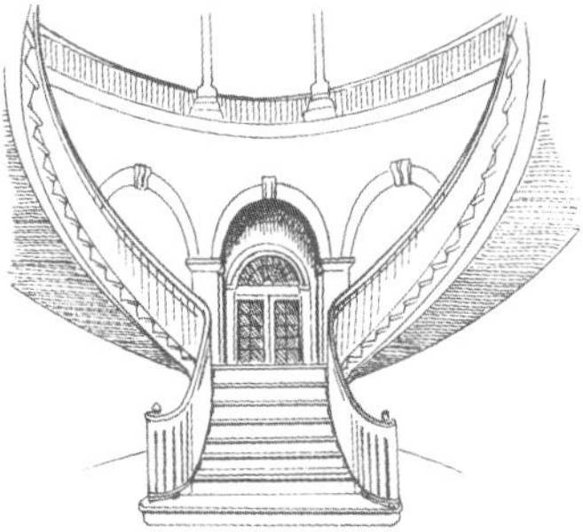

内階段

Internal staircase

階段は、2階から舞い降りてくるような劇的な曲線を描きながら、アーチを支える2本のピラスターの頭上から滑走し、建物中央のロトンダの床に着地している。半円形アーチの中央にある大きな要石は、ローマ様式アーチの典型である。しかし階段のデザインは、発想としてはもっとアメリカ的である。

アーチのあるバルコニー窓

Arched balcony windows

ルネサンス様式で一番重要視されるのは比率である。この単純な方形窓は、両脇の2本のピラスターと小さく優雅な曲線破風に縁取られている。その結果抑制された美しさが生み出され、それをジュリエット風のバルコニーの花瓶型の手摺子が美しく完結させている。

マンハッタン ミュニシパル・ビルディング

場所
1 Centre Street, Manhattan

竣工　1914年

建築家
マッキム, ミード&ホワイト

ヨシフ・スターリンがこのビルに惚れ込んで、モスクワ大学の本館をこれとそっくりに造らせたと伝えられているマンハッタン・ミュニシパル・ビルディングは、フランスとイタリアのルネサンス様式、それにローマ帝国建築様式を組み合わせて造られている。その40階建ての建物は、当時としては最も大きな建物の1つであった。現在床面積約9.3ヘクタールの空間に、ニューヨーク市役所の12の機関に属する2000人の職員が働いており、官庁ビルディングとしては世界でも屈指の大きさである。

ニューヨーク市の権勢
Municipal might
この堂々とした構造のファサードは、明らかに古典様式の円柱の比率——柱礎、柱身、柱頭——を基にしている。柱礎に当たる部分には、高い列柱で支持された通路があり、かつてはそこを車が通り抜けていた。その列柱の上には、5つの徳——進歩、市民としての義務、指導と執行権、市民としての誇り、分別——を描いた高浮き彫りがある。

凱旋門

Triumphal arch

凱旋門はローマ建築を代表する建築要素である。中央の大きなアーチの両側を小さなアーチが固め、それらが１対のコリント式角柱の間にはめ込まれている。柱身は、ギリシャ様式の円柱特有の縦溝がなく滑らかであるが、それはローマ建築様式の影響である。

塔の上の彫像

Statue atop the tower

建物最頂部に立つのは、彫像『市民の誉れ』である。アドルフ・ウェインマン作のその像は、自由の女神像に次いでニューヨークで2番目に大きな像である。月桂冠を戴いた女性が素足で球の上に立ち、長衣が風になびいている。左手で5星の王冠を掲げているが、それはニューヨークの5つの区を表している。

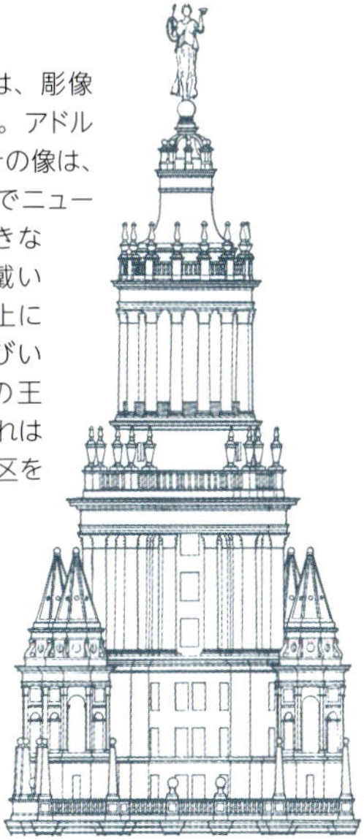

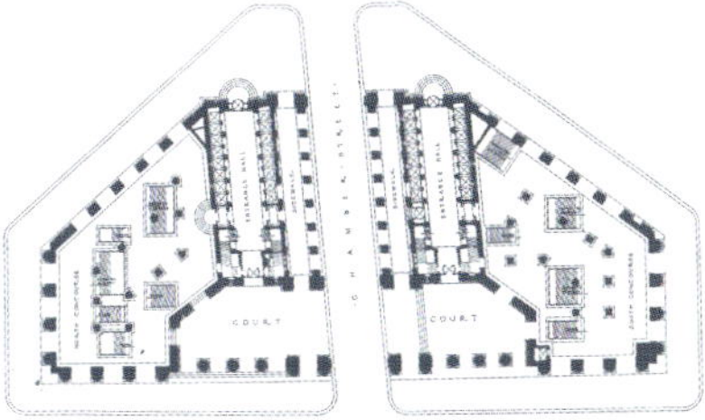

平面図

Plan

建物１階部分は、中央を貫く道路で２つに分断されている。以前はそこを車が自由に往来していた。平面図を見ると、列柱によって道路からは中の受付ホールが見えないように遮蔽されているのが分かる。その上の階は、建物中央部分をまたいで、大会議場が設けられている。

高層階の装飾

Upper-level decoration

建物ファサードは、3つの要素から成り立っている。3番目の高層階の要素では、窓は小さなコリント式円柱によって縁取られている。ルーフラインは、ギザギザのあるコーニスによって葉が茂っているような印象を付与されているが、それはコリント式柱頭のアカンサスの葉を引き継いだものである。

ザ・プラザ

上流社会
The high life
1907年に完成した時、ザ・プラザ・ホテルはその偉観と豪華さで人々の度肝を抜いた。デザインはフランス・ルネサンス的であるが、規模はまさにアメリカ的である。そのホテルは今も周囲の景観を威圧している。

1907年10月1日、ザ・プラザはドアを開け、「世界最高のホテル」という称賛の声を招き入れた。設計したのは、ザ・ダコタの設計者でもあるヘンリー・J・ハーデンバーフである。19階建のプラザは、建築に2年を要し、費用は当時としては前代未聞の1200万ドルを越えた。建物は、1969年にアメリカ合衆国歴史的建造物登録財に指定された。またアメリカ合衆国国定歴史建造物に指定されている（1986年）ニューヨークでただ1つのホテルでもある。

場所　*Fifth Avenue and Central Park South, Manhattan*

竣工　1907年

建築家　ヘンリー・J・ハーデンバーフ

隅角細部

Corner detail

古典的なルネサンス様式のディテールの1つに、ドームまたは円錐形の屋根を持つ塔がある。ハーデンバーフはそのディテールをホテルの隅角に用い、おとぎ話のような詩的なメッセージを送ることに成功している。5階から立ち上がった円筒形の塔が、18階のドームの頂点まで一気に上昇する。

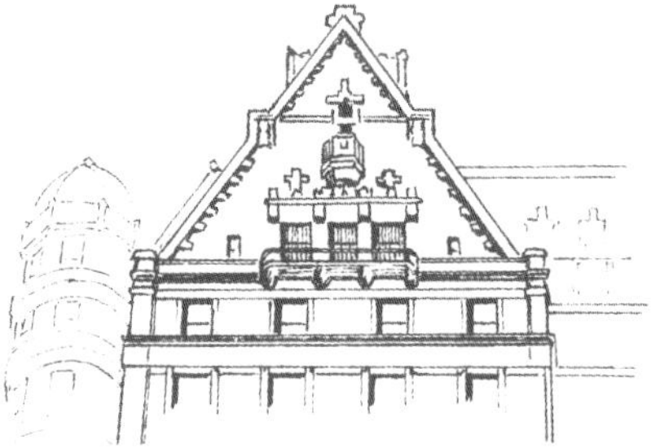

急傾斜切妻

Steeply pitched gable

フランス・ルネサンスの邸館建築を基にしたザ・プラザの装飾的切妻屋根は、ゴシック建築とイタリア風装飾の混合である。事実、フランス・ルネサンス様式は、イタリアのデザインを多く取り入れている。16世紀に起こった両国間の戦争の後、フランス軍は多くの財宝と新しい建築趣味を祖国に持ち帰った。

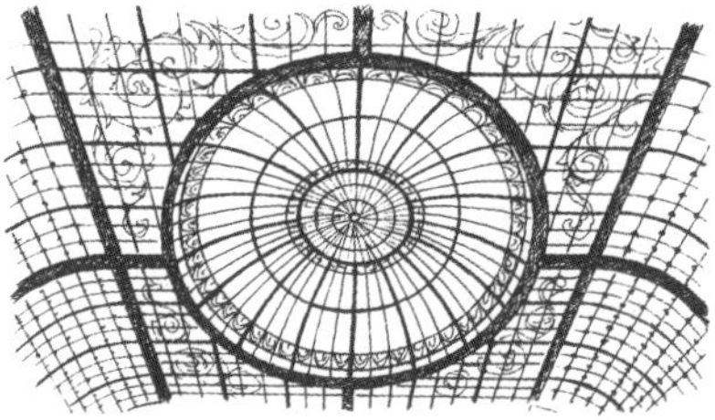

パームコートのガラス屋根

The Plaza crest

ハーデンバーフの当初のデザインに含まれていたホテルのパームコートの天窓は、コンラッド・ヒルトンが所有していた時代（1943～53年）に取り除かれた。しかしその後、古い写真を基に、大変な苦労の末に元通りに修復された。その幾何学的デザインは、古典的ルネサンス様式に対するハーデンバーフの20世紀的解釈である。

ザ・プラザの紋章

Glass roof in palm court

ホテルの5番街とセントラル・パークの2つの入り口の上のステンドグラスには、ザ・プラザの紋章が鮮やかに描き出されている。その紋章は、このホテルに足を踏み入れることができる人々にふさわしいリッチな感覚を漂わせている。古いルネサンス様式の紋章が、現代的なロゴの中に組み込まれ、枕からティーポットに至るありとあらゆる備品に刻印されている。

キャリー・ビルディング

キャリー・ビルディングのファサードは、レンガと石材を組み合わせて造られているように見えるが、実は古典様式を装った鋳鉄建築である。1856年に完成したこの建物のファサードは、マンハッタンのアーキテクチュラル・アイアン・ワークス社で鋳造された。所有者のウィリアム・H・キャリーは、衣類や生地で財をなした人で、このビルは当初は商業目的で建てられたものであった。しかし他のマンハッタンの多くのビル同様に、このビルも集合住宅に改修された。1983年に、アメリカ合衆国国家歴史登録財に指定された。

全身着飾って
All dressed up

キャリー・ビルディングのデザインは、鋳鉄製ファサードのような新しい技術が多く採り入れられる一方で、依然として古典様式が好まれているという時代の特徴をよく表している。古いものと新しいものの組み合わせによって、当時としては最も豪華な建築が創り出された。

場所　*105–107 Chambers St., Manhattan*
竣工　1856年
建築家　ガマリエル・キング、ジョン・ケラム

ネームプレート
Name plate

キャリー・ビルディングの陸屋根の縁を飾る装飾コーニスは、中央で途切れ、そこに造られた破れ破風には、凝った渦巻き模様で縁取られたカルトゥーシュがはめ込まれている。このなんとなく洗練されていない古典的デザインが、装飾性の高い正面ファサードの基調を定めている。

円柱装飾ファサード
Ornate columned facade

ギリシャ様式の１対の縦溝のある円柱が、ファサードから奥まった位置にある窓を保護するアーチを支えている。その柱身の上には、イオニア様式とコリント様式を組み合わせて生まれたローマ様式のコンポジット・オーダーの柱頭が載っている。

コーニス細部
Cornice detail

この大きく突き出したコーニス（下）は、かくも仰々しく飾られたファサードの上の冠としてよく似合っている。渦巻き模様で重厚に装飾された持ち送りは、イオニア式オーダーを想起させるが、ここではそれが円柱の柱頭ではなく、ルーフラインを支える形で使われている。

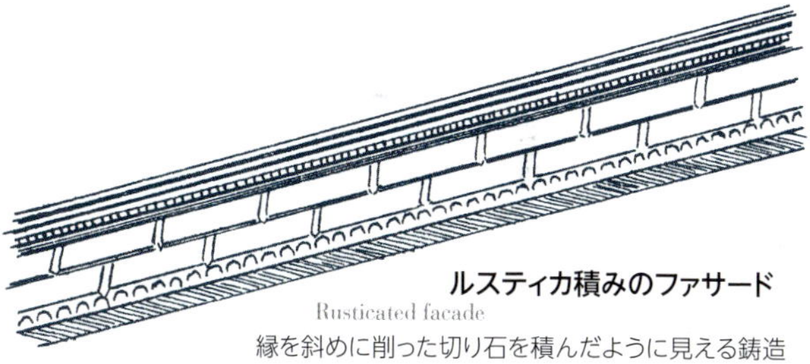

ルスティカ積みのファサード
Rusticated facade

縁を斜めに削った切り石を積んだように見える鋳造ファサード（上）は、鋳鉄建築の傑作である。この技術は産業革命の渦中に生み出されたが、その後も材料が比較的安価であったため、ニューヨークの多くの商業ビルで装飾的に使われた。

エニッド・A・ホウプト・コンサーバトリー

場所 *New York Botanical Garden, The Bronx*

竣工 1902年

建築家

ロード&バーナム

ニューヨーク植物園の中心に位置するのが、エニッド・A・ホウプト・コンサーバトリーである。それは当時のアメリカ国内最大の温室であり、世界でも屈指の規模を誇った。設計したのは、当時の温室設計の第一人者であったロード&バーナムである。彼らは、これよりも50年ほど前に完成したロンドンのキュー・ガーデンの温室をモデルにした。建物は1978年に、3年の工期と500万ドルの費用をかけて修復が完了した。他の資産家が手を引くなか、慈善家のエニッド・A・ホウプトがすべての修復費用を賄った。そのため彼の名誉を称えて、この建物は現在このような名前で呼ばれている。

修復された傑作

Restored masterpiece

この美しいドーム型のガラスの植物園の正面入り口に向かって並木道を歩くことほど心安らぐひと時はめったにはない。一時期は見るも無残なほどに荒廃していたが、大変な苦労の末修復され、ルネサンス様式の傑作としてよみがえった。

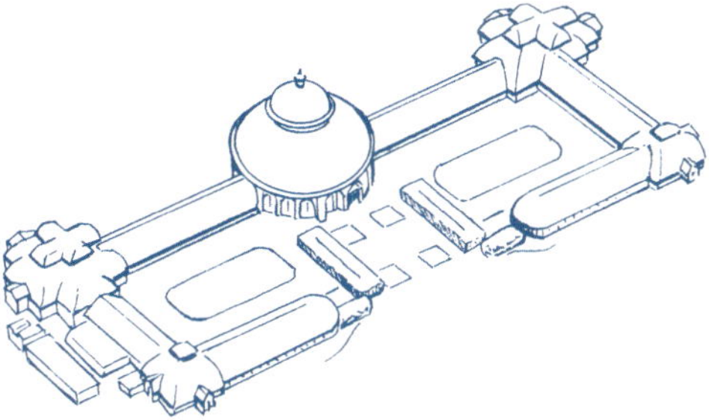

温室鳥瞰図
Aerial or plan of conservatory

ヤシ科の植物を展示するドームを中心に、全体で3900平方メートルの複合温室が配置されている。C型の建物の左右の角に、2つの十字型の温室が設けられているが、それは同じロード＆バーナムが数年前に設計したバッファロー＆エリー郡植物園の配置と似ている。

正面入り口
Main entrance

柱頭にアカンサスの葉と渦巻きが使用されていることによってコンポジット・オーダーと見分けられる4本のピラスターによってエンタブラチュアが支えられているが、そこにはこの温室を破壊から救った恩人の名前が刻まれている。ローマ様式のアーチの中に、精巧な金属細工で装飾された扇形窓が収められている。

中央ドームのガラス・アーチの細部
Detail of glazed arches of the main dome

曲面ファサードの方形窓の中にある装飾的金属細工のアーチが、正面入り口の扇型窓の形を受け継ぎ、補完している。1800年代後半から1900年代初期にかけて造られたルネサンス様式の温室に、このようなガラスによる装飾がよく見られる。

ドーム本体の細部
Detail of dome itself

この巨大なガラス・ドームは、鋼鉄の構造枠と木の窓枠によって造られている。外周だけで支えられているドームは、クモの巣状に張られた鋼鉄のトラスの枠組みによって強固に保持されている。その上にはキューポラと装飾的なランタンが置かれ、それらを合わせると、全体の高さは27.5mにもなる。

RENAISSANCE

ロウズ・パラダイス・シアター

建物内部の屋外劇場

Outside inside

観客にイタリアの歴史的な庭園を背景に夜空の下で劇を見ているような錯覚を起こさせるこの豪華な劇場は、訪れるたびに新しい建築的発見を与えてくれる。

1920年代から30年代にかけてロウズがニューヨークにオープンさせた5つの「ワンダー・シアター」の1つであるロウズ・パラダイスは、アメリカ国内で最後に造られたアトモスフェリック・スタイル（屋外劇場風）の劇場の1つである。このシアターでは、映画とライブ・ステージの両方が上演された。観客席は、イタリアン・バロック庭園様式で設計され、その後1970年代に、2つのスクリーンで上映できるように分割された。1994年には全館閉鎖となったが、2005年にユートピア・パラダイス・シアターとして復活した。

場所　*2401–2419 Grand Concourse, The Bronx*

竣工　1929年

建築家　ジョン・エベルソン

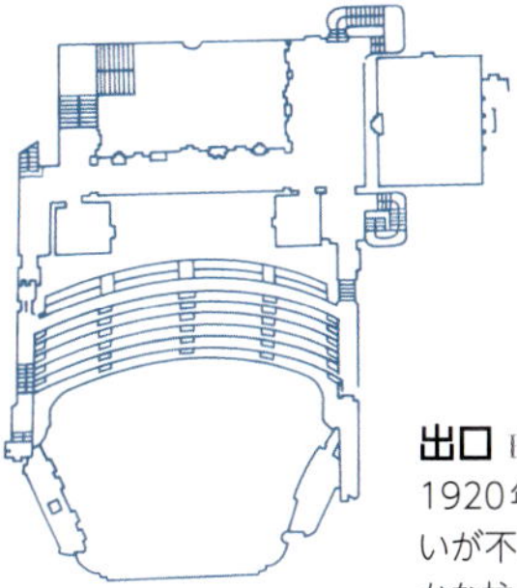

平面図 Plan

平面図を見ると、当時の映画館がどれほど大きな空間を取っていたかが良く分かる。バロック様式の装飾品で豪華に飾られた広々とした観客席は、天井には星空が描かれ、蔦が垂れ下がり、鳥が舞い、壁際には多くの古典様式の彫像が並んでいる。

出口 Exit

1920年代初期に設計された劇場には、豪華な装いが不可欠であった。この出口も、ローマ風の滑らかな柱身を持つ2本の円柱と、ルネサンス様式特有の装飾を持つピラスターに支えられたアーチ型門によって縁取られている。

天井 Ceiling

建物のあらゆる細部が、劇場的な装飾で覆われている。天井のカルトゥーシュを見ると、バロック調のデザインを感じさせる渦巻きと葉の装飾の中に、プッティ(有翼の天使)が描かれている。

装飾文字 Lettering

テラコッタ・タイルで覆われた正面ファサードの中央部分には、上部が破れ破風になっているバロック様式のネーム・パネルが掲げられている。その古典様式のデザインは、劇場名を綴ったネオン管のアルファベットで完結されている。それは建築様式と美学の、例を見ない対照的な組み合わせであり、このような劇場的な建物で初めて可能となる種類のものである。

ライシーアム・シアター

華麗なファサード
Ornate facade
ライシーアムの、マンハッタンでも1、2を争う華麗なファサードは、周囲を現代的な建物に囲まれることによって一層引き立って見える。ギリシャ様式を基調としながら、バロック調の装飾がそれと非常によく調和し、劇的な効果を演出している。

ライシーアムは、マンハッタンで最初にランドマーク的地位を与えられた劇場である。また、ブロードウェイで最も古く、今も最初の名前で営業を続けている数少ない劇場の1つである。ライシーアムは、同じ年に開館したニュー・アムステルダム・シアターと並び、ハーツ&タラントの設計によるものである。華麗なバロック様式で装飾されたボザール様式のファサードの奥に、わずかに950の席しか持たない劇場が隠れている。しかしライシーアムは、その空間の狭さを、建築的豪華さで見事に補っている。建物は1974年に、正式にニューヨークのランドマークとして認定された。

場所　*149 West 45th Street, Manhattan*
竣工　1903年
建築家　ハーツ＆タラント

階段手摺り

Banister

階段の蹴上げを照らす枝付き燭台同様に、この階段昇り口の手摺りは、ギリシャ古典彫刻と文学を連想させる。建築様式に基づくというよりは、劇場的な雰囲気を演出するために作られたものだが、ボザール様式特有の寄せ集め的表現手法が効果的である。

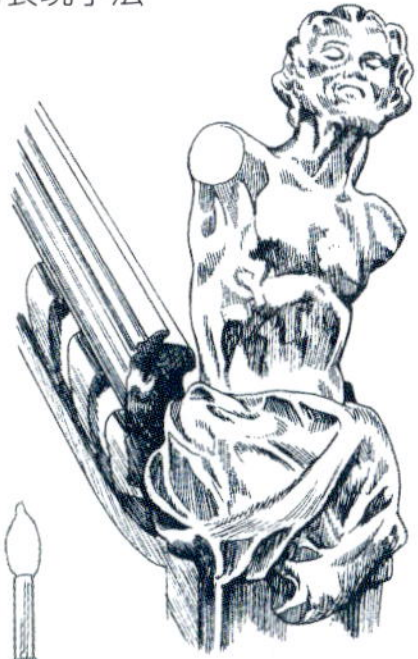

壁灯

Wall light

コリント式の円柱から、ギリシャ神話のサテュロス（半人半羊の精霊）をかたどったこの壁灯まで、ライシーアムの装飾は留まることを知らない。壁灯によって照らし出されたロビーは、無数の黄金の葉と花の帯で彩られているが、それはまさにギリシャ古典建築の最も華やかな要素である。

リュケイオン

LYCEVM

ライシーアムという名前は、アリストテレスが哲学を教えたアテネの園、リュケイオンのことであるが、このレタリングは、ハーツ＆タラントの設計図に書かれていたものである。この文字自体が、古典ギリシャ芸術への彼らの傾倒ぶりを表現しており、この劇場を設計するにあたって、彼らの哲学が果たした役割を象徴的に示している。

正面ファサードの円柱

Columns on the exterior facade

劇場の正面ファサードは、6本の巨大な円柱が波打つひさしの上から立ち上がっている。円柱の縦溝はギリシャ様式のオーダーを示しているが、豊かに茂るアカンサスの葉と渦巻き飾りによるどっしりとした柱頭は、コンポジット・オーダーである。一方、柱身に巻かれた帯のC形の模様はバロック調であるが、縦溝の中に埋め込まれているのはスイカズラの花弁であり、それはまたギリシャ様式のものである。

地下鉄

場所	各地
竣工	1900年以降
建築家	多数

1870年に発明家のアルフレッド・エリー・ビーチが、ブロードウェーの地下にトンネルを掘り、そこで空圧式の輸送システムの実験走行を行った。しかし政治的および財政的な束縛と電気式牽引モーターの進歩によって、その案は頓挫した。ようやく1900年3月24日に、市庁舎前でくわ入れ式が行われ、ニューヨーク市地下鉄事業が正式に発足した。最初の路線は市庁舎前から145丁目までの区間で、1904年10月27日に開通した。現在の地下鉄路線の大半が、トンネルを掘るのではなく、上から掘って埋め戻す工法で建設された。

発電所
Powerhouse
最初のニューヨーク市地下鉄網のすべての電力を賄う都市高速交通会社発電所が1904年に完成した。古典様式の建物を設計したのはマッキム,ミード&ホワイトで、当時の北アメリカ建築を席巻していた都市美化運動の考え方を反映している。

バロー・ホール・ストリートのエレベーター

Borough Hall street elevator

7番街線とイースタン・パークウェイ線の連絡口となるこの通りに立つエレベーター入り口は、まだ地下鉄を利用する人が少なかった時代を偲ばせる。機能とは無関係な誇張気味なルーフラインとその上のキャノピーが、ボザール様式の遺産を今に留めている。

ジョレールモン・トンネル・ポストカード

Joralemon Tunnel Postcard

1913年に発行されたこのポストカードは、ジョレールモン・トンネルとそのブルックリン・バロー・ホール駅の完成を記念したものである。このイーストリバーの地下のトンネルを経由して、マンハッタンのボーリング・グリーン駅からブルックリンのジョレールモン・ストリート駅まで、そしてウィロー・プレース駅までの2つの路線が走っている。

地下のヴォールト天井

Vaulted ceilings underground

比較的最近の地下鉄構内は、鋼鉄の骨組みに支えられた強化コンクリートの平らな天井になっているが、古いトンネルは、レンガ組積造で造られている。単一のトンネルの場合は半円筒ヴォールトで十分であるが、2つのトンネルが交差するところでは交差ヴォールトが用いられた。矢筈模様と釉薬レンガが、技師たちの優れた技能を際立たせている。

駅名飾り額

Station signage

地下鉄が最初に建設されたころ、駅名は多くの場合、釉薬タイルによって表示されていた。そのうちのいくつかは今も見ることができる。バロー・ホール駅の場合のように駅名を幾何学的模様で縁取り、新古典主義的なデザイン趣向を示しているものもあるが、このブリーカー・ストリートという駅名を囲む図案化されたカルトゥーシュのように、ロココ趣味を示しているものもある。

ジェームズ・A・ファーレー郵便局

場所 *421 Eighth Avenue, Manhattan*
竣工 1912年
建築家
マッキム・ミード&ホワイト

「雪雨であれ灼熱であれ暗黒の夜であれ、 郵便配達人の配達区域への迅速な職務の貫徹を妨害することはできない」という一文が刻まれたエンタブラチュアを有するジェームズ・A・ファーレー郵便局は、まるまる2街区を占めるニューヨークの中央郵便局であり、アメリカ合衆国歴史的建造物登録財に指定されている。建物は2回に分けて建造され、前面部分が1912年に完成し、1934年に後方部分が増設され、倍の大きさになった。マッキム,ミード&ホワイトのコリント式列柱のデザインは、当初は、8番街をはさんで向かい側にあった同じく同事務所設計のペン・ステイションの列柱と呼応するものであった。

ポスト古典主義
Post-Classicism

このポスト・オフィスの力強いコリント式列柱の上のエンタブラチュアに刻まれた一文は、紀元前400年ごろのペルシャの騎馬伝令について記述したヘシオドスの『歴史』から取ったものである。それを提案したのは、マッキム,ミード&ホワイトのウィリアム・ミッチェル・ケンドールであった。

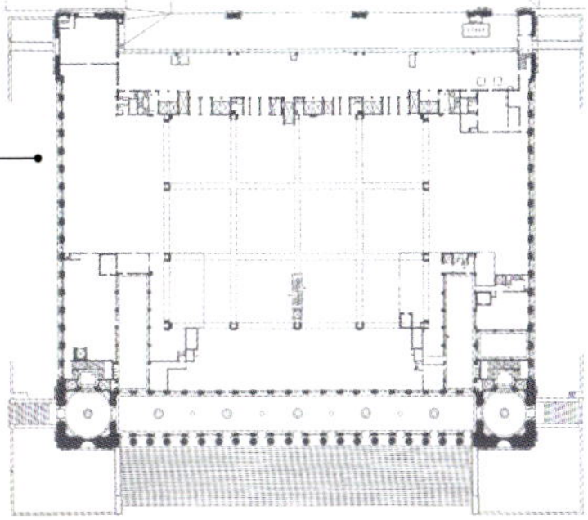

平面図と空濠

Building plan and dry moat

建物1階平面図を見ると、幅の広い大階段（図の最下部）があり、内部には長い受付ホールが見える。建物の大部分は、仕分け室によって占められている。建物の周囲は空濠になっており、そこから地下室に光と空気が採り入れられる。

コリント式円柱

Corinthian column

コリント式円柱は、古代ギリシャに由来するものである。その最大の特徴は、柱頭全体を覆うアカンサスの葉である。柱身にはギリシャ型とローマ型の2種類があり、ローマ型コリント式円柱は、滑らかな柱身だが、ギリシャ型はここに見られるように、縦溝が彫ってある。

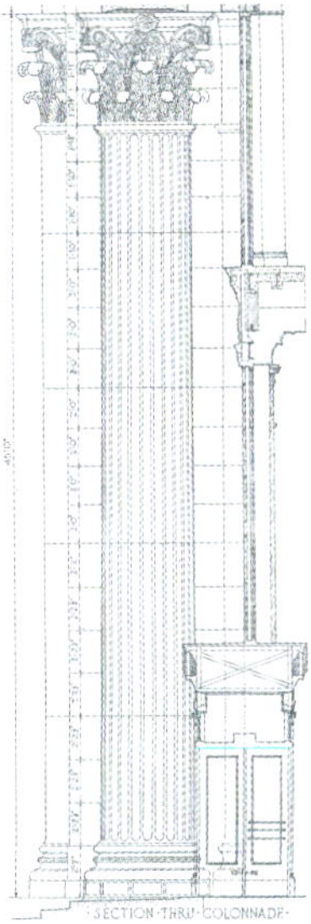

受付ホール天井の装飾

Decorative ceiling of the public hall

局員が働く業務空間にはわずかな装飾しかないが、受付ホールの天井は華麗な幾何学模様で飾られており、その中には各国の紋章がはめ込まれている。双頭の鳳凰はロシアの国章であり、“RF”はフランスの国章である。国章の間を緻密な花柄の渦巻き模様の帯が仕切っている。

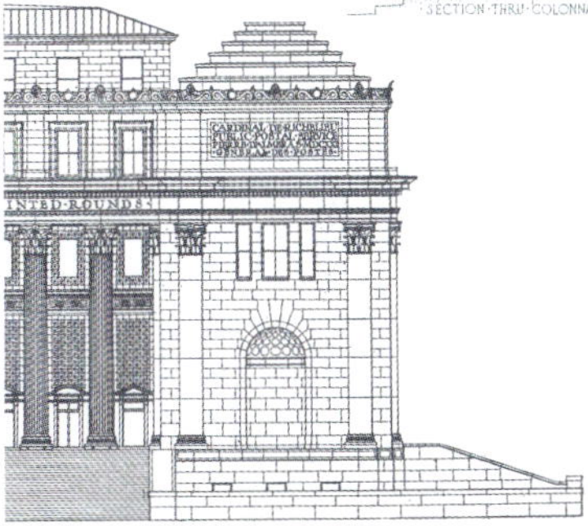

方形パビリオンの上の低いドーム

Low domes on square end pavilions

正面ファサードの列柱の両脇は、方形のパビリオンで固められており、その上には緩やかな傾斜のピラミッド、ジッグラトが載っている。それも、現在は取り壊されているペン・ステイションの屋根と呼応するものとしてデザインされた。両方のパビリオンとも、内部はドーム型の天井になっている。

ブルックリン美術館

場所　*200 Eastern Parkway, Brooklyn*

竣工　1926年

建築家

マッキム,ミード&ホワイト

壮大な入り口

Grand entrance

正面入り口は、これまで2回改築された。最初にあった壮大な階段は1934年に取り壊され、2004年にルービン・パビリオンが開館した。

マッキム・ミード&ホワイトが設計したブルックリン美術館は、現在でもかなり大きな建物であるが、当初はそれをさらに上回る壮大な規模のものとして計画されていた。規模が縮小されたとはいえ、その建設はとてつもない大事業で、最初のウイングが完成したのが1897年であったが、美術館全体が完成するまでにほぼ30年の歳月を要した。建物中央部が完成したのが1905年で、最初そこにはイースタン・パークウェイまで下る巨大な階段が含まれていた。建築家の意思に反してその階段は取り壊されたが、その後現代的なガラス屋根のルービン・パヴィリオンを含む形で再建された。ポルシェク・パートナーシップによるその設計は、ファサードの統一性を回復するもので、モダニスト様式による元の階段の再構成である。

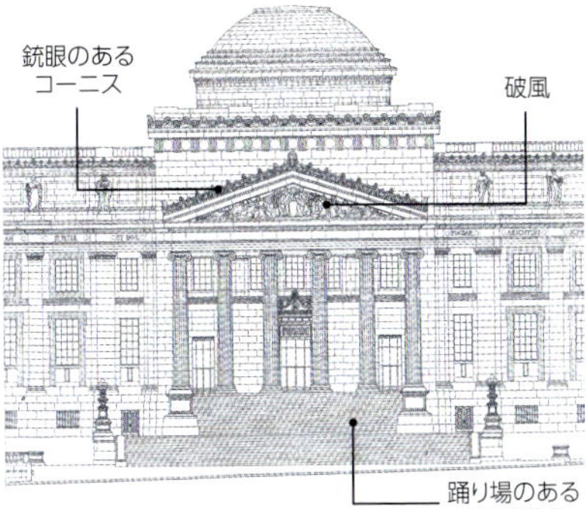

歴史的階段のある正面入り口
ポルティコ

Main entrance portico with historic stairway

美術館への正面入り口は、６本のイオニア式円柱に支えられ、銃眼のあるコーニスによって縁取られたポルティコによって守られている。図に見られる踊り場のある２連式の階段は、1934年に取り壊され、その代わりに、複数の入り口（より「民主主義的な」入り口を作るため）が設けられた。

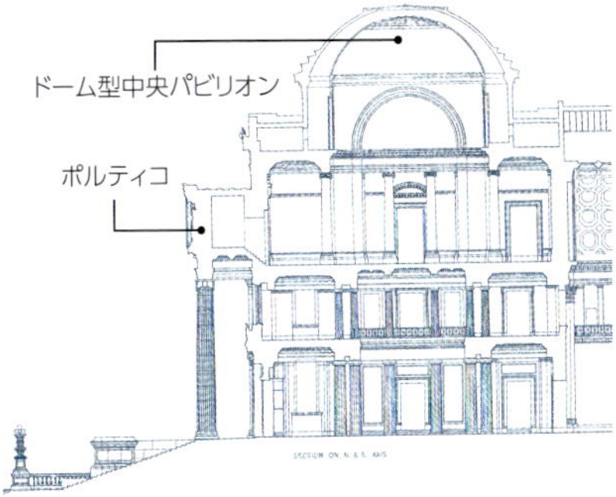

ドーム

Dome

正面入り口のポルティコからドーム型の中央パヴィリオンまでの断面図は、この巨大な美術館が、円柱、アーチ、格天井による巧妙な構造によって支えられていることを示している。アーチは典型的なローマ様式のもので、建物全体を構造的に支え、切り石積みの下方向の圧力に耐えている。

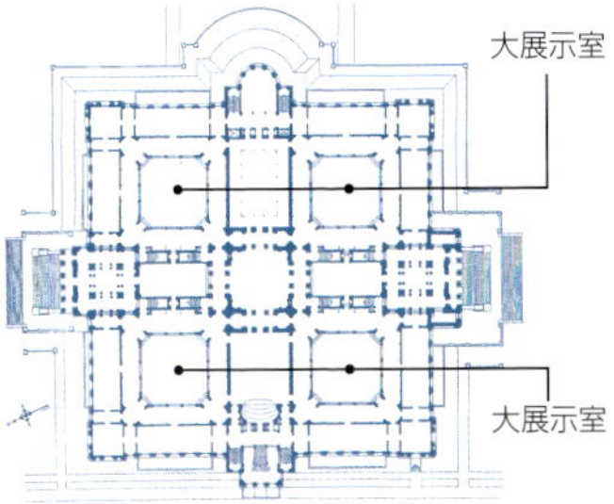

平面図

Plan

マッキム，ミード＆ホワイトによるこの美術館のための最初のプラン（上図）は、計画通りに建設されることはなかったが、その十字型のデザインは、建築家の古典様式への傾倒をよく示している。実際は、この平面図の約半分だけが実現された。

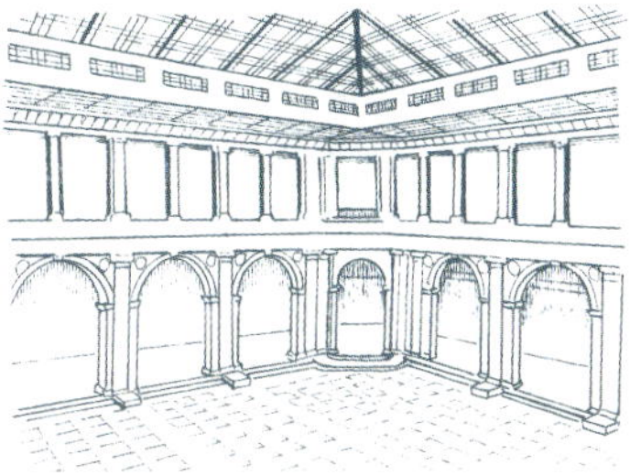

ボザール様式大展示室

Beaux-Arts Court

美術館で最も美しい空間の１つであるボザール様式大展示室は、建物内部の列柱が中央の空間を囲む形で造られている。２階吹き抜けの空間は、全体が巨大なガラスの天窓によって覆われている。1999年から2001年までの期間をかけてこの大展示室の修復が行われ、天窓も全面的に新しく取り換えられた。

クーパー・ヒューイット博物館

場所
2 East 91st Street, Manhattan
竣工 1902年
建築家
バブ,クック＆ウィラード

以前はカーネギー家の邸宅であったこのボザール様式のマンションは、マンハッタンで最も規模の大きい個人邸館の1つであった。完成したのが1902年で、アメリカ初の鉄骨造の個人住宅であった。昇降にオーチス・エレベーターを使い、セントラル・ヒーティングと旧式とはいえ冷房設備もあり、当時としては最高の設備を備えていた。1976年にスミソニアン研究所に付属するクーパー・ヒューイット国立デザイン美術館として開館し、64室の部屋は、デザインのための最重要の歴史的および現代的作品の展示室となっている。

邸館風の安らぎ
Home comforts
どっしりとした落ち着きのある外観、傾斜の緩やかなデッキ屋根など、クーパー・ヒューイット博物館はイギリスのカントリー風邸館を彷彿とさせる。それはおそらくこの建物が、個人住宅であり、古典的なヨーロッパ風デザインによって造られているからであろう。

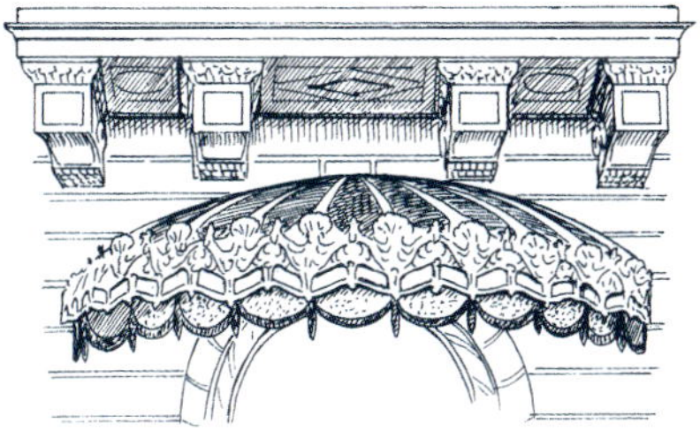

入り口キャノピー

Entrance canopy

クーパー・ヒューイット博物館正面入り口の上にかかるガラス製のキャノピーは、それに覆われているローマ様式のアーチの厳しい線と面白い対照をなしている。その装飾的な裾の裏には、数多くの小さなガラス片を支えるための精巧な針金細工の骨組みが隠されている。

ドア

Door

素朴なローマ様式アーチの中にはめ込まれたドアは、唐草模様で装飾された重厚な円筒状の大綱モールディングに縁取られている。ドア自体は精巧な鉄細工で飾られ、その上の半円状の扇型窓は、中央の円形模様を装飾的な鉄細工が囲む、新古典主義的なデザインになっている。

装飾窓

Ornate window

正面入り口の真上にある飾り窓とバルコニーは、邸館の裏手にある同じデザインの飾り窓の小型版である。正面にあるものは、両脇の2つの窓が狭くなっているが、裏手のものは3つとも同じ大きさである。重厚なコーニスの中央には、アーチ型の破れ破風がある。

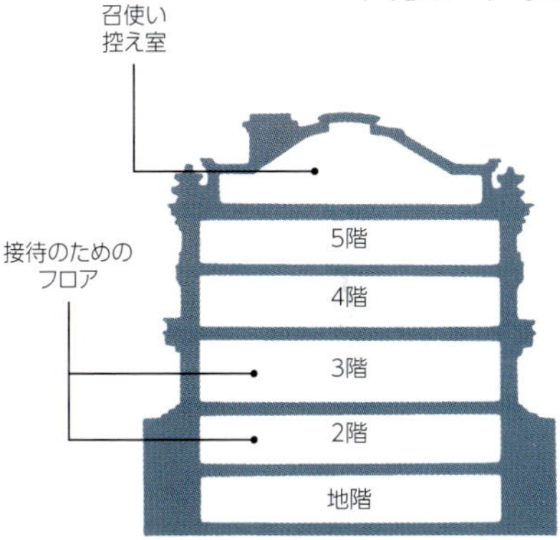

建物断面図

Section through the building

6階からなる邸館は、あらゆる基準で規模の大きな邸宅である。当時は、地階の上の2階と3階部分は招待客を接待するのためのフロア（大広間と食堂）になっており、最上階は召使いの控え室となっていた。それ以外の部屋は、寝室、客室、2つのジム、そして家族のための図書館となっていた。

ポッター・ビルディング

場所
38 Park Row, Manhattan

竣工　1886年

建築家
ノリス・G・スタークウェザー

12人が死亡し、40万ドルの損害を出したポッター・ビルディングの大火の後、所有者であったオーランド・B・ポッターは、新しいビルを耐火性能に優れたものにしたいと考えた。その結果、鉄骨造をレンガとテラコッタで被覆したボザール様式の傑作が生まれた。設計したのはノリス・G・スタークウェザーで、建物下部を鋳鉄製のファサードとし、その上を装飾的なテラコッタで覆うことにした。建設に使われたテラコッタは、ボストンで造られたものであった。ポッターはこれを機に、ニューヨーク建築テラコッタ製造会社を設立したが、それはニューヨーク初の建築用資材会社であった。

重厚なスキン
Thick skin

ニューヨークでもレンガで被覆された装飾的なビルはそう多くないが、ポッター・ビルディングのファサードの奥には、大火と死の物語が秘められている。このボザール様式の傑作が設計され完成した時、その所有者は耐火建築の先駆者となった。

黒い下部ファサード

Black lower facade

建物下部は、鋳鉄製のファサードによって覆われているが、その黒い外観は、それよりも上部のレンガとテラコッタの赤い色と強いコントラストをなしている。耐火鋳鉄の使用はめずらしいが、オーナーの前のビルが大火に呑み込まれたことを考えると理解できる。

隅角円柱

Corner column detail

この存在感のある11階の高さの隅角円柱は、赤レンガ組積造によって造られている。その円柱の8階部分には、コンポジット・オーダーの精巧に装飾されたテラコッタ製の柱頭があり、そこからさらに上に向かって伸び、9階部分の装飾的持ち送りを過ぎ、最頂部に戴くピナクルに達する。

ファサードの装飾

Decorations on the facade

ポッター・ビルディングのファサードは、おそらくニューヨークに現存する19世紀テラコッタ細工の中でも最高のものであろう。その建築的細部は、アーチ型あるいは三角形の破風、装飾的持ち送り、華麗な柱頭など、クイーン・アン様式、ネオ・グレック、ルネサンス復古調、コロニアル復古調などのモチーフが混然一体となっている。

ルーフトップ細部

Rooftop detailing

ボストン出身の建築家スタークウェザーは、独特の装飾スタイルを持っていることで有名で、ポッター・ビルディングのルーフラインも彼の初期の作品を踏まえている。フィニアル（先端装飾）、中央部の飾り壺のある破れ渦巻き破風などが見える。

ニューヨーク公立図書館

読み物
Reading matter
規模の大きさといい、建築的意義といい、ニューヨーク公立図書館は市の威信をかけた最も偉大な施設として設計された。市民の知性に与える影響は薄れたかもしれないが、その建築的意義は依然として巨大である。

グランド・セントラル駅に並ぶとも劣らない建築的重要性を持つ建物が、ニューヨーク公立図書館である。それはこの街で最も傑出したボザール様式の建物の1つである。設計したのはカレール& ヘイスティングスで、ニュヨークで一番高名な建築事務所であったマッキム,ミード&ホワイトをコンペで破って受注した。図書館の壁は大理石で覆われているが、その厚さは30cmを越える。その大理石はバーモント州から切り出されたものであるが、当初その3分の2は、この名誉あるプロジェクトにふさわしい品質ではないとして納入を拒否された。

場所 *Fifth Avenue and 42nd Street, Manhattan*

竣工 1911年

建築家 カレール＆ ヘイスティングス

横断面図

Traverse section

断面図左側に見えるのが主閲覧室で、その下に7層の書庫が設けられ、図書館の所蔵する本の大半が収められている。中央を貫通する縦坑は給仕用エレベーターで、請求のあった本を閲覧室へ届けるためのものである。

正面ファサードのライオン

Lions in front of main facade

エドワード・クラーク・ポッター作の2頭のライオンの彫像が、正面入り口の両脇を固めている。当初は図書館の設立者の名誉を称えて、レオ・アストル、レオ・レノックスと呼ばれていた。その後、市長のフィオレロ・ラガーディアが、大恐慌を生き抜くために必要な2つの徳にちなんで、忍耐と不屈と名付けた。

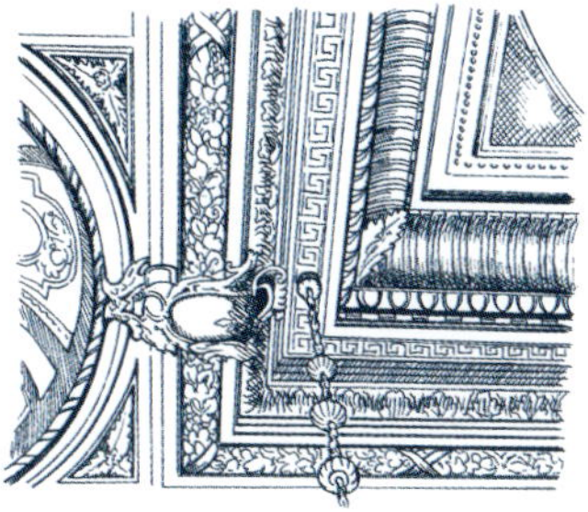

地図室の黄金の天井

Map Room gold ceiling

地図室の天井は、その部屋の狭さからは考えられないほど、図書館で最も豪華に装飾されている天井の1つである。新古典主義の装飾特有の、幾何学的な雷文模様、卵鏃模様、果実と葉の模様のロープ・モールディング、渦巻き型羽根飾りなどが見られる。

アーチ型窓と書棚

Arched windows and bookshelves

図書館の分厚い大理石の壁をくりぬくように、大きなアーチ型窓がはめ込まれ、主閲覧室に光を注いでいる。その巨大な部屋の東側と西側の、長さ90m、高さ16mの壁に窓が並び、天井には18基のシャンデリアが吊り下げられている。

ベラスコ・シアター

正面ファサード
Front facade
広告ネオンサインに邪魔されているが、正面ファサードはギリシャ神殿の素晴らしい模倣である。イオニア式柱頭を持つ6本のピラスターが、白い石によって強調され、それらが重厚なコーニスと破風を支えている。

1907年10月にスタイヴァザント・シアターとして開館したこの劇場は、オーナーであるデヴィッド・ベラスコが1910年に彼の名前を冠した別の劇場を手放したとき、初めて現在のベラスコ・シアターを名乗るようになった。ベラスコは、映画館の台頭に立ち向かうものとしての「小劇場運動」の推進者であった。彼の考え方は、小劇場はより親密な雰囲気を出すことができるため、実験的な試みによって特別な衝撃を生むことができる、というものであった。ジョージ・キースターの設計は、住宅建築で好まれる新古典主義を基調としたもので、この劇場に親密感のある家庭的雰囲気をもたらしている。

場所	111 West 44th Street, Manhattan
竣工	1907年
建築家	ジョージ・キースター

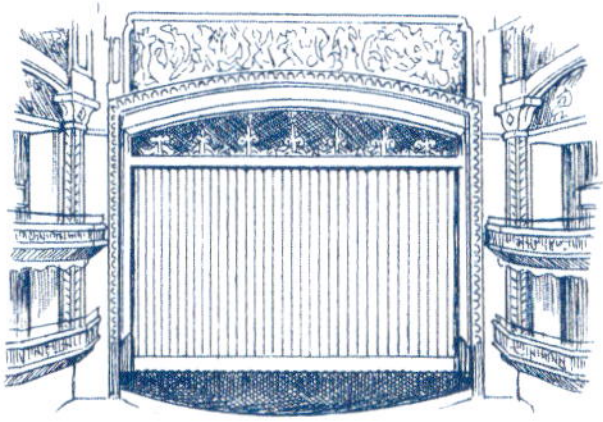

舞台と桟敷席
Proscenium and boxes

舞台と桟敷席まわりの華麗な彫刻的および絵画的な装飾は、ボザール運動でよく見られるいくつもの様式の混合である。壁画をはじめ室内装飾の大半を制作したのは、アメリカの画家エヴァレット・シンである。

ティファニーのデザインによる柱頭
Tiffany column capital

舞台効果を高めるため、そして装飾のため、この劇場では最高水準の照明を用いている。この疑似柱には色ガラス製の柱頭が載っているが、それをデザインしたのはティファニーである。それは建築とエレガンスの心地良い融合で、劇場の雰囲気を一層優雅なものにしている。

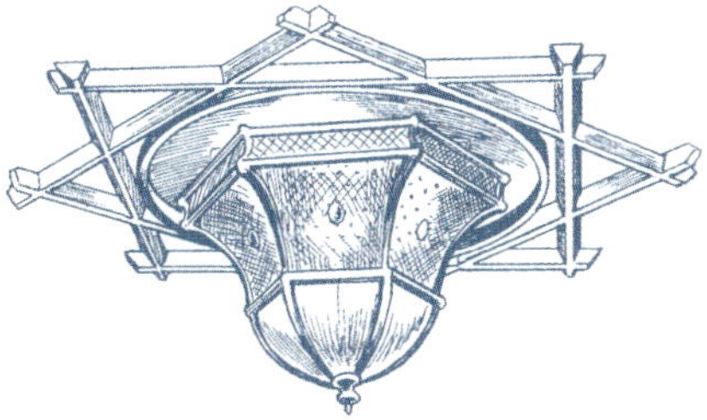

ティファニーの照明
Tiffany lighting

デヴィッド・ベラスコは彼の劇場を親密感の漂うものにしたいと考え、設計者に、館内を応接間のように感じられるようにしてくれと指示を出した。色彩構成と、コーニスなどの建築的細部は、住宅規模で考えられ、それを最終的に仕上げるために、このティファニー設計の照明器具のような比較的小さな色ガラスの照明器具が設置された。

外壁細部
External detailing

いくつかの様式を組み合わせるのがボザール建築の特徴であるが、ベラスコのスタイルは、コロニアル・リバイバルともネオ・ジョージアンとも呼ばれている。いずれにしろ、過去の様式の復活である。たとえば、壁を強固にするための古くからの方法である階段状の隅石と雷文模様の水平な帯が組み合わされているが、これは古代ギリシャで最初に用いられ、新古典主義の設計でも好まれたものである。

RENAISSANCE

ブロンクス動物園

場所　*Bronx Park, The Bronx*

竣工　1899年

建築家

ヘインズ＆ラファージュ

想像力を自由に発揮しても良いと建築家や画家に手綱を渡すと、空想的なものか、恐ろしいもののどちらかになるだろう。幸いなことに、ブロンクス動物園全体にわたって用いられた、まさに文字通りの装飾的表現主義は、その住人とも、全般的なボザール様式の建物ともよく調和している。設計者のヘインズ&ラファージュは、破風からピラスターまですべてのエレメントを古典主義建築から採り入れ、それらを動物の彫像で飾った。その結果このような場所にふさわしい、風変わりで愉快な空間が創り出された。

レイニー・メモリアル・ゲート

Rainey Memorial Gates

動物園の敷地に足を踏み入れた瞬間から、来園者は無数の動物の造形を目にすることになる。有名なアメリカの彫刻家ポール・マンシップによって造られたこのレイニー・メモリアル・ゲート（1934年に付け加えられた）は、自然主義的なデザインの青銅の鋳造であるが、フランス装飾美術展覧会の影響を受けていると考えられている。

青銅製のカメ

Bronze tortoise

レイニー・メモリアル・ゲートには盛りだくさんの動物の像が飾られているが、このカメもそのうちの１つで、実物大で鋳造されている。彫刻家のポール・マンシップは５年の歳月をかけてこの門を完成させたが、当初は鉄の鍛造で造るつもりであった。後にこの動物園の入り口にふさわしいものとするために、全体を青銅の鋳造製にし、より大掛かりな芸術作品に仕上げた。

霊長類舎入り口

Entrance to the primate house

ゾウ舎にくらべ、霊長類舎はいくぶん抑制された設計になっている。様式化されたコンポジット・オーダーの柱頭を持つローマ風の円柱が使われ、その入り口の上のフリーズには“モンキー”と書かれている。しかし破風の中の彫刻は、類人猿（エイプ）のオランウータンである。

彫像のあるゾウ舎ピラー

Elephant-house pillars with carvings

ヘインズ＆ラファージュは、この動物園の６つの鳥獣舎を設計した。水鳥の小屋、爬虫類舎、霊長類舎、ライオン舎、大型鳥類舎、ゾウ舎である。ドーム型のゾウ舎では、その住人の頭部の彫像を建築的デザインに組み込んだピラスターが特に目を引く。

レンガ組積造内部

Brick vaulted interior

ゾウ舎の内部は、タイル張りのアーチや、ドーム型天井内部の素晴らしいデザインの天窓など、どこかおとぎ話的雰囲気が漂っている。天井を制作したのは、ラファエル・グアスタヴィーノとラファエルJrの親子で、彼らは市の地下鉄駅でもこの建築家と協同して制作にあたった（p.66～7を参照）。

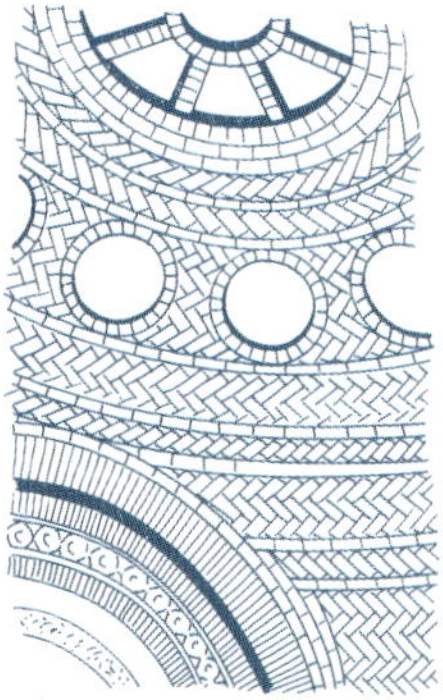

フラットアイアン（フラー・ビルディング）

場所　*175 Fifth Avenue, Manhattan*

竣工　1902年

建築家

ダニエル・H・バーナム

革命的構造
Revolutionary construction

大通りの角に立ち上がるフラットアイアンは、工事の最中からその革命的な鉄骨造でニューヨーカーを魅了した。とはいえ、その外皮は近隣の古い建物に似せて造られている。

名高い建築家であるダニエル・H・バーナムによって設計されたフラー・ビルディングは、その三角形の形状から、ほどなくフラットアイアンと呼ばれるようになった。ウォールストリートの北側に第2のビジネス・センターを創造するという、いくぶん投機的なプロジェクトの一環として建てられた。その目論見は外れたが、この堂々とした異形のビルは、今も景観を支配している。このビルの誕生とともに、新しい現象に注目が集まった。建物の構造が原因で、その1階部分に上向きの風が起こり、それが強い時にちょうどそこを通りかかった女性のスカートの裾がめくれ上がるという現象が起こったのである。裾の間から見える女性の太股を一目見ようとこのビルの周りをうろうろする若者が増え、彼らを追い払うために派遣された警察官の間で、“23スキドー（「追い払う」の意味）”（そのビルは23丁目の角に位置する）という言葉が造られた。

丸みを帯びた建物最頂部
Rounded apex of the building

ビルの凝った外観は、ギリシャの円柱のオーダーに倣って、柱礎、柱身、柱頭の3つの部分で構成されている。丸みを帯びた船首のような最頂部を下から見上げるときに、そのデザインの素晴らしさが最もよく感じられる。

上部階ファサード細部
Detailing of upper-floor facade

上部階のファサードは、装飾的なアーチや円柱、突き出した重厚なコーニスなどで構成されている。古典的な様式で装われたテラコッタと石細工の混合は、建築家の間ではあまり評判が良くなかったが、ニューヨーク市民には愛された。

BLUE VALLEY BUTTER
good

フラットアイアン(フラー・ビルディング)

見どころ

高さ約87mのフラットアイアンは、ニューヨークに現存する最古のスカイスクレーパーと見なされている。そのファサードのデザインは、ギリシャの円柱の古典的オーダーに則っている。建物の基部は、鄙びた淡黄色の石灰岩で覆われ、窓は銅製の枠を用いている。ファサードの主要部分は、淡黄色のレンガとテラコッタで覆われている。ファサードは、比率は古典的であるが、それとは対照的に、フランスとイタリアのルネサンス様式で装飾されている。そのデザインは、完成時には称賛を浴びたが、他の建築家からは、着工前でさえ、さんざんに批判された。バーナムはそのような批判をまったく意に介さず、自分のデザインに自信を持っていたが、それは彼が関与した1893年のシカゴ万博の成功に裏付けられていた。

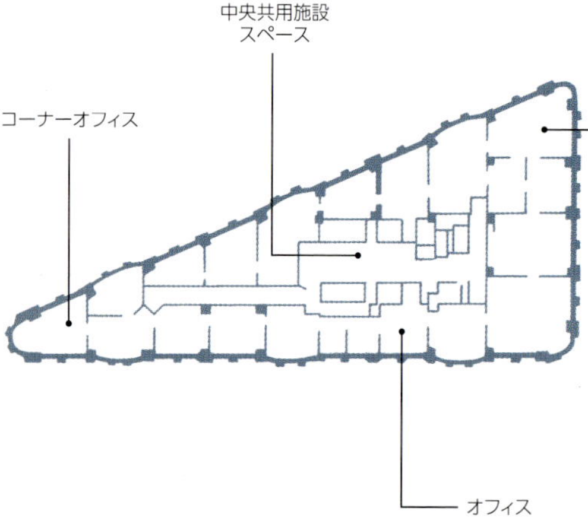

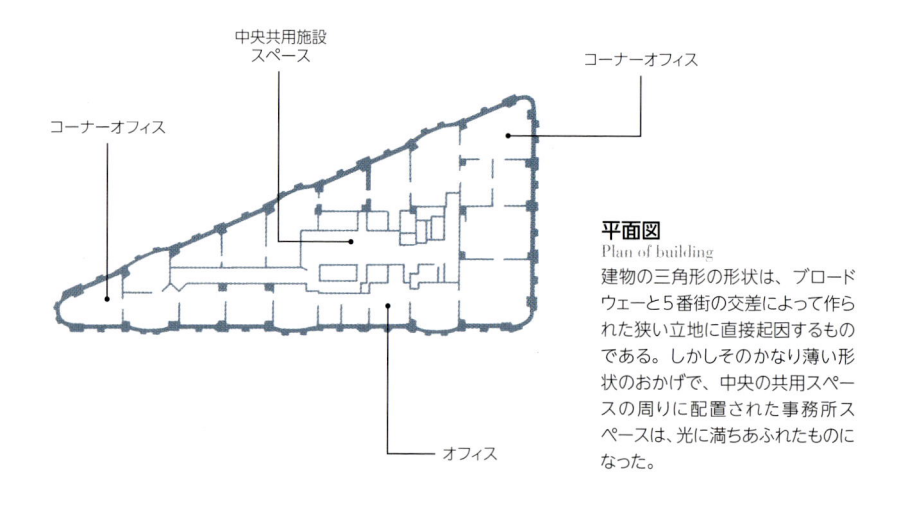

平面図

Plan of building

建物の三角形の形状は、ブロードウェーと5番街の交差によって作られた狭い立地に直接起因するものである。しかしそのかなり薄い形状のおかげで、中央の共用スペースの周りに配置された事務所スペースは、光に満ちあふれたものになった。

天を突く鉄骨

Sky-high steel

1902年に完成したフラットアイアンは、一般にニューヨークで最も古いスカイスクレーパーであると認められている。それはまた、ニューヨーカーが最初に建築中の様子を目にした鉄骨造の建物でもある。そのため、完成前からこの建物は人々を魅了した。このような新しいタワービルをビジネス地区から外れた場所に立てることについての批判の声に、新しい工法と異様な形態についての賛否両論の声が加わった。

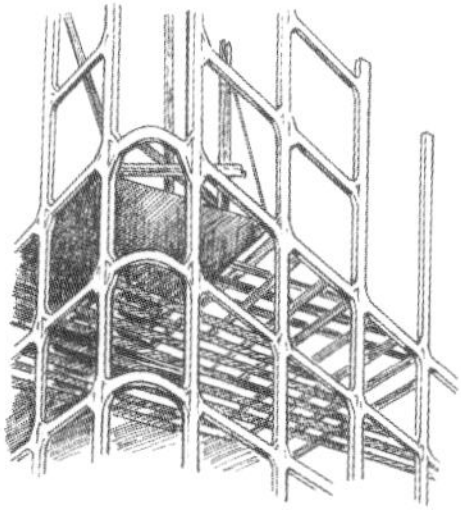

建設工事

Construction

フラットアイアンの建設中、このタワービルの鉄骨の上部構造は、ニューヨーカーの尊敬の的だった。この新しい工法によって建築家たちは、上部階を支えるための分厚く重いレンガ組積造の壁を造らずに高いビルを建てることができるようになった。

RENAISSANCE

ロケーション・マップ

ルネサンス様式は、ヨーロッパで流行したその3世紀後に、ニューヨークの建築家たちの想像力を捉えた。その様式の持つドラマ性が、市の誇る多くの建物を生み出した。マンハッタンの中心に位置するグランド・セントラル駅から北のブロンクス動物園、そしてスタテン島のセント・ジョージ・シアターまで、ルネサンス様式はあらゆる種類の建物に、壮麗さと気高さを注入した。

1 **グランド・セントラル駅**
42nd Street and Park
p.64

2 **ザ・ダコタ**
72nd Street and Central Park West
p.68

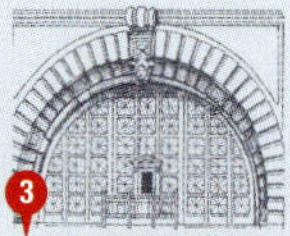

3 **エリス島移民博物館**
Upper New York Bay
p.70

4 **セント・ジョージ・シアター**
35 Hyatt Street
p.72

5 **シティー・ホール**
City Hall Park
p.74

6 **マンハッタン・ミュニシパル・ビルディング**
One Centre Street
p.76

7 **ザ・プラザ**
Fifth Avenue at Central Park South
p.78

8 **キャリー・ビルディング**
105–107 Chambers Street p.80

9 **エニッド・A・ホウプト・コンサーバトリー**
New York Botanical Garden p.82

10 **ロウズ・パラダイス・シアター**
2401–2419 Grand Concourse p.84

11 **ライシーアム・シアター**
149-157 West 45th Street p.86

12 **地下鉄**
各所
p.88

13 **ジェームズ・A・ファーレー郵便局**
421 Eighth Avenue
p.90

14 **ブルックリン美術館**
200 Eastern Parkway
p.92

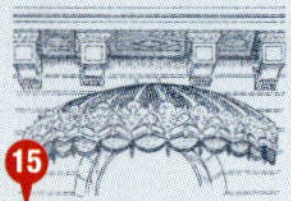

15 **クーパー・ヒューイット博物館**
2 East 91st Street at Fifth Avenue p.94

16 **ポッター・ビルディング**
38 Park Row
p.96

17 **ニューヨーク公立図書館**
Fifth Avenue and 42nd Street p.98

18 **ベラスコ・シアター**
111 West 44th Street
p.100

19 **ブロンクス動物園**
Bronx Park
p.102

20 **フラットアイアン（フラー・ビルディング）**
175 Fifth Avenue
p.104

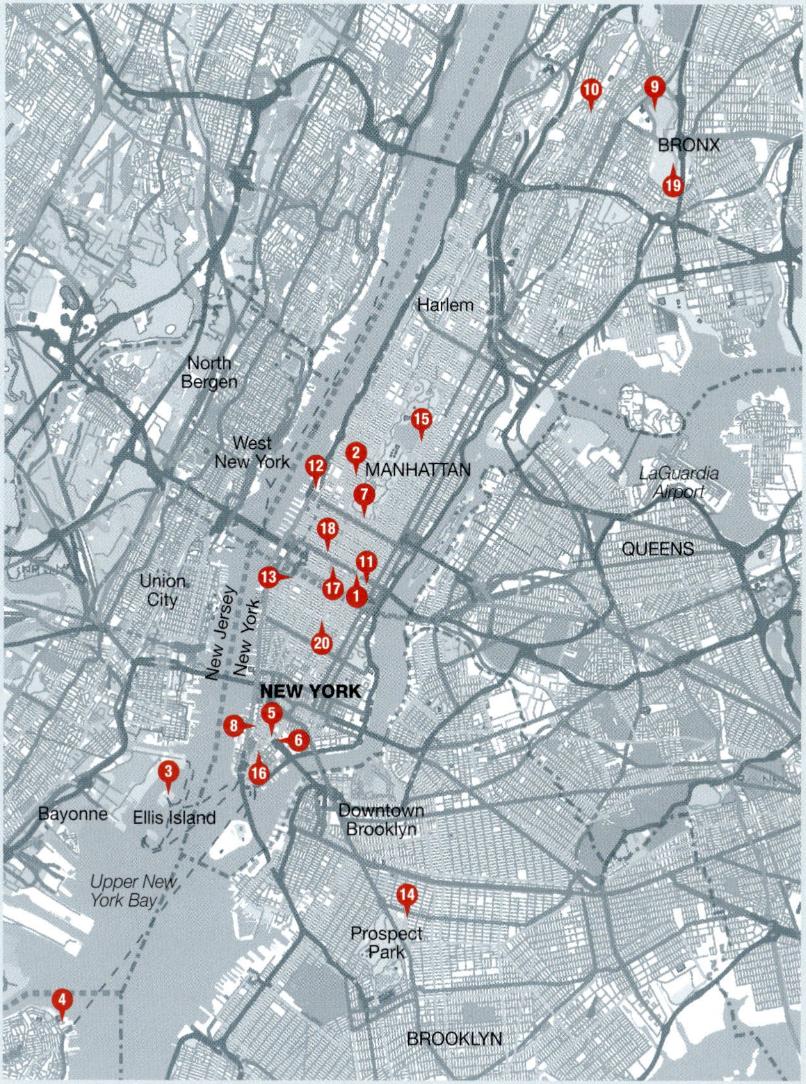

BRONX
Harlem
North Bergen
West New York
MANHATTAN
LaGuardia Airport
QUEENS
Union City
New Jersey
New York
NEW YORK
Bayonne
Ellis Island
Downtown Brooklyn
Upper New York Bay
Prospect Park
BROOKLYN
1
2
3
4
5
6
7
8
9
10
11
12
13
14
15
16
17
18
19
20

DECORATIVE STYLES

さまざまな装飾様式

天を突く野心

Soaring ambitions

アール・デコ時代の到来とともに、スカイラインが劇的に変化した。建築家たちは古典主義の足枷から解き放たれ、新しい建築技法に鼓舞されながら、これまでに見たこともないような壮大なスカイスクレーパーを設計し始めた。

当時は誰も認識できなかったが、アール・デコ建築は、建築における壮大な装飾表現への最後の声援であった。それは古典建築のオーダーを参照しながら、それを最も単純な形態にまで還元し、同時に最先端の素材とさまざまな文化のモティーフによって最新のものにしていった。アール・デコの時代は、デザインすることが楽しくて仕方がないといった時代であった。一方ニューヨークでは、ゴシック・リバイバル建築が勃興し、建築家は美についての考えを自由に羽ばたかせることが可能となった。その様式は、13 ~ 14 世紀のヨーロッパ宗教建築の再来であり、人々はこぞって巨大な大聖堂を築き、その尖塔は天をも脅かすほどであった。

この2つの様式は非常に異なっているが、多くの類似性を有している。その主な理由は、建築家たちがアール・デコ建築を創造していくときに、しばしばゴシック様式を参考にしたからである。チャニン・ビルとアメリカン・ラジエター・ビルは、本質的にはアール・デコ様式であるが、建築家たちは、新しい技法や材料を組み合わせながら、ゴシック建築のさまざまな側面を装飾要素として活用した。現存するアール・デコ様式とハイ・ゴシック建築を最もよく代表する建物が、クライスラー・ビルディングとセント・パトリック教会である。ではいよいよ、マンハッタンのスカイスクレーパーに残された建築的遺産の手掛かりを探すために、ビルの最頂部を見上げ、1階ロビーに入りながら、探索の旅に出ることにしよう。

アメリカン・ラジエター・ビルディング

場所
40 West 40th Street, Manhattan
竣工　1923～24年
建築家
レイモンド・フッド

黒と金の輝き
Two-tone delight
アメリカン・ラジエター・ビルディングは、ニューヨークに旋風を巻き起こし、壮麗なアール・デコ・スカイスクレーパーが林立する時代の先駆けとなった。その後ニューヨークは長い間、タワー・ビルディングのデザインの最前線に立ち続けた。

1922年に開かれたシカゴ・トリビューン社のコンペに優勝するや否や、レイモンド・フッドは一躍最も人気のある建築家となった。アメリカン・ラジエター・アンド・スタンダード・サニタリー社が5番街近くのショールームと本社の設計を彼に依頼し、こうしてアメリカン・ラジエター・ビルディングが誕生した。このビルは、古典と現代の融合であり、ネオ・ゴシックとアール・デコ様式の両方の輝きを放つスカイスクレーパーである。1924年に完成すると、このビルはこの街のスカイラインを背景としてアール・デコのシルエットを浮かびあがらせるニューヨーク初のスカイスクレーパーとなった。そしてそのスタイルは、1930年に完成したニューヨークでも最高のアール・デコ様式のランド・マークであるクライスラー・ビルディングに受け継がれた。アメリカン・ラジエター・ビルディングは、1974年に正式にニューヨーク市ランドマークに認定された。ビルは、アメリカン・スタンダード社に身売りされると、アメリカン・スタンダード・ビルディングと名称を変更したが、今でもほとんどのニューヨーカーが、最初の名前で呼んでいる。その後、日本企業であるクリオ・ビズが所有していたが、1998年に再度売却され、130室の客室を持つブライアント・パーク・ホテルとなった。ホテルは2001年に開業したが、内部の改装を担当したのは、建築家のデイヴィッド・チッパーフィールドである。

アメリカン・ラジエター・ビルディング

見どころ

22階建てのアメリカン・ラジエター・ビルディングは、4階までの基部と、その上の18階のフロアーによって構成されている。黒レンガのファサードは、この街のスカイラインに暗い存在感を漂わせているが、昼間の時間帯の壁と窓の視覚的コントラストは弱められている。フッドは意識的にそうすることによって、タワー・ビルはシルエットの中の堅固なモノリスでなければならないという彼の考え方を具現化した。しかしその姿は夜になると一変する。黒い建物は夜の闇の中に姿を消し、窓から発する光と、ライトアップされたビル頂上の王冠だけが、夜空に浮かび上がる。ファサードには、宗教的ゴシック建築につきものの彫像も多く飾られている。1920年代に急旋回しつつあった建築様式の変化に敏感であったフッドは、このビルにアール・デコの要素を多く注ぎ込み、16階と20階で連続的にセットバックを行い、ロビーにはガラスと黒大理石を多用した。以前は大型のショールームであった地階は、現在は70席の映画館となっている。

光の塔

Tower illumination

暖房器具メーカーとしてのオーナーの社会的役割を反映させて設計されたこのタワー・ビルディングは、その美しい光で人々を魅了し続けている。

正面玄関

Entrance

正面玄関は、アール・デコ・デザインの黄金の輝きに、ゴシック様式の荘厳な形態と細部を組み合わせたものになっている。いくつかの建築様式を組み合わせるフッドのスタイルは、1920年代から30年代にかけての建築設計の風潮をよく表している。

寓意

Allegories

4階までの基部は、青銅による装飾と黒御影石の外皮で構成されている。基部の最上部には、青銅の寓意像が並んでいる。それらは、物質のエネルギーへの転化を象徴していると言われている。

基部

Base

4階までの基部は、青銅による装飾と黒御影石の外皮で構成されている。3階コーニスの古典的様式の持ち送りには、レンチを手にした配管工の彫像もある。それを制作したのは有名な彫刻家、ルネ・ポール・シャンベランである。

塔最頂部のピナクル

Pinnacles at top of tower

塔の最頂部には、金メッキされたテラコッタのピナクルが載っている。ここには古典主義的装飾は見られず——それは現れつつあるモダニズム運動への賛意の表れ——、13～14世紀のヨーロッパの教会建築で一般的であったゴシック様式の石のピナクルの単純化された形がある。

ザ・ウールワース・ビルディング

場所
233 Broadway, Manhattan
竣工　1913年
建築家
キャス・ギルバート

ウールワース・ビルディングは、ゴシック・ファンタジーを身にまとった現代技術の華である。商業界の大立者で百万長者と呼ばれていたフランク・W・ウールワースの依頼によってキャス・ギルバートが設計したこの優雅な建物は、その誕生と同時に、高層建築の1つの基準として賛美された。くっきりと浮き立たされ、コーニスに邪魔されることなく一直線に立ち昇るピアは、この建物に強い上昇推力をもたらすと同時に、耐荷重構造を表面に露出させている。1913年4月24日の竣工式典では、S・パークス・キャドマン師がこの建物を、「商業の大聖堂」と評した。ギルバートはそれに異を唱えたが、この建物は20世紀の商業界の薄汚い現実に偉大さという装いを添えたいというウールワースの願望を達成することに成功し、その呼び名は残った。

タワー細部
Tower detailing
タワーのピアは、上昇推力を妨げる横帯を一切持たず、まっすぐ上へ向かっている。ピアの頂点にあるゴシック調のフィニアル(先端装飾)と葉飾りは、非常に大きなもので、200m以上も下の地上からでも明確に判別できる。塔の最頂部には、緑青づけされた緑色の銅製のピラミッド型の尖塔が載っている。

ペルメット（飾り板）

Pelmets

ゴシック調の窓の透かし細工や、正面入り口ドアのまぐさの上の鋳造された紋章が、中世のフランスやベルギーのギルドの集会所を連想させる。紋章に意匠化されているさまざまな動物——サラマンダー（一貫性を象徴する）やフクロウ（英知の象徴）——がデザインの中に組み込まれている。

メイルボックス

Mailboxes

メイン・ロビーの青銅製のメールボックスは、中世の写本に見られる意匠化された文字で表されたフランク・ウールワースの頭文字や、カドゥケウス（マーキュリーの杖）で飾られている。

奇妙な彫像

Gargoyles

このビルがモデルにした中世の大聖堂には、しばしばその建築に関わった石工の像が組み込まれているが、ウールワース・ビルディングも、独自の人物彫像群を組み込んでいる。ロビー壁面には、ギルバートとウールワースの彫像がはめ込まれているが、ウールワースは、この巨大な建築物の背後にある富を象徴するかのように、金貨を数えている姿で刻まれている。ウールワースは建設費用を現金で支払い、20世紀の大半、このビルは抵当に入ることがなかった。

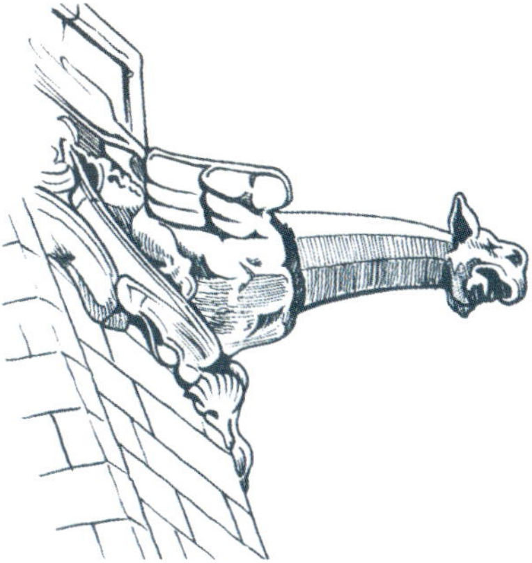

ガーゴイル（吐水口）

Downspouts

吐水口は、19世紀のパリ・ノートルダム寺院の大改修の時にフランスの建築家ウジェーヌ・ヴィオレ・ル・デュクがデザインしたものと同様に、怪物の形でデザインされている。

セント・パトリック教会

場所
Fifth Avenue, between East 50th Street and 51st Street, Manhattan

竣工 1878年

建築家
ジェームズ・レンウィックJr
ウィリアム・ロドリグ

マンハッタンの鉄とガラスでできた塔の林の中に、ひとり屹然と立つ壮麗なゴシック様式の建物、それがセント・パトリック教会である。この教会は、ニューヨークで最も偉大な歴史的建造物の1つである。1858年に建築工事が始まったが、南北戦争の間一時中断した。大聖堂の主要な構造が完成したのが1878年で、2つの塔と西正面ファサードが加わったのは、その10年後であった。レンウィックとロドリグは、ゴシック教会の古典的形式に則って、2つの塔を建てた。さまざまなアーチや壁がんで装飾されながら100m以上の高さまで伸びるその塔は、精緻で華麗なゴシックの権化である。

交差する川

River crossing

建物は、ゴシック様式の大聖堂の形式に忠実に、十字型になっているが、十字型はゴシックよりもはるか以前の教会の形から受け継がれてきたものである。とはいえ、セント・パトリック教会のような華麗な装飾を持つ壮大な規模の教会が建てられ始めたのは、19世紀になってからのことである。右の眺めは、ロックフェラー・センターの屋上庭園からのものである。

西正面ファサード

Main facade

セント・パトリック教会の西正面ファサードは、フランスのゴシック・リバイバル建築の影響を完全な形で示している。3つの扉口は、どれも上部が尖頭アーチになっており、その上を巨大なバラ窓が支配している。それらの上方高くまで伸びる両脇の尖塔は、それぞれがまた数多くの小尖塔や小さなゴシック・アーチで飾られている。さながら華麗な装飾の式典である。

扉口

Main doors

西正面ファサードと教会入り口の巨大な青銅製のドアには、ニューヨーク最初の司祭である聖イザック・ジョーグや聖フランチェスカ・ザベリオ・カブリーニ、そしてニューヨークの娘と呼ばれる聖エリザベス・アン・シートン等のカトリック移民殉教者を称える彫像が高浮き彫りされている。

バラ窓とルーフライン

Rose window and roofline

バラ窓は比較的新しい歴史的大聖堂によく見られる装飾形式である。しかし、チャールズ・コニックによってデザインされたこの教会のバラ窓は、ゴシック・アーチの尖頭部に統合されている。その上の急傾斜の切妻壁は、バラ窓と同調した透かし細工(トレーサリー)で装飾されている。

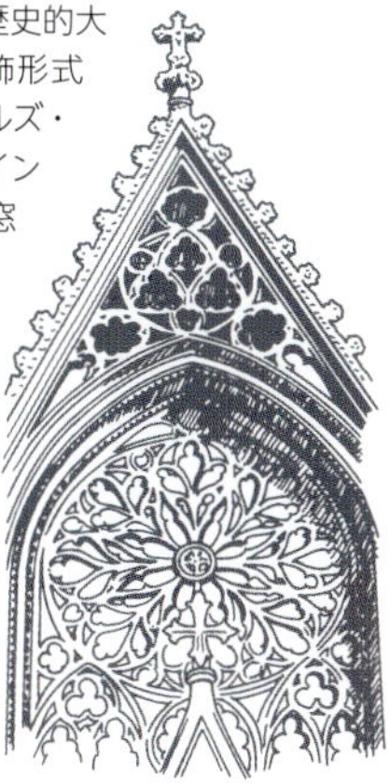

教会内部

Interior

見上げるような高さの教会内部の天井は、石のリブに支えられたヴォールトによる複雑な構造を見せている。それらを支える柱は、古代ギリシャやローマの円柱のような巨大な単一のものではなく、数本の小さなシャフトを束ねたゴシック様式特有のものである。身廊の天井は、尖頭型のゴシック・アーチの連続で構成されている。

ブルックリン橋

場所

East River, Brooklyn

竣工　1883年

建築家

ジョン・オーグスタス・ローブリング、ワシントン・オーグスタス・ローブリング

時を跨ぐ

Spanning time

この橋の完成には、それを見下ろすよりもはるかに長い歳月がかかっている。その御影石製の橋脚は、当時は、トリニティ教会に次ぐ2番目の高さを誇った。

高さ84m、長さ1834mのブルックリン橋は、サンフランシスコのゴールデン・ゲートなどの吊り橋にくらべると規模の小さなものかもしれないが、その物語は、技術者魂と悲劇に満ちている。設計の最高責任者は、技師のジョン・オーグスタス・ローブリングであったが、彼は起工式の数日前に、別の工事を指揮している最中に死亡してしまった。彼の息子のワシントンがその仕事を受け継いだが、彼もまたこの工事の最中に下半身マヒになり、自宅から作業指示を出さなければならなかった。さらに開通式典でも惨事が襲った。チェスター・A・アーサー大統領を先頭に数千人の招待客が橋の上に立っていたとき、「橋がこわれる」という叫び声と共に人々が出口に殺到し、混乱の渦中で12人の人が犠牲になった。

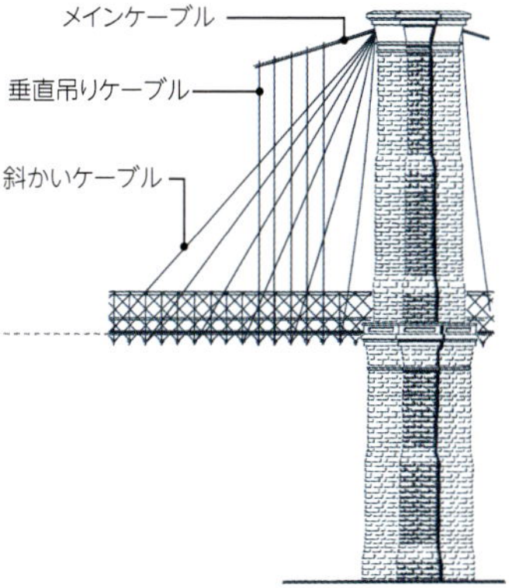

橋脚

Columns

バットレスによって支持されたゴシック様式の2つのアーチが、橋に入る門の役目を果たしている。御影石で造られたその橋脚は、イーストリバーの川底から24mの深さの地底まで達している。ブルックリン橋は、地底に基礎を築くために掘削にダイナマイトを使用した初めてのプロジェクトであった。それでもなお、工事には3年を要した。

ケーブル

Cables

道路は、直径約40.5cmの2対のメイン・ケーブルから出た直径5cmの鋼鉄の吊りケーブルによって吊り下げられている。メインケーブルは、5296本の亜鉛メッキされた鋼鉄製のワイヤーを撚り合わせたもので、1万2000トンもの活荷重を支えることができる。

断面図（上）

Elevation (above)

断面図を見ると、2基の橋脚の基礎が、イーストリバーの異なった深さの川底に築かれていることが分かる。また橋の全長が、両岸に建てられた建物のために現場では視認できないほど長いことが分かる。

苦難の建設工事

Details of construction

ワシントン・オーグスタス・ローブリングはケイソン病で下半身マヒになったが、それは彼が、川底の基礎ケーソン（水密の室）で働いていたときに気圧の変化によって引き起こされた障害であった。橋の建設工事全体で12人の犠牲者が出た。

グリーンウッド墓地

場所
Fifth Avenue, Greenwood Heights, Brooklyn

竣工　1838年

建築家
デヴィッド・ベイツ・ダグラス
リチャード・アップジョーン

ニューヨークの5つの区を合わせた中でも最大の墓地であるグリーンウッド墓地は、最初は72ヘクタールの広さしかなかったが、現在は倍以上の193ヘクタールまで拡張されている。ここには有名な霊安堂建築家の作品が多くあり、エジプトからゴシックまでのさまざまな様式の墓や記念碑が並んでいる。リチャード・アップジョーンの設計になる墓地入り口の門自体が、ゴシック・リバイバル様式の華麗な建築作品で、また墓地内部の礼拝堂は、ロマネスクの香りを持つゴシック・リバイバル様式で、半円形アーチと尖頭アーチの両方を有している。それを設計したのは、グランド・セントラル駅の設計でも有名なワレン&ウェトモアである。

ゴシックの魅力
Gothic glamour
グリーンウッド墓地は自然主義的な設計になっているが、それはイギリスの自然景観庭園に倣ったもので、フランスの幾何学的な庭園とは対照的なものである。墓地全体は1838年にデヴィッド・ベイツ・ダグラスによってレイアウトされ、その中のほとんどの建物は、リチャード・アップジョーンによって設計された。

礼拝堂ドーム型塔とピナクル

The chapel's domed tower and pinnacles

ワレン＆ウェトモアは、サー・クリストファー・レン設計になるイギリス、オックスフォードのクライスト・チャーチ・カレッジのトム・タワー（1682年）を参考にしてこの礼拝堂を設計した。1911年に完成したその尖頭型ドームは、円筒形のドラムの上に据えられ、屋根の上に高く聳えている。レンのドームは鉄製であるが、ワレン＆ウェトモアのドームは石の組積造である。とはいえ両者のゴシック様式は非常によく似ている。

正面入り口

The main gate

このゴシック・リバイバル様式の傑作は、墓地の訪問者が最初に目にする建築要素である。尖頭アーチ、同じくアーチ形の窓、トレーサリー、さらには建物背後に見られるバットレスなど、構造的安定性を感じさせる形となっている。それらの要素はまた、すべての上質なゴシック様式建築と同様に、ドラマ性が感じられるデザインになっている。

礼拝堂天井細部

Detail of chapel ceiling

礼拝堂の内部に入ると、建物本体の上に、2層になったドームの天井が立ち上がっている。何組ものリブ構造が、絶対的な堅牢さと安定性を印象付け、上のドーム壁面に彫られた繊細な装飾が、ステンドグラスの窓のトレーサリーと共鳴している。

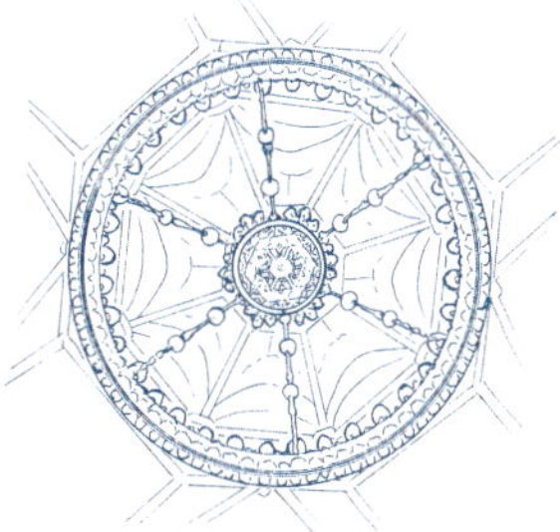

シャンデリア

Chandelier

礼拝堂のドームの下から見上げると、シャンデリアが視界の真ん中に来る。6本の飾りスポークで支えられたシャンデリアは、インタードームから吊り下げられている。外側の本物のドーム天井は、この内部天井によって隠されている。現在その照明には電気が使われているが、礼拝堂が完成した1911年の時からすでにそうであった。

チャーチ・オブ・ジ・インカーネーション

場所
205 Madison Avenue, Manhattan
竣工　1864年
建築家
エムレン・T・リッテル

エムレン・T・リッテルの設計に基づき1864年に完成したチャーチ・オブ・ジ・インカーネーションは、その18年後に火災のためほとんど焼失した。火災は、教会東正面全体を襲い、その過程でステンドグラスは溶け落ちてしまった。わずかに塔と西正面だけが残った。デヴィッド・ジャーディンが元の設計図に基づき再建工事を監督したが、身廊は長く延ばされ、内陣も深くされた。教会は1882年に、火災からわずか数カ月で再建された。

天を仰ぐ
Looking heavenward
マンハッタンの他の宗教建築とくらべると比較的小さいが、19世紀イギリスの建築家集団である教会建築学協会の影響が色濃く感じられる貴重な存在である。その協会は、イギリス産業革命の時代に、新しいコミュニティのための小さいが装飾性の高い教会を多く造ったことで有名である。

方形の塔

Square tower

両脇をバットレスによって支持された塔は、さまざまな形の窓を有していることが大きな特徴である。ネオ・ゴシック調の尖頭アーチを持つ窓が主体だが、単純な方形窓も1組ある。最上部の窓は、3つのアーチ型開口の上に小さなバートレーサリーが作られている。

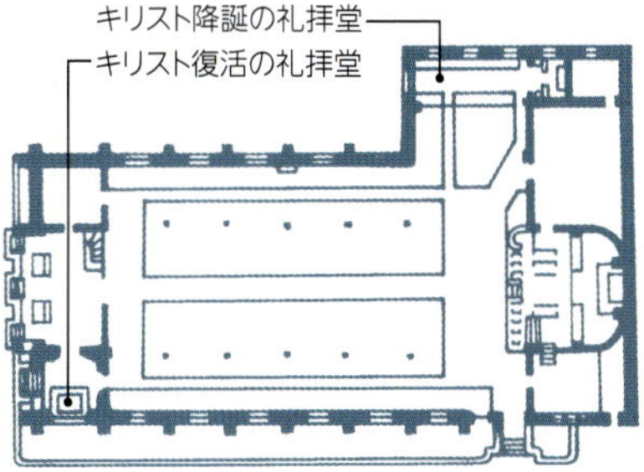

平面図

Plan

1882年の火災の後に再建された教会の平面図を見ると、キリスト降誕の礼拝堂とキリスト復活の礼拝堂が見えるが、それらはそれぞれ1903年と1930年に、元の設計プランに付け加えられたものである。

西正面入り口両脇の門

Gateway on west wall

正面入り口の両脇に設けられた2つの小門は、大きな礼拝式典が催されたときに特別に開かれる門である。鉄の鍛造の門のトレーサリーには、自然主義的な葉の模様が見られるが、それはゴシック様式によく見られるものである。

内部

Interior

他のゴシック様式教会とくらべると単純な方だが、それでも室内の簡潔な線には、ゴシック様式の特徴がよく示されている。身廊は尖頭アーチが連続し、柱は束ね柱になっており、祭壇の上の窓は網目状のトレーサリーで装飾されている。

セント・トーマス教会

場所
Fifth Avenue at 53rd Street, Manhattan
竣工　1913年
建築家
クラム, グッドヒュー ＆ファーガソン

荘厳なフランス・ハイ・ゴシック様式のセント・トーマス教会は、宗教建築の傑作である。実はこの教会は、この場所に建てられた2つめの教会である。リチャード・アップジョーンの設計になる最初の教会は、1870年に完成したが、1905年に火災により焼失した。現在、重厚なバットレスで支持された壁と塔には、大小のステンドグラスの窓がいくつも開かれ、内部を明るく彩っている。建築家は、上部を尖塔にせず塔にし、高さではなく大きさで存在感を出すことに努めたが、それはほどなくこの教会を見下ろすスカイスクレーパーが周囲に林立することになるこの街の景観にとって、正しい選択であった。

宗教心の発電所
Religious powerhouse
スカイスクレーパーに囲まれた中にどっしりと構えているセント・トーマス教会は、高さで劣るとはいえ、その存在感で周囲を圧倒している。それはまさにゴシック様式の力強いデザインによるものである。ここではゴシック様式は、細い小尖塔ではなく重厚なバットレスによって強調されている。

西正面入り口

Main entrance

教会西正面入り口の記念碑的なアーチは、その頂点に微細な尖頭がなければ、ほとんどロマネスク型アーチといえる。2つの扉口を持つその緩やかな曲線の独特のアーチは、周囲の石細工の効果を劇的に高め、教会に大聖堂の風格をもたらしている。

彫像と頂華《フィニアル》

Figures and finials

ゴシック・リバイバルの建築にもよく見られるが、三つ葉飾りのトレーサリーと装飾的な頂華で飾られたこれらの小さな破風は、14世紀ゴシック建築に一般的なものである。セント・トーマス教会のものは、とりわけ精密に造られている。

ヴォールト

Vaulting

教会翼廊の交差ヴォールトは、精巧に造られた石のリブによって支えられている。とはいえ、このような装飾的な教会にあって、その形はとてもシンプルである。その禁欲的な要素が逆に、24mの高さを持つ装飾壁へと向かう行進の感覚を助長する。その装飾壁を制作したのは、彫刻家のリー・ローリーとB・G・グッドヒューである。

バラ窓

Rose window

西壁面の直径7.6mのバラ窓は、ゴシック・デザインの真髄である。精緻なトレーサリーの中に色とりどりのステンドグラスが埋め込まれ、非常に装飾的で、それだけで内部に劇的な雰囲気を創り出す。教会のステンドグラスは、すべて完璧に修復されている。

セント・ジョン・ザ・ディヴァイン大聖堂

場所
1047 Amsterdam Avenue, Manhattan
竣工　1892～現在まで
建築家
ヘインズ＆ラファージュ
クラム，グッドヒュー＆ファーガソン

建設が始まって1世紀以上も経つが、セント・ジョン・ザ・ディヴァイン大聖堂は、まだ建設途上にある。いろいろな建築家が来ては設計し、そして去り、その結果、2つの異なった様式が共存している。最初のヘインズ＆ラファージュの設計は、ビザンチン－ロマネスク様式であったが、ジョージ・ヘインズが他界した後、1909年にクラム，グッドヒュー＆ファーガソンが引き継ぐと、ゴシック中層建築に変えられた。建物はまだ完成していないが、資金が足りず、それがいつ完成するのかは誰も知らない。

未完成交響曲
Unfinished symphony
大聖堂の内部では、最初のビザンチン－ロマネスク様式に則った巨大な中央ドームの天井が見えるが、外観はゴシック様式になっており、それも片方の塔は欠け、この未完成の大聖堂が数奇な運命に翻弄されていることがうかがえる。バラ窓の上方に見える三角破風には、通常その上に載っているべきフィニアルがない。

扉口と正面玄関

Doors and portal

西正面ファサードの正面玄関は完成している。鋭角三角形の破風を持つ、ドラマ性のある玄関の奥に、高度に装飾された2つのゴシック式アーチの扉口が並んでいる。通常のゴシック様式の配置ならば、正面玄関の両脇にあるアーチはそれぞれ1つずつであるが、ここでは小型のアーチが2つずつ控えている。

内部から見たバラ窓

Rose window from inside

ゴシック大聖堂の象徴はバラ窓である。この円形の彫刻的傑作は、細いバートレーサリーによって形が整えられ、その間に精巧なデザインのステンドグラスがはめ込まれている。最初の建築家は、この重要な装飾要素をデザインに組み込んでいなかった。

バットレスとピナクル

Buttresses and pinnacles

装飾的意味も持っているが、バットレスは身廊を支える主要な構造的役割を担っている。その身廊は70m以上の長さがあるが、世界で最も長いゴシック様式身廊と言われている。内部にアーチを含むバットレスには、非常に大きな荷重がかかっているが、その上のフライングバットレスは、たいていの場合、ゴシック建築における装飾的付属物である。

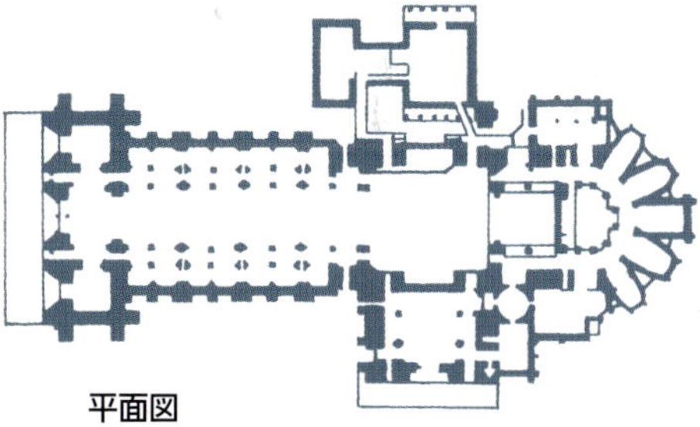

平面図

Plan

平面図を左から右に見ていくと、西正面玄関を入ると身廊に導かれるが、それは、クラム,グッドヒュー＆ファーガソンによって、元の計画よりも長く延伸されている。中央のドーム(翼廊の上の)は、ビザンチン―ロマネスク様式を象徴するもので、半円形の礼拝堂と回廊も同様である。

ベイヤード・コンディクト・ビルディング

場所
65 Bleecker Street, Manhattan
竣工 1899年
建築家
ルイス・サリヴァン

ルイス・サリヴァンは、先見の明あるアメリカの建築家であったが、ニューヨークには1つのビルしか建てなかった。しかしそのビルが、ベイヤード・コンディクト・ビルディングで、今日に至るまで、これほどの建築的優美さを持つオフィス・ビルはまだ生まれていない。ファサードの華麗な装飾はさておき、ここでは何よりも窓の数とその大きさを見るべきである。鉄骨造という新しい工法を手に入れることによって、建築家は、巨大な石の組積造に頼ることなく、建物を上へ上へと伸ばすことができるようになった。サリヴァンは、デザインはその構造的骨組みを明確に表現し、それを正面ファサードの大きな窓と垂直方向の細部によって強調すべきだと考えた。

華麗な装飾
High decoration
13階の高さしかないベイヤード・コンディクト・ビルディングは、スカイスクレーパーではないが、多くの人々からシーグラム・ビルディングや国際連合本部ビルなどに代表されるインターナショナル・スタイルの先駆的存在と考えられている。その理由は、そのビルが、構造的には鉄骨による骨組みによって、そして美的には簡潔な構造的ピアと細い円柱によって、垂直方向の表現を強調しているからである。

天使のいるルーフライン

Angels and roofline

ベイヤード・コンディクトの高く突き出たコーニスの陰には、羽根を広げた6人の天使が浮かんでいる。「形態は機能に従う」というサリヴァンがよく口にした言葉から、彼が装飾を嫌っていたかのように思われているが、実際の彼は、過去の偉大な建築の物まねはしないという条件の下、装飾を大いに楽しんだ。

装飾パネルと窓

Windows with the decorative panel above

この正面ファサードの窓は、現在から見るとそれほどめずらしいものではないが、1899年の完成当時、それらは人々の称賛の的となった。というのは、それまでは、高いビルを建てるためには、構造的強度を確保するため、ファサードの開口部を制限する必要があったからである。サリヴァンの鉄骨造のビルディングは、すべてを一変させた。

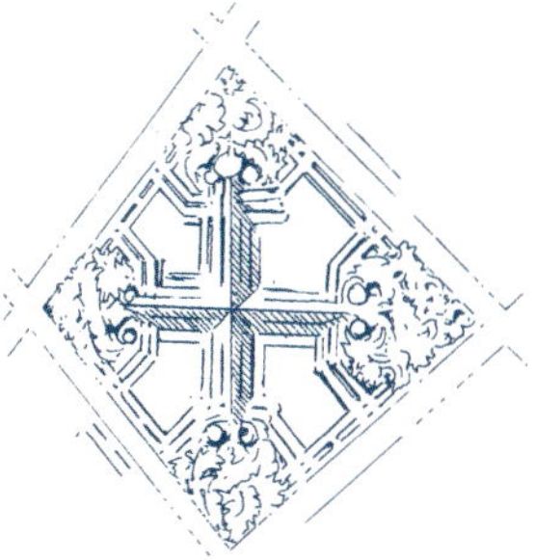

装飾的門のある入り口

Entrance with the decorative portal

このビルの装飾的ファサードは、テラコッタによって造られている。オフィス・ビルの正面入り口の上にあるアーチ型の破風には、ギリシャ・ローマのデザインだけでなく、ケルト文化の装飾も使われている。

内部タイル装飾

Internal tiling

サリヴァンは、外観を華麗に装飾するだけに留まらなかった。彼はビルのロビーをテラコッタのタイルで飾ったが、その中にも、有機的デザインと幾何学的デザインを優美に組み合わせるこの建築家の卓越した美意識が遺憾なく発揮されている。

エンパイア・ステート・ビルディング

場所
350 Fifth Avenue, Manhattan
竣工　1931年
建築家
シュリーヴ,ラム＆ハーモン

いまでもニューヨークで群を抜いて有名なビルである、高さ381mのエンパイア・ステート・ビルは、実は経済効率の高いビルという点でも代表格である。建築工事が最高潮に達していたときは、10日間で14階と半分の工事が進んだと言われており、タワー全体は18カ月もしないうちに建ち上がった。エンパイア・ステート・ビルは、建築工法が優れているのはもちろんだが、世界で最も高いビルとして42年間もその座に君臨し、数え切れないほどの映画に登場し、毎年350万人以上の観光客が訪れている。美しさではクライスラー・ビルディングにはかなわないとはいえ、建築的には、この街のスカイスクレーパー・モノリスの永遠の象徴である。

偉大な塔
The big one
エンパイア・ステート・ビルは、アメリカが大恐慌に押し潰されそうになった時代における建築の勝利であった。1000万個以上のレンガと1600km以上のエレベーター・ケーブルを使用したこのビルの建設に従事した労働者たちは、昇降にかかる時間を節約するために、昼食は5階ごとに設けられた食堂でとった。

スカイラインの歴史的眺望

Historic view of the skyline

エンパイア・ステート・ビルはミッドタウンに位置し、その立地と高さから、展望台に上るとマンハッタン全体を見渡すことができる。クライスラー・ビルと同様に、セットバックを繰り返し、頂上に尖塔を戴き、ニューヨークのスカイラインに毅然としたシルエットを刻むその姿は、アール・デコ・スカイスクレーパーの傑作である。

石のマストとテレビ塔

Stone mast and TV spire

直角のセットバックや飾り気のない窓廻りなど、タワーのデザインは、装飾を削ぎ落した簡潔なものになっているが、頂上の石のマストはアール・デコの装いをしている。階段状の基壇と装飾的なフィンによって、マストは空高く押し上げられているが（設計者は、その尖塔に飛行船を係留することをイメージしたという）、さらにその上に60mほどのテレビ・アンテナが設置されている。それは後に付設されたものである。

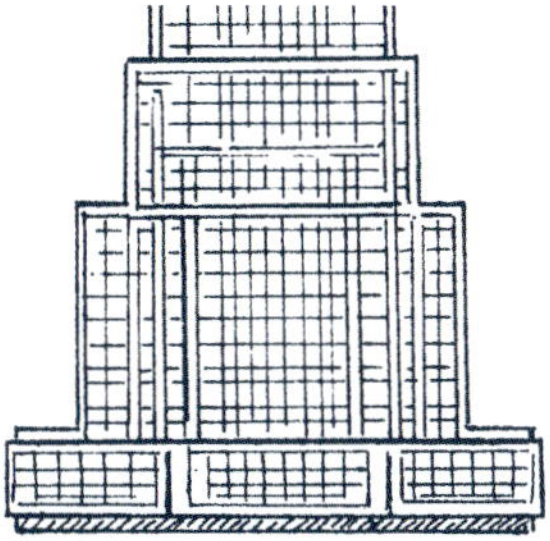

階段状の低層階

Stepped lower elements

工期と建設費を抑えることを重視した建築家は、極力無駄な装飾を省き、デザインをシンプルなものにした。その結果、セットバックはあくまでも機能的で、平坦なルーフ・エレメントが、子どもの積み木のように積み重ねられている。しかしその結果、簡潔さが時代を越えた魅力となっている。

ロビー細部

Detail from the lobby

大型のオフィス・ビルはすべて、一歩足を踏み入れた瞬間に訪問者の心を掴むものでなくてはならない。このエンパイア・ステート・ビルもしかりである。このロビーにある装飾的要素は、時代の特徴をよく表している――意匠化された金属的なモチーフの中に、工業への賛歌が表現されている。事務所スペースは実用本位に造られているが、ここロビーでは、大理石と真鍮が支配している。

チャニン・ビルディング

場所
122 East 42nd Street, Manhattan
竣工　1929年
建築家
スローン＆ロバートソン

高さ207m、56階建てのチャニン・ビルディングは、1929年に、デベロッパーのアーウィン・S・チャニンによって投資用オフィス物件として建てられた。時代の最先端を行くアール・デコ様式のデザインを謳歌するビルは、大いに投資家の興味を引いた。アール・デコ様式への傾倒をよく示しているのが、建物の四方に張り出しているフィンである。また建物内部では、ロビー壁面に飾られたフレンチ・デコ様式の青銅のレリーフと黄金色のスクリーンによって、チャニンが一代で財を築くにいたった物語が語られている。

重量感のある高さ
Heavy height

古典的であり、現代的でもある形をしているチャニン・ビルディングは、低層階部分では、他の歴史的なビルと同様に連続的なセットバックを行っているが、上部の22階分は一枚岩的なモノリスになっている。それは、ちょうどその頃台頭してきたモダニズム運動の影響を示している。

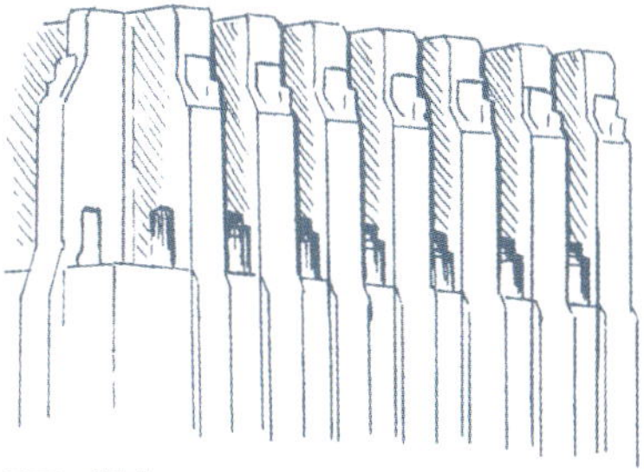

タワー頂上

Top of tower

タワー頂上の石灰岩とレンガで出来たバットレスが、王冠のように見える。それは夜間にはライトアップされて暗闇の中に浮かび上がり、劇的な効果を演出する。そのバットレスの形は、建物基部のバットレスでも繰り返される。

門

Gates

これは、彫刻家のルネ・ポール・シャンベランのアドバイスを受けながらチャニン自身がデザインした最上階のチャニンのオフィス入り口の門である。そのデザインは、工業（歯車）、文化（両開きの門の上部で2つに分割されるバイオリン）、そしてダイナミズム（弓矢のようなかんぬき）を表している。

葉のモチーフ

Leaf motif

これは、建物4階部分の外壁に張られた、5.5mの高さのテラコッタのフリーズの一部である。その浅浮き彫りの葉のモチーフは、シカゴ学派とその偉大な提唱者であるルイス・サリヴァン（p.130の「ベイヤード・コンディクト・ビルディング」の項を参照）に影響を受けた華麗な装飾様式である。

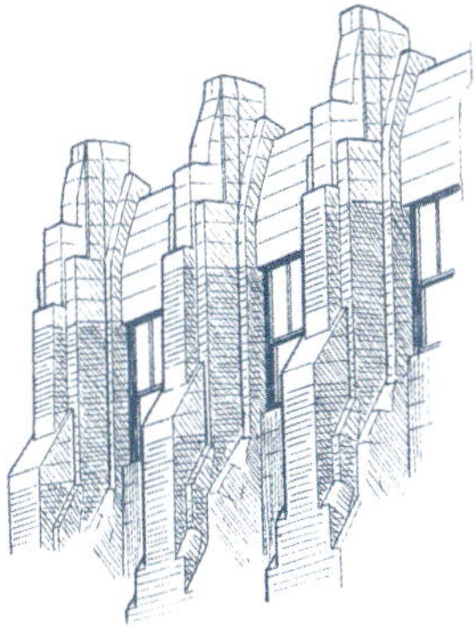

バットレス

Buttresses

スカイスクレーパーにバットレスというのは、めずらしい組み合わせであるが、このビルのバットレスは、ほぼ間違いなく、純粋に装飾的なものである。このレンガと石の付属物によって、チャニン・ビルがいくつかの様式の組み合わせによって造られていることが象徴的に示されている。それは、同じく上昇指向にとらえられていた歴史的先行者であるゴシック様式大聖堂を彷彿とさせる。

ロックフェラー・センター

場所
West 48th Street to West 51st Street between Fifth Avenue and Sixth Avenue, Manhattan

竣工　1932～40年

建築家
レイモンド・フッド

アメリカで最初の億万長者と言われているジョン・D・ロックフェラーJrは、失敗するだろうという多くの人々の予言をものともせず、大恐慌の真っただ中に、彼らのファミリー・ネームを冠した広大な複合施設を建設した。その複合施設（当初は14のビルが含まれていた）の中の最も高いビルが、30ロックフェラー・センター（ニックネームは、「30ロック」）である。めまいを起こさせるような、高さ259m、70階建ての流線型のデザインは、アール・デコ様式の傑作で、フリッツ・ラングの象徴主義的な映画『メトロポリス』には、それと似た建物が数多く出てくる。

マンハッタンの中のハリウッド
Hollywood in Manhattan
1930年代の陰鬱なニューヨークの通りに出現した未来主義的なモノリスであるロックフェラー・センターは、デザインと名前、そしてロックフェラー家がニューヨークに及ぼした影響という点からみて、他に例を見ない建築である。それはニューヨークで最も権勢を誇る王朝による、その王朝のための建築的示威である。

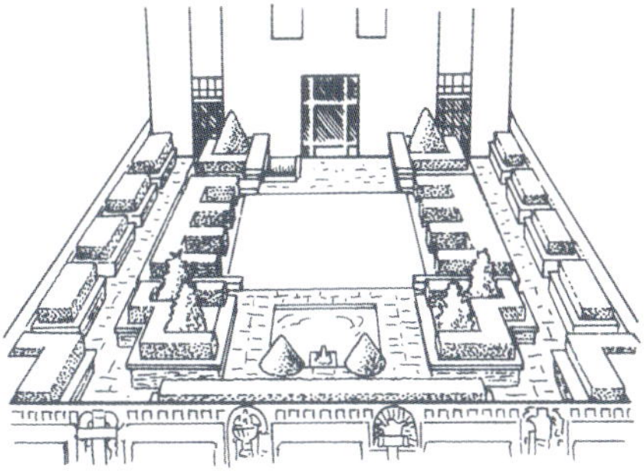

屋上庭園

Rooftop gardens

ブリティッシュ・エンパイア・ビルディングとラ・メゾン・フランセーズ(どちらも5番街)の屋上庭園は、フランス・ルネサンスの幾何学的庭園設計を基調としており、レイモンド・フッドのアール・デコの主題とよく共鳴している。

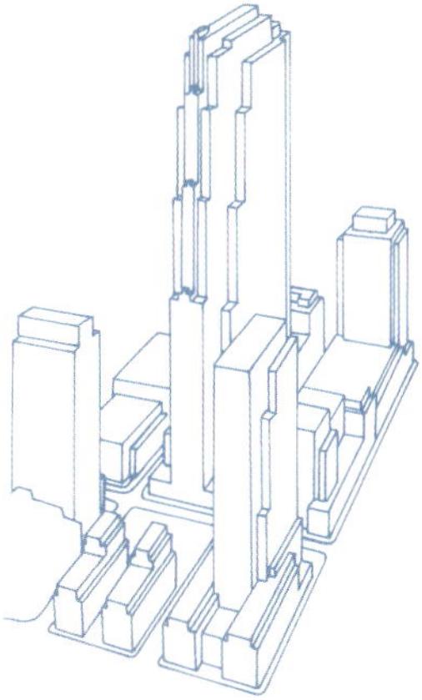

複合施設鳥瞰図

Bird's-eye view

「街の中の街」と評されるロックフェラー・センターは、おそらく世界初の多用途複合施設(賃貸オフィス、小売販売店、娯楽施設、飲食店街を合体させた)であろう。その中心に位置するスカイスクレーパー、30ロックフェラー・センターは、その周囲を、同じくアール・デコ様式で設計された小型のビルによって囲まれている。

イサム・ノグチの彫刻

Isamu Noguchi sculpture

ロックフェラー・センターは、空間を気前よく公共の場として提供し、大型の芸術作品を展示していることで有名である。50ロックフェラー・プラザのAP通信ビル入り口前には、イサム・ノグチの9トンのステンレス製の彫刻『News』が展示してある。それは当時、ステンレスで造られた彫刻としては世界最大のものであった。

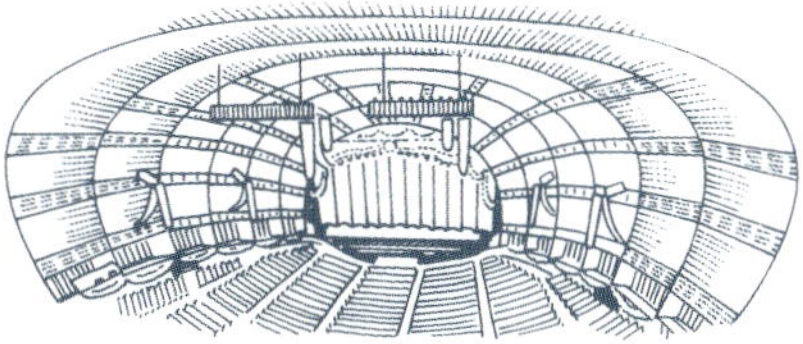

ラジオ・シティー・ミュージック・ホール内部

Radio City Music Hall interior view

ロックフェラー・センターの西51丁目の縁にあるラジオ・シティー・ミュージック・ホールのプロセニアム・アーチほど、アール・デコ運動を象徴的に表現している建築はないだろう。破れのないプロセニアム・アーチと、そこから放射状に広がる同心円状のアーチが、形態に本物の奥行きと壮大さを付け加えている。

ウェスタン・ユニオン・ビルディング

場所
60 Hudson Street, Manhattan
竣工　1930年
建築家
ヴォーヒーズ、グメリーン＆ウォーカー

他のビルが一途に高さを追及している時、ウェスタン・ユニオン・ビルディングの建築家は、高さではなく量塊感のある建物を設計することで満足した。それはたぶん、この建物が、電話や電報、そして当時の電信網を支えたティッカー（電信用紙テープ）のための大量の機材を集積するという機能を有していたからであろう。しかし、機能を優先させているとはいえ、このビルは美しさに欠けているわけではない。ファサードには19色もの色の違うレンガが使われ、建物の基礎構造部分でさえ、さまざまな模様や帯によってアール・デコ様式のデザインが誇示されている。

巨大なウェディング・ケーキ？

Cake, anyone?

階段状のセットバックと、建物上層まで持ち上げられた様式化されたバットレスによって、ウェスタン・ユニオンは昔ながらのどっしりとしたウェディング・ケーキを連想させる。それは古いボザール様式によくある形ではあるが、ここではレンガのピア、フィン、胸壁によって表現された上昇指向が、アール・デコの影響を示している。それは遠くからでも鮮明なシルエットとして浮かび上がる。

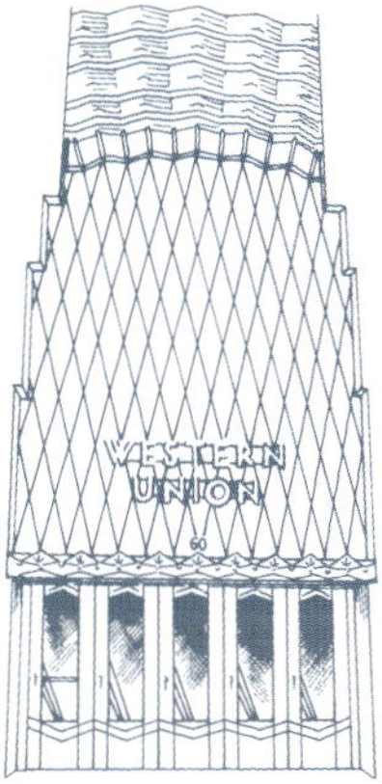

ハドソン・ストリート側入り口

Hudson Street entrance

レンガ工の卓越した技術がこの入り口に遺憾なく発揮されている。装飾パネルへと続く階段状の抱き（窓側面の枠）、菱形枠のガラス窓の上の持ち送りのあるピラスター等。すべての細部が完璧に造形され、それでいて次の要素と見事に調和している。

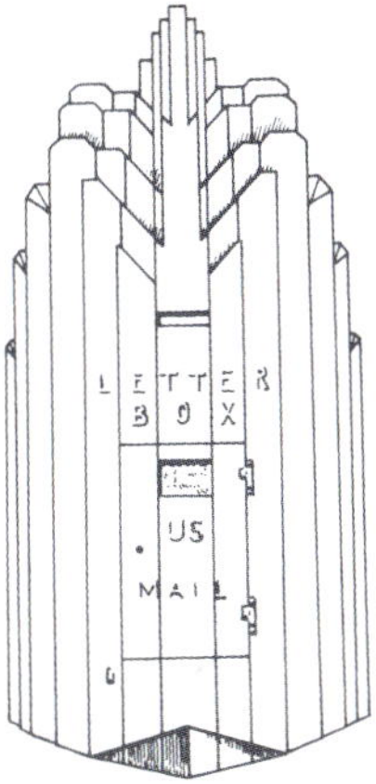

郵便受け

Letter box

この郵便受けは、数多くある要素の中のほんの小さな要素にすぎないが、アール・デコの造形美が細部にまで貫かれている。面取りした角の階段状のモチーフや、中央の下向きの折れ矢模様は、ヨーロッパとロシアの表現主義からの引用で、これ自体が１個の力強い建築物のような風格を漂わせている。

銅製のグリル

Copper grilles

この電信本部の換気口でさえ、建物全体を貫くアール・デコ様式によってデザインされている。通気孔の矢筈模様は、そのまわりの金属製の枠と呼応し、その上のレンガ細工のパネルとも同調している。

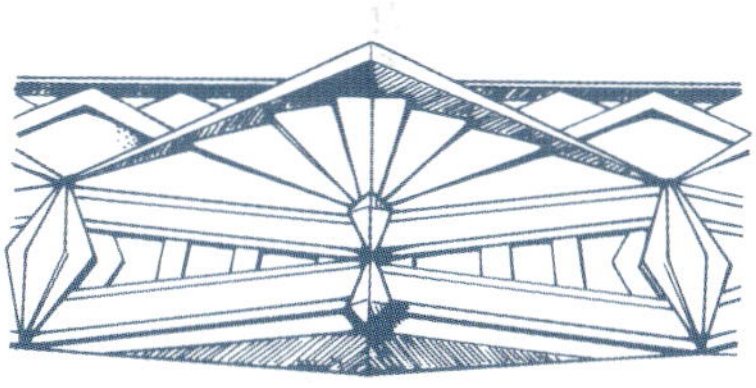

アール・デコの装飾細部

Art Deco detail

この正面玄関入り口の上の真鍮製のパネルに、アール・デコ様式特有の素材の使い方と技法が端的に表れている。三角形の幾何学的主題が、建物の外部、内部を問わず一貫して用いられている装飾技法の特徴をよく示している。

ウォールドルフ・アストリア・ホテル

場所
301 Park Avenue, Manhattan
竣工　1931年
建築家
シュルツ＆ウィーバー

ウォールドルフ・アストリア・ホテルが完成するまでには、当時のお金で4200万ドルという巨額の費用がかかった。マンハッタンのいくつもの通りを跨いで47階の高さまで立ち上がるその建物は、完成した1931年には2200の客室数を誇り、世界最大のホテルとして君臨した。その後館内改修工事が行われ、現在の客室数は1416室となっている。ホテルの建物の上には、双子のウォールドルフ・タワーが聳えている。その高さは地上190mに達する。頭頂部の青銅製のキューポラは、フィンや幾何学模様から、アール・デコ様式でデザインされていることが分かる。その下の御影石、石灰岩、レンガによって被覆された建物は、アール・デコ様式特有のセットバックによって、ウェディング・ケーキのような形状になっている。

天上のホテル

A hotel on high

1927年の映画『メトロポリス』で、フリッツ・ラングによって象徴的な建物として引用されたウォールドルフ・アストリア・ホテルは、ニューヨーク・アール・デコ様式の化身である。双子のタワーからエレベーター・ドアの装飾に至るまで、ホテルは、建築と装飾のすべての細部にわたってアール・デコの美意識で貫かれ、世界のホテルの最高峰として君臨し続けている。

正面玄関

Main entrance

この堂々とした正面玄関は、メタル・ロッドで吊り下げられた平たい張り出し屋根が特徴である。その上には、ホテル名と浅浮きぼりの彫刻が金色で強調されている。張り出し屋根のすぐ上には、装飾的な金属の格子で飾られた3つのガラスの開口部があり、それらは夜間にはライトアップされ、金色のホテル名に代わり標識になる。

スピリット・オブ・アチーブメント

Spirit of Achievement

往年のロールスロイスのボンネットの上に輝く英雄の精霊の像と同様に、この最高級ホテルにも独自の精霊の像がある。その“スピリット・オブ・アチーブメント”と呼ばれている約3mの彫像は、1931年に行われた400名以上が参加したコンペで優勝したアイスランドの彫刻家ニーナ・セムンドソンによって制作されたものである。

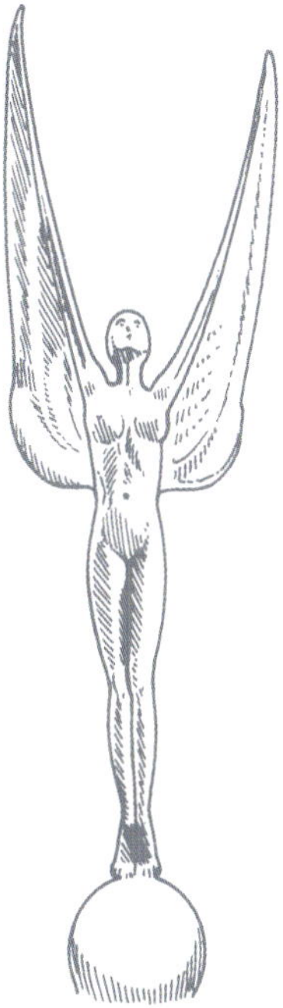

天井装飾細部

Ceiling detail

ホテルがいかに細部まで贅を尽くしているかを示しているのが、この天井の装飾である。金地の上の銀細工によって女性の像が浮かび上がり、その周りを、直線的な三つ網模様が縁取っている。その様式は、古典時代の美術品を彷彿とさせるが、金と銀の組み合わせは、やはりアール・デコの豪華さの表現である。

エレベーター・ドア

Elevator door

ウォールドルフ・アストリア・ホテルは、正面玄関からロビーという名の暗い表現主義的岩屋、そして双子の塔の頂上まで、すべて絵画と彫刻で満ちている。このギリシャ風の笛を吹く乙女は、ロビー壁面を飾る絵画の一例である。

パラシュート・ジャンプ

場所
Riegelmann Boardwalk, Coney Island, Brooklyn
竣工　1939年
建築家
マイケル・マリオ、エドウィン・W・クライナート

クイーンズ区のフラッシング・メドウ・パークで開催された1939年ニューヨーク万博のために設置されたパラシュート・ジャンプは、1941年に、コニー・アイランドのスティープルチェース・パークに移設された。それは、このアミューズメント・パークの最大の呼び物となったが、現在はかつて人気のあったアトラクションの面影を残すだけである。その乗り物は、このアミューズメント・パークの他のアトラクションがすべて閉鎖された後も、4年間継続され、1968年まで営業を続けた。何度も倒壊の危機に見舞われたが、1993年に全面的な改修が行われ、この地に永住することになった。

降下地点
Jump-off point
パラシュート・ジャンプは、1977年に、コニー・アイランドを代表するランドマークとして正式に認定されたが、その1カ月後にその地位を剥奪された。しかし1980年に工学的意義が認められ、米国国家歴史登録材に登録された。

歴史的意義
Historic rendering

1940年代初めは、飛行の夢が最高潮に達した時代で、人々はこぞってスティープルチェース・パークのパラシュート・ジャンプに乗りにやってきた。この古い写真を見ると、パラシュートを完全に開いたまま、観覧車などの他の乗り物よりも高く吊り上げられているのが分かる。

上空から見た画像
Aerial image

今ではスティープルチェース・パークが賑わっていた時代の面影を残すだけだが、その80mの高さのタワーは、第二次世界大戦の期間、市内の他の遊戯施設が黒く塗られるなか、照明に照らされ、空軍のためのナビゲーション信号の役割を担った。現在は、何か慶事を祝うときだけライトアップされる。

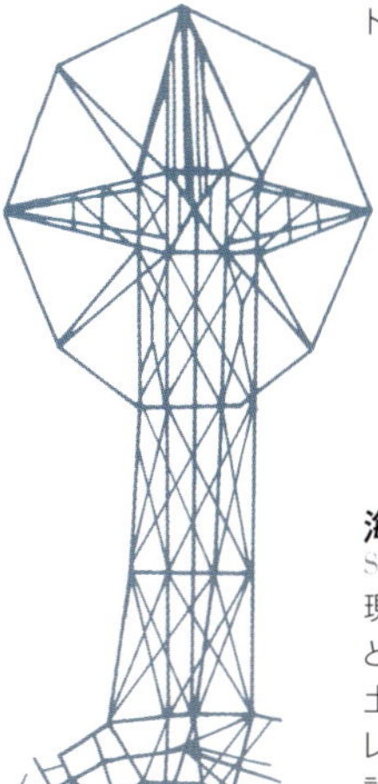

骨組みの細部
Structure close-up

全体で約170トンの重量があるその鉄骨の構造物は、ブルックリンのエッフェル塔と呼ばれてきた。最頂部の放射状に広げられたアームの先端には、8角形の骨組みが造られ、その角から出た8本のケーブルによってパラシュートが吊り下げられた。多くのケーブルが出ていることから、時にパラシュートが絡み合うことがあり、風の強い日には閉鎖された。

海岸という立地
Shorefront location

現在は営業を止めている遊園地の桟橋から眺めると、パラシュート・ジャンプは屹然と立っており、この土地のランドマークとなっていることは明らかだ。フレッド・トランプがこの地にコンドミニアムを建てる計画を打ち上げた時、その存続が危ぶまれたが、地元の人々の反対の声の大きさと、解体費用の高さから、その計画は中止された。

ヤンキー・スタジアム

古さを生かす新しさ

New for old

ヤンキー・スタジアムは、外観的には古い時代のままであるが、球場内部は、現代的で機能的なスポーツ・アリーナとして生まれ変わった。

1923年に建設された元のアール・デコ様式のスタジアムの形をほぼ継承したまま、ニューヨーク・ヤンキースの新しい本拠地が再建された。そのデザインを請け負ったのは、建築設計会社ポピュラスである。建物の外壁は石灰岩で被覆され、背の高いアーチが、ピラスターをはさみながらファサードの全面を巡るという古いスタジアムの細部はそのまま生かされている。内部では、観客席のシートの配列は再構成されているが、手動式のスコアボードなどの要素は元のスタジアムのままである。

場所　*East 161st Street and River Avenue, The Bronx*

竣工　2008年

建築家　ポピュラス

入り口
Entrance

ほとんど元のスタジアムの復刻版である記念碑的な3連アーチの入り口。反転レリーフの石細工の細部と、窓の上の、V字型に刻まれ金箔を貼られたスタジアムの名前が目を引く。重厚なコーニスは、よくあるルネサンス調の装飾的なコーニスのデザインから離れ、飾り気のない簡潔なものにされている。

グレート・ホール
Great Hall

この4番ゲートと6番ゲートの間にある7階分の高さの吹き抜けのプロムナードは、圧巻である。それはアール・デコ様式によく見られるメッセージ建築ということができ、過去と現在のヤンキースのスター選手のバナーが、ヤンキースの栄光の歴史を物語っている。

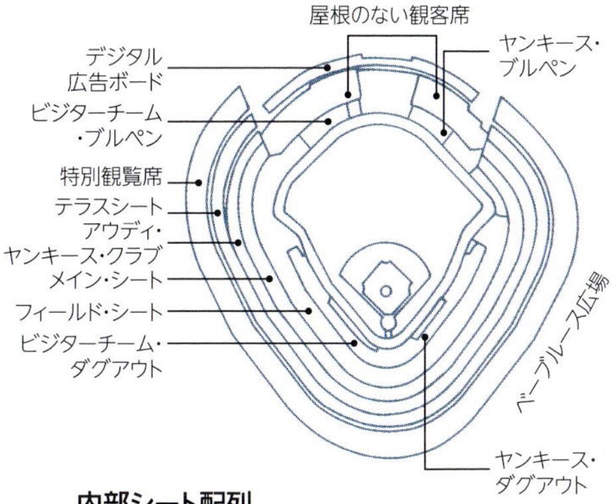

内部シート配列
Interior seating plan

新しいヤンキー・スタジアムの座席数は5万1000席で、前のスタジアムよりも4000席少なくなっている。両方のデジタル広告ボードの前の屋根のない外野席の後ろの低い壁は、元のスタジアムの形をそのまま再現しているが、そこからは地下鉄の電車が走るのを見ることができる。

フリーズ装飾
Frieze work

新しいスタジアムの上に被せられた冠のように、特別観覧席の上方はフリーズ細工で装飾されているが、これも前の球場の復刻版である。古いフリーズは銅製だったが、新しいフリーズは防錆スチール製である。その幾何学的デザインは、古典的なアール・デコ様式特有のものである。

グランド・コンコース

場所
The Bronx
竣工 1909年
建築家
ルイス・アロイス・リッセ

グランド・コンコースは、建物ではないが、このマンハッタンと北ブロンクスを結ぶ幅55m、8車線の大通りは、それ自体がひとつの大きなランドマークである。この道路は、アルザスからの移民で、後にニューヨーク市の地形学技師となったルイス・アロイス・リッセによって1894年に計画され、その15年後の1909年に、自動車用幹線道路として開通した。パリのシャンゼリゼ大通りをモデルにした全長6.4kmの大通りの両側には、ヨーロッパ表現主義とアール・デコに彩られた多くの建物が並んでいる。1930年代には、グランド・コンコースの沿線に300近いアパート・ビルが建っていた。

グランド・コンコース
Grand concourse
現在は、グランド・コンコースの沿線にあるブロンクス地方裁判所とアパート・ビルの間に大きな公園が設けられている。以前大通りには、3本の高速道路が含まれ、それらは並木の中央分離帯で分けられていた。

パーク・プラザ

Park Plaza

大通りの沿線に並んでいた往時の建物の様式を今に伝えるパーク・プラザは、装飾的なフリーズとネオ・ゴシック調の窓枠が特徴の、アール・デコ様式のレンガ組積造のアパート・ビルである。垂直に伸びるレンガのピアと正面入り口の矩形を基調としたデザインは、1920年代から30年代に建てられたビルに特徴的なものである。

フィッシュ・ビルディングのロビー床面

The Fish Building lobby floor

フィッシュ・ビルディングのテラゾ仕上げの床は、当時の流行をよく物語っている。テラゾは、高価な大理石の細片を利用する方法としてヴェネチアの建築職人の間ではかなり以前から好まれてきたが、それが一般的に使われ出したのは1920年代になってからのことである。電動工具の発達によって張り付けが容易になり、この床のように、装飾的な床仕上げとしての完成度も高まった。

曲面ファサードと円形玄関

Curved facade and circular entrance

グランド・コンコース沿いの建物も、その大通りの記念碑的な意義を補完した。このアパート・ビルのファサードの華麗な曲面も、20世紀初めに一世を風靡し、グランド・コンコースの沿線を支配したアール・デコ様式の特徴をよく示している。

モザイクのナンバー・プレート

Mosaic number plate

アール・デコ様式の建物の細部はいろいろな形で装飾されているが、よく見られるものが、モザイク装飾である。ここでは、グランド・コンコース888番地の表示が、陶器タイルを用いて、独特の意匠化された数字で表されている。

クライスラー・ビルディング

場所
405 Lexington Avenue, Manhattan
竣工 1930年
建築家
ウィリアム・ヴァン・アレン

クライスラー・ビルディング以上にアール・デコ運動を象徴するスカイスクレーパーはないだろう。1階部分の幾何学的デザインの正面玄関や、大理石と縞メノウをふんだんに使ったロビーから、クロムニッケル鋼の尖塔の最先端まで、建物はすべてアール・デコと自動車黄金時代のロマンティシズムに捧げられている。名前が示すように、このタワーの所有者は自動車メーカーのクライスラー社であったが、それは、ラジエター・キャップの吐水口や鋼鉄製の尖塔など、ビルのデザインの随所に表現されている。それらは、建築家のウィリアム・ヴァン・アレンの意図に反してクライアント側から主張されたものだった。建設には、3万トンの鉄鋼と390万個のレンガが使われ、総額で2000万ドルもの巨費が投じられた。

極上のタワー
Tip-top tower
最初幅広いありふれた方形の基部を持つタワーとして立ち上がり、段階的にセット・バックしていくクライスラー・ビルディングは、その頂上のためにアール・デコ様式の美を出し惜しみしているかのように見える。しかしこのビルを訪れると、1階部分からその頂点まで、タワーのあらゆる細部にその美意識が貫かれていることが分かる。

その319mという高さは、完成時の1930年には世界第1位であったが、その地位はわずか11カ月しか続かなかった。ミッドタウンの反対側に、競うようにエンパイア・ステート・ビルが建てられ、わずかに60cmほど超えたのである。その後、エンパイア・ステート・ビルの頂上には、61mのマストが加えられ、さらにその上に、高さ62mのテレビ・アンテナが設置された。クライスラー・ビルは、高さではエンパイア・ステート・ビルに追い越されたが、優雅さでは明らかに勝っている。そのニューヨークで最も優美なスカイスクレーパーは、1976年にアメリカ合衆国国定歴史建造物に認定された。

クライスラー・ビルディング

熱望の時代

Aspiring times

この尖塔によって、ウィリアム・ヴァン・アレンは、短い間ではあったが、世界一高いビルを建てた建築家という称号を得ることができた。

見どころ

“天を目指すレース”は、1930年代のニューヨークの生活の一部であり、この街のスカイスクレーパーの高さの記録は次々と塗り替えられた。バンク・オブ・マンハッタン・ビルが完成した時、その高さは282.5mで、クライスラー・ビルの完成時の高さを60cmほど上回るはずだった。しかしヴァン・アレンは奇策を講じていた。タワーの内部に隠されていた、彼が頂点《ヴェルテックス》と呼ぶ尖塔が、屋根の開口部から立ち昇り始めたのである。これにはこの街の住人すべてが驚いた。こうしてこの建物の高さは、319mに達した。その当時、人々はその高さにばかり注目したが、このビルの真価は、自動車会社の本部ビルという機能にあり、それがこのビルのデザインの随所に表現されているということである。地下のショールームは、自動車の展示場というよりは、野球のスタジアムのようで、豪華なロビーは隅々までアール・デコ様式で装飾され、壁は縞メノウで仕上げられ、天井にはこのビルそのものの姿が描き出されている。最も華やかな部分が、タワーの尖塔の内部、66階の高さに造られた2階分の天井高を持つクラウド・クラブである。そこには会員制のレストランとスモーキング・クラブがあり、会員たちはニューヨークの街を眼下に見下ろしながら優雅な時間を過ごすことができ、禁酒法の時代には隠し部屋で酒を愉しむこともできた。

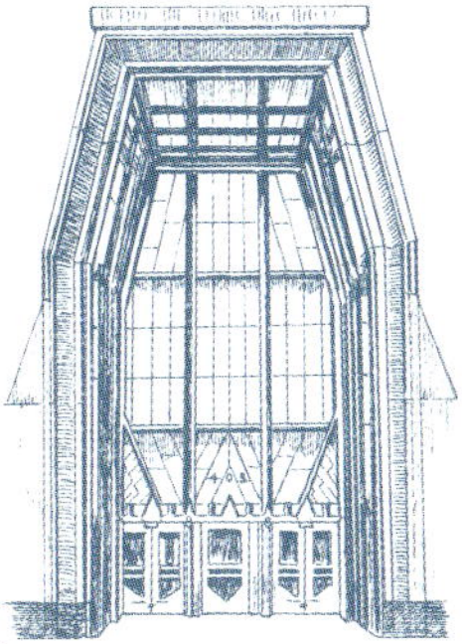

正面玄関

Entrance

ビルの正面玄関は、アール・デコ建築の魅力が炸裂した開口部となっている。力強く折り曲げられた黒御影石の縁取りに、クロームニッケルの枠とガラスで造られた巨大な窓がはめ込まれているが、それは、ジグザグ模様や扉口の上の矢印模様の破風など、古典的なアール・デコのモチーフで統一されている。

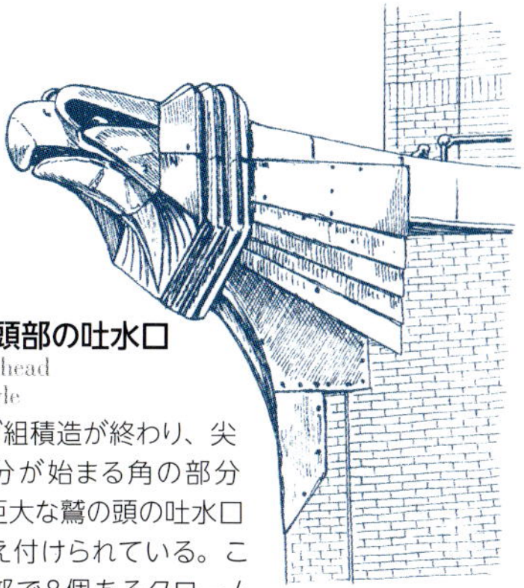

鷲の頭部の吐水口

Eagle-head gargoyle

レンガ組積造が終わり、尖塔部分が始まる角の部分に、巨大な鷲の頭の吐水口が据え付けられている。この全部で8個あるクロームニッケル製のドラマチックな装飾要素は、建築家のゴシック様式への傾倒を表現しているが、そのデザインはどういうわけかアール・デコ調である。

翼のある吐水口

Winged gargoyle

クライスラーの旧型の自動車のボンネットの上に出ていた装飾的なラジエター・キャップをモデルにしたこの翼のある吐水口は、このスカイスクレーパーの3番目のセットバックの角に羽根を休めている。その陰になって見えないが、彩色レンガを使って表された車のモチーフが、建物の躯体部分にはめ込まれている。

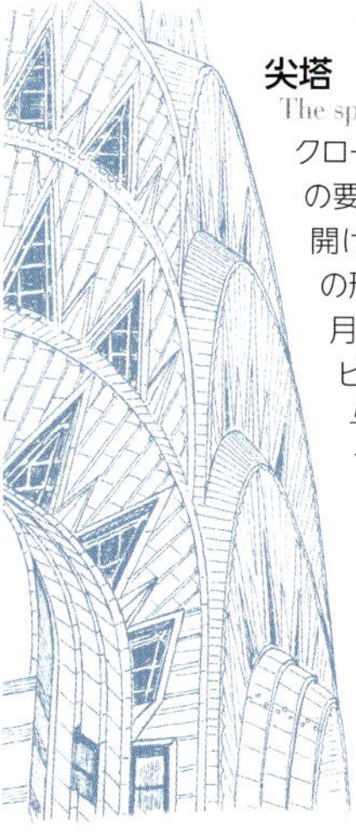

尖塔

The spire

クロームニッケル製の半円形の要素の中に三角形の窓が開けられているという独特の形状を持つ尖塔は、数カ月間とはいえ世界一高いビルであったこのビルに与えられた華麗な王冠である。その地位は長くは続かなかったが、クライスラー・ビルは、スタイルと象徴的地位の両面からして、この街のスカイスクレーパーの中でもひときわ燦然と輝いて見える。

DECORATIVE STYLES

ロケーション・マップ

古典様式とルネサンス様式の建築は壮大であるが、アール・デコ様式の建築は優美であり、その様式がこの街の最も高いスカイスクレーパーに注入される時、その魅力は最大限に発揮される。1つまたは2つの例外を除き、エンパイア・ステートビルやクライスラー・ビルなどのアール・デコとネオ・ゴシックの大建造物は、ほとんどすべて、金融と商業の中心地マンハッタン島にある。アメリカの巨大企業は、1930年代の大恐慌時代に熾烈な競争を続け、時には今日見られるようなスカイスクレーパーを建てた。その結果、華麗な装飾と費用のかからない工法が組み合わされることになったが、それはかなり注意して見なければ発見できない。

1 アメリカン・ラジエター・ビルディング
40 West 40th Street
p.112

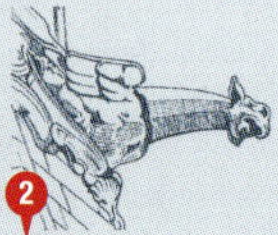

2 ザ・ウールワース・ビルディング
233 Broadway
p.116

3 セント・パトリック教会
Fifth Avenue, between East 50th and 51st Streets p.118

4 ブルックリン橋
East River, Brooklyn
p.120

5 グリーンウッド墓地
Fifth Avenue, Greenwood Heights
p.122

6 チャーチ・オブ・ジ・インカーネーション
205 Madison Avenue
p.124

7 セント・トーマス教会
Fifth Avenue at 53rd Street
p.126

8 セント・ジョン・ザ・ディヴァイン大聖堂
1047 Amsterdam
p.128

9 ベイヤード・コンディクト・ビルディング
65 Bleecker Street
p.130

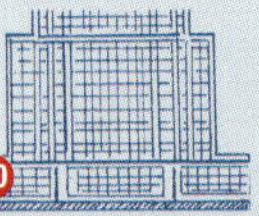

10 エンパイア・ステート・ビルディング
350 Fifth Avenue
p.132

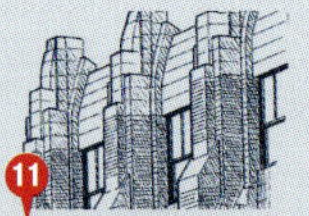

11 チャニン・ビルディング
122 East 42nd Street
p.134

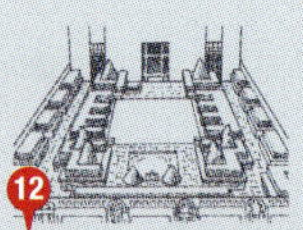

12 ロックフェラー・センター
West 48th to West 51st Streets p.136

13 ウェスタン・ユニオン・ビルディング
60 Hudson Street
p.138

14 ウォールドルフ・アストリア・ホテル
301 Park Avenue
p.140

15 パラシュート・ジャンプ
Riegelmann Boardwalk
p.142

16 ヤンキー・スタジアム
East 161st Street and River Avenue
p.144

17 グランド・コンコース
The Bronx
p.146

18 クライスラー・ビルディング
405 Lexington Avenue
p.148

BRONX
16
17
8
Harlem
North Bergen
MANHATTAN
West New York
LaGuardia Airport
7
3
12
14
18
Union City
1
11
6
10
9
QUEENS
NEW YORK
13
4
2
Downtown Brooklyn
Bayonne
Upper New York Bay
Prospect Park
5
BROOKLYN
Staten Island
15
Coney Island

EARLY MODERNIST

初期モダニスト

ルイス・サリヴァンが「形態は機能に従う」と書いた時、彼はこの言葉が建築の世界にこれほど大きな影響を与えるとは考えても見なかっただろう。モダニズムは、この簡潔な格言を起点として始まり、建物はゆっくりと、豪華に装飾された宮殿から生活と仕事のための効率的な容器へと変わっていった。鉄、ステンレス、コンクリート、ガラスが建築素材の中心を占めるようになると、建築の美は新しい次元に飛躍した。建築家は自由に想像力を羽ばたかせることができるようになったが、大衆がそれについてこれないこともあった。この劇的な旋回に対してヨーロッパでは反動が起きたが、アメリカ——特にニューヨーク——は、その明快な線と限りない可能性に熱狂した。

厳格な規則

Strict rules

アール・デコは装飾を大いに楽しんだが、初期モダニズム運動は、シーグラム・ビルディングに代表されるように、抑制されている。ガラスと鉄による新しい工法と、実用的なデザインによって造られる建物は、露骨な装飾的要素をしりぞけ、形態と機能のバランスを重視する新しい分野を切り拓いた。

ニューヨークはモダニスト建築で溢れているが、それはたいていガラスのファサードで簡単に見分けがつく。ガラスのモノリスのなかで最も重要な建築物は、おそらくシーグラム・ビルディングだろう。ミース・ファン・デル・ローエの手になる、形態と機能が完璧に統合されたその建物は、モダニスト・デザインの金字塔である。その建物は、完成以降何世代にもわたって多くの建築家に強い影響を与え続けている。その他、形態からすぐにそれと見分けがつかないかもしれないが、20世紀半ばのモダニズム運動を象徴する多くの建物がニューヨークにはある。ニューヨーク近代美術館（MoMA）もその代表的なものの1つである。

国連本部ビル

場所

First Avenue between East 42nd Street and East 48th Street, Manhattan

竣工 1953年

建築家

ウォーレス・K・ハリソン
ル・コルビュジェ
オスカー・ニーマイヤー
その他

対照的なスタイル

Contrasting styles

国連本部事務局ビルの直線性と総会議場ビルの優美な曲線が美しいコントラストを見せている。どちらの建物も形態的にはモダニズムであるが、建築家の個性がよく出ている。一方は、ガラスの持つ重量感の無さが全面に出されているが、他方は、コンクリートの持つ不朽性が強調されている。

国連本部ビルの建設は、国連に加盟している各国の建築家が参加する記念碑的事業であった。当初は、1939年にクイーンズ区で開催された万博跡地に建設されるはずであったが、ニューヨーク随一の資産家であったロックフェラー家がマンハッタンの6.8ヘクタールの土地を購入し、それを国連に寄付したため、その地に建てられることになった。計画が進行していくなかで、建築家たちの間で論争が始まった。年長であり、すでに国際的な名声を確立していたル・コルビュジェが、事務局ビルの設計を担当した。設計委員会の席上、彼は、壁に貼られていた設計図のうち、自分の原案とは違うものをすべて剥がし、また国連側の了解を得ることなく彼自身の設計図を報道機関に流したと伝えられている。総会議場ビルを設計したのは、委員会のもう1人の有名な建築家であり、ル・コルビュジェの弟子であったオスカー・ニーマイヤーである。事務局タワー・ビルの横にあるその低層の建物の最大の特徴は、彼のトレードマークである湾曲したコンクリートの壁面である。国際的な設計委員会の議長を務めたのは、ウォーレス・K・ハリソンであった。国連本部ビルは現在でも、たとえばクライスラー・ビルやシーグラム・ビルと同じくらい、ニューヨーク建築探訪の旅の重要な訪問地であるはずだが、その場所がマンハッタンの中心から少し外れていることもあって、旅程表から外されていることが多い。

国連本部ビル

ガラスの塊

Glass en masse

建築の世界を席巻した新しい設計手法であるガラスのファサードは、第二次世界大戦をはじめとする過去の血腥い記憶を打ち消し、新しい時代の到来を象徴した。これ以降、ニューヨークのスカイラインは、こうした新しいタイプの建物に支配されていく。

見どころ

噴水や彫刻が点在する芝生と樹木の緑地帯の中にある国連本部ビルは、モダニズムの一潮流であり、第二次世界大戦の終結とともに勃興した国際様式の讃歌である。23Aと呼ばれる39階建ての事務局ビルは、高さは154m、幅は87.5mで、タワーというよりはスラブである。デザインは、同じくル・コルビュジェ設計の、純粋な直線で構成されたコンクリートのスラブで建てられたパリのスイス学生会館の考え方を基にしている。建物側面は、白のバーモント大理石で覆われているが、正面はガラス・ファサードになっており、ニューヨークでも一番最初に造られたものの1つである。その下にあり、優美な曲線を描きながら低く広がっているのが、事務局ビルほど目立たないがはるかに重要な役割を持つ総会議場ビルである。オスカー・ニーマイヤーの設計によるその白無地の外壁は、ニーマイヤーとモダニストがこよなく愛する打ち放しコンクリートで造られている。外から見るとその湾曲するルーフラインだけが、これがモダニスト様式の建物であることを告知しているように見えるが、建物内部に入ると、急降下するような内部バルコニー、テラゾによる床仕上げ、露出したI型鋼の柱、木のパネルや長椅子、そしてその上にある天井に埋め込まれたライト等々、そこはまるでモダニストの洞窟である。

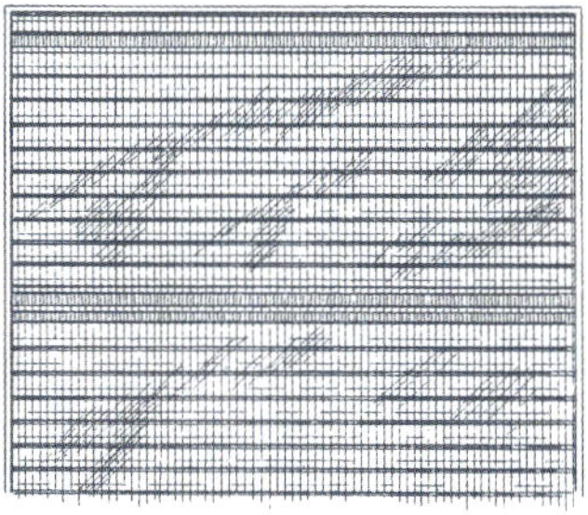

ガラス・ファサード

Glass facade

今日ではそれほどめずらしくはないが、ガラス・ファサードは、国連本部ビルの完成の数年前でさえ可能とは考えられなかった技術の進歩によるものである。この建物は、国際的な建築家と彼らの国際様式の実力を、ニューヨーク市民とアメリカ国民の前に強く印象づけた。

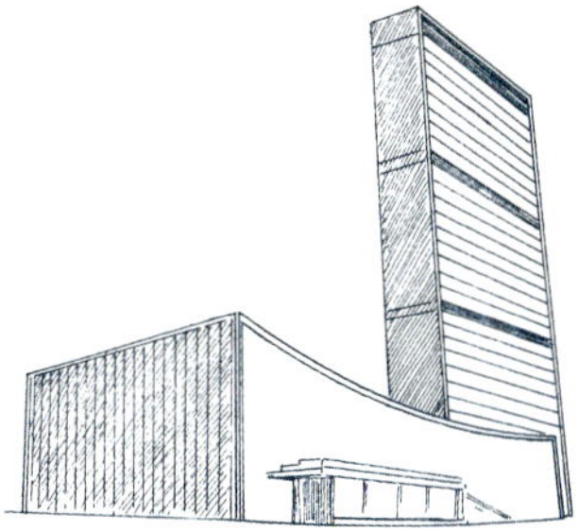

総会議場ビル

Main assembly hall

オスカー・ニーマイヤーは、コンクリートを用いた現代彫刻的な建築で有名である。彼の生まれた国ブラジルの首都、ブラジリアは、彼がほぼ独力で創り出したこの建築素材への讃歌である。コンクリートという素材の可能性を最大限引きだしながら、彼はル・コルビュジェのガラスのモノリスの直線的形態の眼前に優美な曲線を並置した。

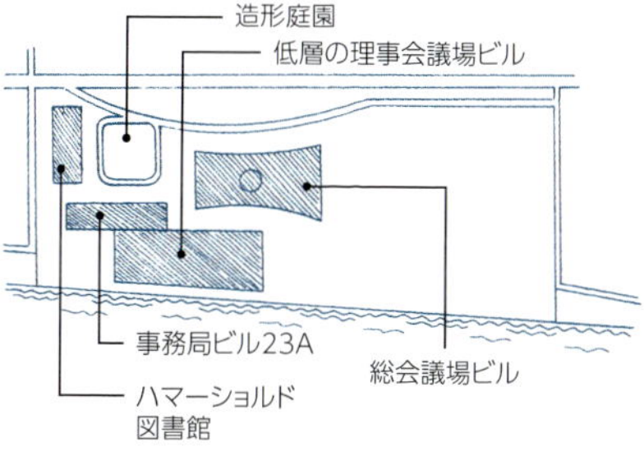

敷地図

Site plan

敷地図をみると、この複合施設の中でどれほど公共的空間が大事にされているかがよく分かる。配置計画は、庭園的景観の中に一連のタワーを配置したル・コルビュジェの『輝く都市《ヴィレ・ラディユーズ》』を基本にしたものと考えられている。総会議場は、敷地の北側に位置する大きな湾曲したビルである。

オーディトリウム

Auditorium

総会議場ビルの中で最も重要な空間が、オーディトリウムである。大きなドームで覆われ、木のパネルで仕切られたその空間には、1800人が座る席が設けられている。空間の焦点を明示するように、国際連合の紋章が壁に掲げられているが、それはここで行われる会議の歴史的な重さと人類の明るい未来を象徴している。

ニューヨーク近代美術館（MoMa）

場所
11 West 53rd Street, Manhattan
竣工　1939年
建築家
フィリップ・グッドウィン
エドワード・ダレル・ストーン

1939年5月10日に開館したニューヨーク近代美術館は、その大理石とガラスの壁の中に展示されている絵画や彫刻と同じように、その建物自体がきわめて現代的なものであった。最初の建物を設計したのは、モダニストのエドワード・ダレル・ストーンとフィリップ・グッドウィンであったが、その後も有名な建築家が次々に増改築を行った。1964年にフィリップ・ジョンソンが新しいウィングを設計し、1984年には、美術館の拡張のための資金を確保する目的で、シーザー・ペリが高層住宅棟を設計した。最も新しいところでは、日本の建築家谷口吉生が全面的な改築を行った。

モダニストの芸術
Modernist art

美術館正面の鏡のファサードは、谷口吉生設計の最近の改築によるものである。そのミニマリスト的な美しさは、1939年の最初の建物のコンセプトを継承したものである。谷口は、彼の新しい仕事の中で、その建物の持つ厳格な国際様式を尊重している。

西側ファサード

Western facade

最初に建てられた西53丁目通りに面している西側ファサードは、鋼鉄の骨組みをガラスと白大理石のパネルの水平な層で覆うもので、褐色砂岩の建築物が並ぶ景観の中に立つその姿は、多くのニューヨーカーにとって斬新で衝撃的なものであった。それは現在も存続し、ニューヨーク・モダニスト運動の先駆的存在として広く認められている。

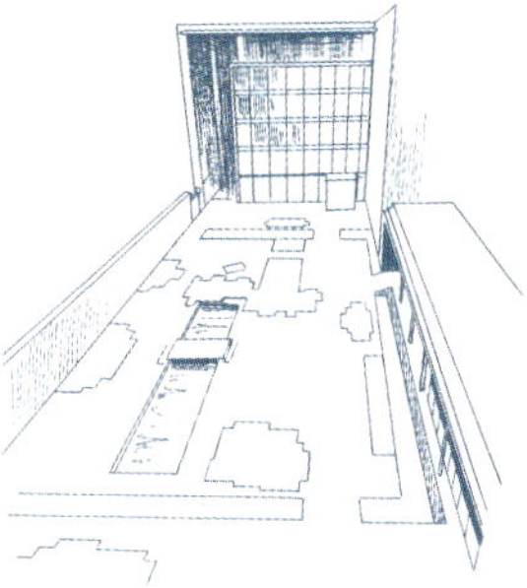

彫刻庭園

Sculpture garden

フィリップ・ジョンソンが設計したアビー・アルドリッチ・ロックフェラー彫刻庭園は、管財人のデイヴィッド・ロックフェラーが、MoMAの建設に尽力した彼の母親の功績をたたえるために造らせたものである。通りからは隠れているが、その庭園は、短く刈られた灌木、光を反射してキラキラと輝く直線的な池、よく手入れされた樹木など、モダニストのパラダイスである。

高層住宅棟

Residential tower

建設が発表された時、大きな議論を呼んだが、1984年に完成したシーザー・ペリの設計になるこの53階建ての高層住宅棟は、マンハッタンの中心という好立地を生かして、隣接する美術館のための財源を確保している。

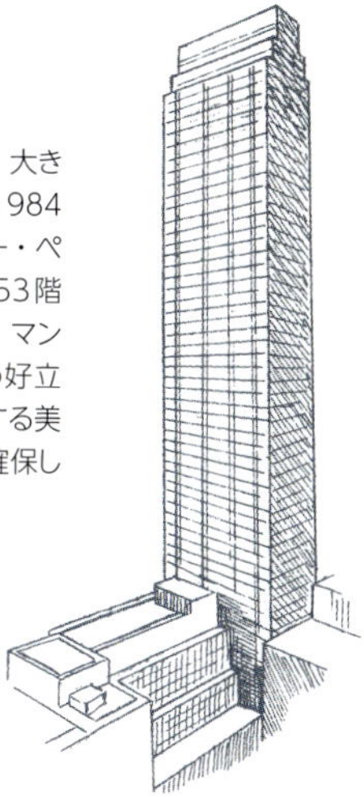

内部の眺め

Internal view

MoMAの内部階段には、渦巻き模様などの装飾はひとつも見当たらない。「形態は機能に従う」というモダニストの格言に従い、あらゆる装飾を削ぎ落したその階段は、簡潔さを愉しんでいる。改築を担当した谷口は、小手先のデザインに頼らずに形態の美しさを顕示する建物を設計することで有名である。

ニュー・スクール・フォー・ソーシャル・リサーチ

場所
66 West 12th Street, Manhattan
竣工　1930年
建築家
ジョセフ・アーバン

学校というよりは工場——人々はジョセフ・アーバンの新しい建物に驚いた。アメリカ初の社会人のための大学といわれているその建物は、当時のモダニストの理想を追求する場でもあった。レンガと鉄骨枠のガラスのパネルの組み合わせで覆われた外観は、機能的で実用主義的なものだが、中に入るとモダニストの美の饗宴である。アーバンは、独特の個性を持つ建築家で、それは彼のデザインに良く表われている。最近フォスター&パートナーズによって斬新な増築が行われた、アーバンの設計になるハースト・マガジン・ビルは、彼の建築思考がどれほど多元的なものであるかを明瞭に示している（p.218～219参照）。

あか抜けした工場

Factory chic

ニュー・スクール・フォー・ソーシャル・リサーチは、教育施設というよりは何かの工場のように見え、発想の源泉である国際様式の工業的性格を発散させている。アーバンはレンガのパネルとガラスの帯を実に効果的に使っているが、それはル・コルビュジエやヴァルター・グロピウス等のヨーロッパ・モダニストの指導者達が理想とする形態である。

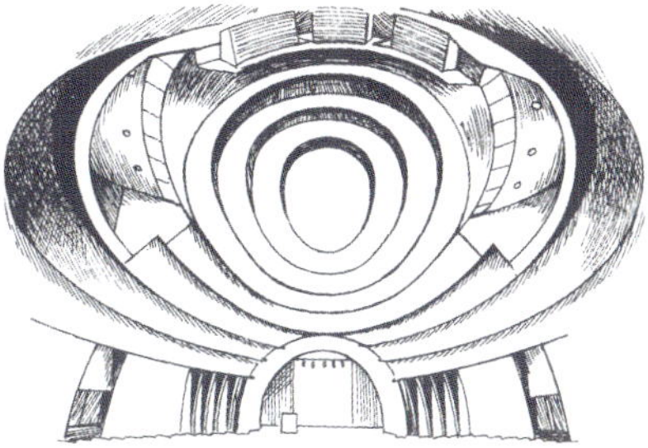

オーディトリウム

Auditorium

飾り気のない外観とはうって変わって、スクールの内部はアール・デコ様式への全面的な讃歌である。楕円形を基本としたティッシュマン・オーディトリウムは、アール・デコ様式の古典的なエレメントであるアーチ型のプロセニウム（舞台）を中心に構成され、天井は豪華に装飾されている。それは多孔プラスターによる音響緩衝効果を高めるためでもある。

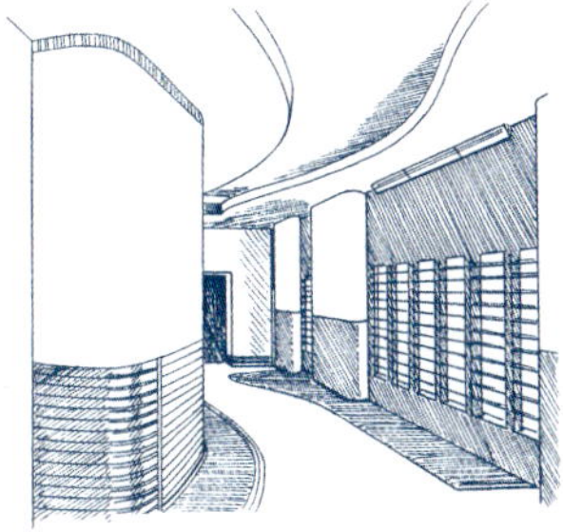

内部廊下

Internal hallway

建物内部のデザインにおいても、建築家は、アール・デコという自分のルーツを回顧し、過去20年の流行を心ゆくまで楽しんでいる。けっして過剰な装飾ではないが、優美な曲線や腰の高さでの素材の変化が、多くの建築家があまり目を向けず設計に時間をかけない場所である廊下を、劇的な空間に変えている。

レンガのファサード

Brick facade

レンガは最もありふれた建築素材であるが、アーバンのデザインは、それを最高度に洗練された建築のレベルまで引き上げている。交互にレンガの色を変え、段差を付けているだけだが、その単純な営みによって、堅固なだけの平板な壁面に安らぎのようなものがもたらされている。

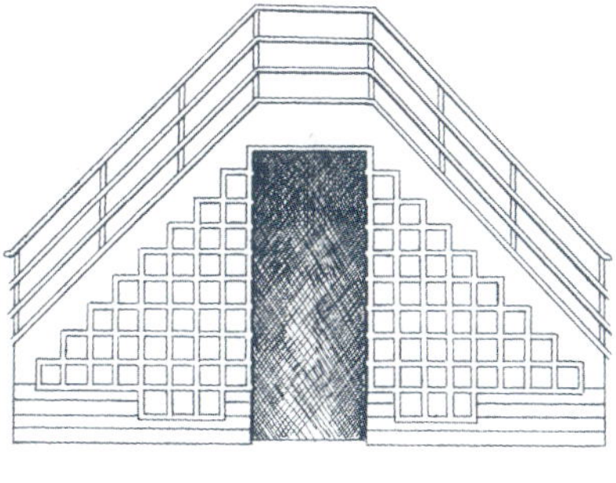

階段

Stairs

ジッグラト型の扉口の上に被さるように左右両方向に下る堂々とした階段が設けられているが、それは古典建築の行列的エレメントとモダニスト運動の機能的な美しさを組み合わせたものである。その結果、新しい次元の表現力豊かなデザインの傑作が生まれた。

シーグラム・ビルディング

場所
375 Park Avenue, Manhattan
竣工 1958年
建築家
ルートヴィッヒ・ミース・ファン・デル・ローエ及びフィリップ・ジョンソン

建築家の中の建築家であるルートヴィッヒ・ミース・ファン・デル・ローエは、「構造《ストラクチュア》は精神的《スピリチュアル》である」と述べたことで名高いが、シーグラム・ビルディングによって彼の理想は具象化された。このモノリス的なスカイスクレーパーのスラブは、当時としては最も高価な建物で、建築費は3600万ドルに達した。シーグラム・ビルは床から天井まで達する窓を持つ世界で初めてのタワーで、外皮を脱ぎ捨てたそのフォルムは、一夜のうちにモダニストのための設計基準となった。このビルは、157m（38階）と、特に高い建物というわけではないが、スカイスクレーパーのデザインに革命をもたらした。現代建築の歴史においてこのビルが果たした役割は、限りなく大きい。

モダニストの偶像
Modernist icon

シーグラム・ビルほどニューヨークのモダニスト様式を代表するスカイスクレーパーはない。ガラスのファサードを通して鉄骨構造の柱を見ることができ、それを遮っているものは、階ごとの床と天井が接する部分の無地のパネルだけである。押し出し成型の青銅のマリオン（間柱）と薄く着色されたガラスが、堂々とした風格を醸し出している。

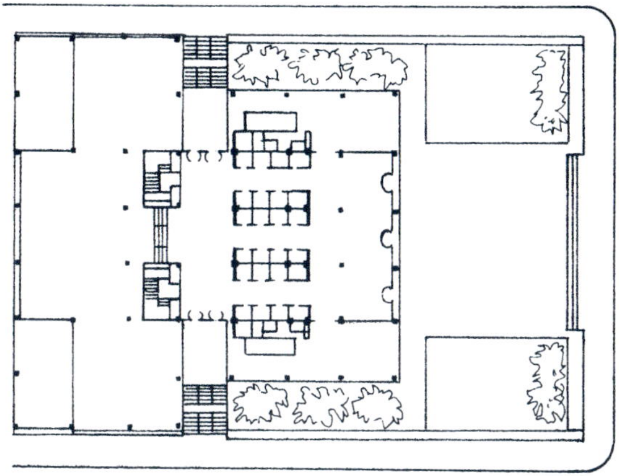

平面図

Building plan

矩形の平面を持つその建物のデザインは、モダニストの簡潔さを極限にまで追求したものである。構造柱が8.5mの間隔で並び、横に5つ、奥行き3つのベイで構成される空間を形作る。建物の周りはプラザになっているが、それによって他のビルとの間に距離が置かれ、偶像的なミニマリスト的オーラを保ち続けることができている。

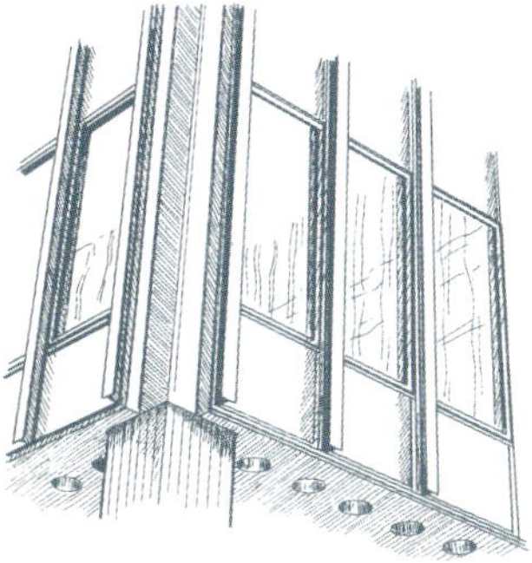

フィン

Fins

構造柱の間にあって、建物の基部から頂部までを真っ直ぐ貫く細い間柱は、実体は単なる窓枠である。それは古典ギリシャの円柱の縦溝と相通ずるものがある。というのは、それは建築物に精妙な秩序だった装飾を加え、光と影の相互作用を創造するからである。

正面入り口

Front entrance

シーグラム・ビルディングの入り口とそれを庇護する張り出し屋根が、このビルを訪れる人に記念碑的かつミニマリスト的印象を与える。外周を囲むプラザのピンク色の御影石が、途切れることなく建物内部まで続く。それを遮っているのは、全面ガラスの壁だけである。そのため、建物外部と内部の間に境界がないように見えるが、"空間" が非常に異質なものであることによって、それ自体がひとつの障壁になっている。

レヴァー・ハウス

場所
390 Park Avenue, Manhattan
竣工　1952年
建築家
スキッドモア，オウイングス＆メリル

依頼主の石鹸会社の社長がゴードン・バンシャフトに、「とにかく斬新で、清潔で、アメリカ的で、人々の度肝を抜くようなものを建ててくれ」と依頼した時、社長はおそらく、建築家がこれほど完璧に彼の考えを具現化してくれるとは想像していなかっただろう。青緑色のガラスと、完璧に幾何学的な縦横に走るアルミニウムのマリオン（間柱）で構成されるレヴァー・ハウスは、まるで鷲のように遠くを見据えている。それはニューヨーク初の完全に密閉された、空調設備を備えたビルであり、また初の全面ガラス張りのカーテンウォールのビルである。24階の高さしかないレヴァー・ハウスは、今日のガラスのスカイスクレーパーとくらべると小さく見えるかもしれないが、その種のビルのほとんどすべてが、そのデザインの源流をこの小さいが不朽のニューヨークの偶像から発しているのである。

不朽の古典
Timeless classic
究極まで単純化されたレヴァー・ハウスのデザインが鮮明に切り取られた写真。完成からすでに半世紀が経っているが、今でも斬新で、21世紀のマンハッタンに良く融和している。その傍らにポストモダンの建物があるが、それらは時代遅れの装飾によって逆に年齢を感じさせる。

3階建ての基壇

Three-story podium

バンシャフトはレヴァー・ハウスの設計にあたって、ヨーロッパ・モダニストの二大巨匠であるル・コルビュジェとミース・ファン・デル・ローエを参照したことを認めている。とりわけビルの入り口を構成する基壇部分は、ピラーによって持ち上げられた幾何学的なフォルムとなっており、ル・コルビュジェの『サヴォワ邸』からの引用であることは一目瞭然である。

中庭

Courtyard garden

今日では内部に樹木のある吹き抜け空間や中庭を有している企業ビルはそれほどめずらしいものではないが、1952年当時は、そのようなことはほとんど聞かれなかった。この3階建ての基壇部分の中央は開放され、樹木が1階から建物を“貫通して”成長することができるようになっている。また基壇ビルの屋上にも、植栽が設けられている。

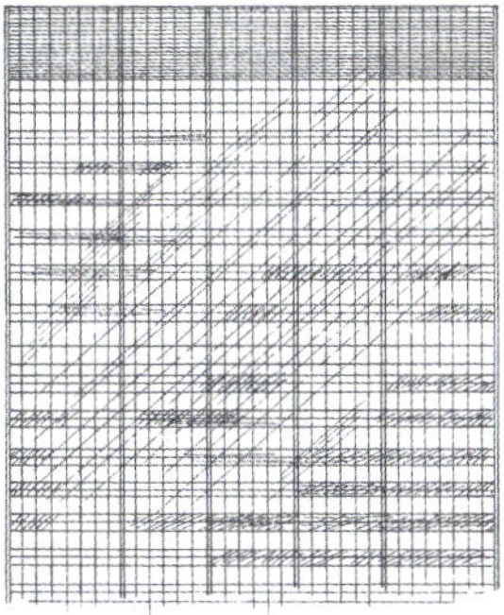

ガラスのカーテンウォール

Glazed facade

レヴァー・ハウスは、ニューヨーク初のガラスのカーテンウォールのタワーであり、海緑色の透明ガラスと不透明な青緑色のスパンドレル・ガラスに覆われている。細いアルミニウムの格子が枠組みを形成し、ファサードを簡潔かつ明快に仕上げている。開閉可能な窓は1枚もなく、ビル全体が完全空調システムで管理されている。

2つの断面図

Section

この図は、レヴァー・ハウスとそれ以前の多くのスカイスクレーパーの間の劇的な変化を分かりやすく示したものである。それまでのタワーは、主に安定性を確保するため、そして地上部分の日照を確保するため、数度のセットバックを行うことを基本に設計されていたが、この新種のタワーは、ガラス・スラブのモノリスとして立ち上がっている。

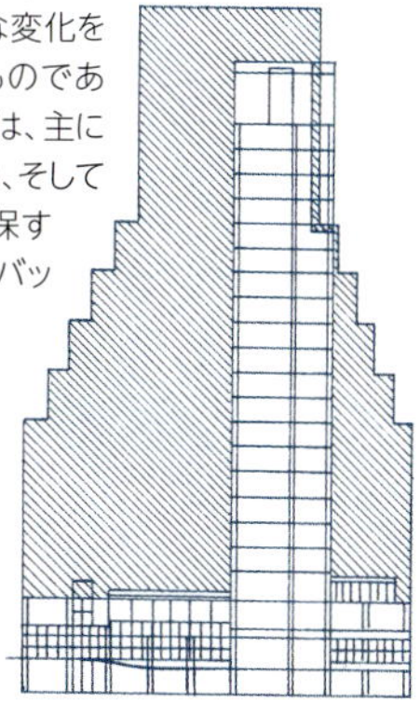

スターレット・リーハイ・ビルディング

場所
601 West 26th Street, Manhattan
竣工 1931年
建築家
ラッセル・コリー、
ウォルター・コリー、
松井康夫

住宅からスカイスクレーパーまで、モダニズムはあらゆる種類の建築物によって表現することができるが、その機能美を最もよく発揮するのは、やはり工業部門であろう。マンハッタンのウェスト・サイド・ウォーターフロントに位置するスターレット・リーハイ・ビルは、モダニスト巨大建築の栄光を今に留める記念碑的建築物である。建物は、貨物列車が内部まで進入し、エレベーターで貨車ごと各階に荷物を届けることができるように設計されており、当時としては前代未聞の巨大工場であった。現在は仕切りのない広々としたフロアーに多くのクリエイティブな企業が入居し、ビル全体を包む横連窓から注がれる日光を存分に享受している。

大股の巨人
Giant strides
歴史的な栄光に包まれた偉観のスターレット・リーハイ・ビル。それは、20世紀初めのそれよりは少し古い建物とはまったく印象を異にしている（前面のビルと比べてみるとその違いが歴然としている）。この19階建てのレンガとコンクリートのビルは、その大きさとファサードの処理によって真のモダニストの美を獲得し、その後のアメリカ建築界に大きな影響を与えた。

ガラスの帯のファサード

Strip-window facade

強化コンクリートの構造部材によって、このビルの構造的統合性が生み出されている。ファサードは、それ自身の重量以外のあらゆる荷重から解放されている。それによって建築家は、ビルを巻くガラスの帯を導入することができるようになった（上）。レンガ組積造の帯によって仕切りを入れられた横連窓が、スターレット・リーハイビルの外観の大きな特徴となっている。

共用バルコニー

Communal balcony

モダニストによる工業デザインは、社会主義や労働者のユートピア的な理想を何らかの形で表現していなければ真に完結したとは言えない。ここでは広い共用バルコニー（下）によってそれが表現されている。工場労働者たちは、ここで休憩を取り、ニューヨークの素晴らしい景色を堪能することができる。とはいえ、そのようなスペースが許容されるかどうかについては異論のあるところだろう。

マッシュルーム型柱

Mushroom columns

内部は間仕切りのない広々とした開放的空間になっているが、それは工場や倉庫にとっては理想的である。設計者は、細いコンクリートの柱を格子状に配置することによって、大きな開放空間を実現した。マッシュルーム型になっている柱頭が、荷重を分散する働きをし、それによってこのような比較的細い構造部材の耐荷重能力が高められている。

マニュファクチャラーズ・トラスト・カンパニー

場所
510 Fifth Avenue, Manhattan
竣工　1954年
建築家
スキッドモア，
オウイングス＆メリル

『環境としての空間：ある建築家の回想』（高木良子訳、新建築社、1977.10）の中で著者のナサニエル・アレクサンダー・オウイングスは、彼の同僚であるルイス・スキッドモアが、彼らの建築設計会社の若いデザイナーたちに向かって、「従来の銀行のイメージを覆すようなデザインを考えてみろ」と挑発している様子を描いているが、その結果生まれたのがこのガラスの箱である。それは1950年代当時、金融機関のためのデザインとしては前代未聞のもので、巨大な金庫室が外からまる見えで、主要な彫刻エレメントのように空間の中心に堂々と据えられている。しかも伝統主義者をさらに挑発するように、そのビルの屋上にはペントハウスと屋上庭園までもが設置されている。

計算高い
Money-minded
マニュファクチャラーズ・トラスト・カンパニーは、しばしば“ランタン”と呼ばれてきたが、夜間内部に明かりが灯されているのを見ると、なるほどとうなづける。当時の金融業界にとっては、このようなビルは大きなショックであった。というのは、それまでの金融業界は、思考においても、建物においても、あくまでも閉鎖的で、要塞的であったからである。

ガラスのファサード

Glass facade

建築設計会社スキッドモア，オウイングス＆メリル内で行われたこのビルのデザインのためのコンペに優勝したのは、スタッフの１人、チャールズ・エヴァンス・ヒューズであった。彼の設計したガラスのカーテンウォールの銀行は、観光客を呼び寄せ、1950年代のニューヨークの観光名所となった。大きな論議を呼んだこのビルは、モダニスト・デザインの完璧な見本であり、すべての細部にまでその精神が貫かれ、新しい時代の幕開けを告げるものであった。

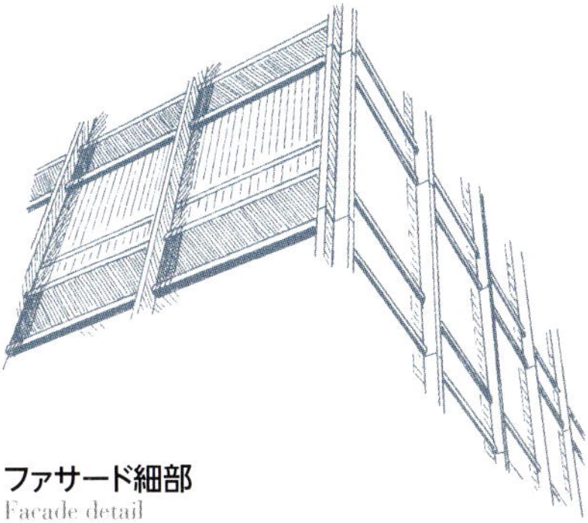

ファサード細部

Facade detail

当時の先進的な建築家の誰もが使いたがっていた素材がガラスである。マニュファクチャラーズ・トラスト・カンパニー・ビルは、彼らすべてが切望するスタイルを具象化した。ここではガラスのカーテンウォールは、着色されておらず透明である。細いアルミニウムのマリオンが枠組みを構成し、階の接合部は濃緑色のスパンドレルで覆われている。

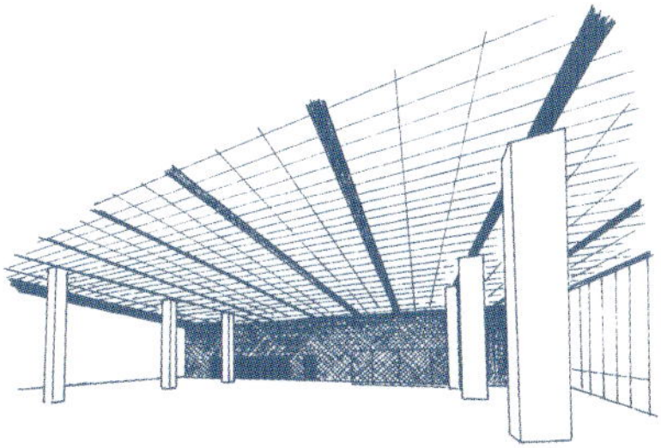

内部空間

Internal space

内部空間も、ファサード外観と同じく開放的である。大きな構造柱以外には何の仕切りもない広々とした事務スペースが、デザインの透明性をさらに引き立てている。空間のミニマリスト的雰囲気を邪魔しないように、照明器具も天井裏に隠されている。

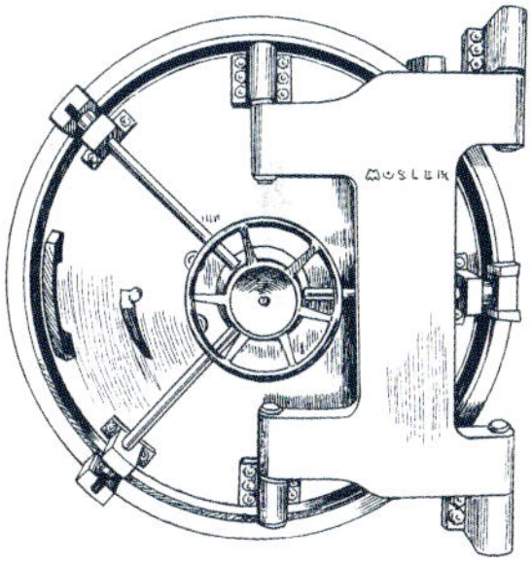

金庫室 Vault

透明な銀行というデザインの中心に位置するのが、金庫室である。それは他の銀行とは正反対に、通行人からまる見えの場所に設けられている。設計と製作を担当したのは、工業デザイナーのヘンリー・ドレフェスである。金庫室の入り口は、この光沢のある重厚なステンレス製のドアによって守られているが、それは安心感を感じさせるだけでなく、彫刻的な美しさも発散している。

ロックフェラー・ゲストハウス

現代住宅
Modern home
隣のビルのローマ風アーチの窓と対照的なロックフェラー・ゲストハウス2階の大きなガラスのカーテンウォールは、床から天井までの大きなひだの厚手のカーテンに覆われ、その奥の寝室を隠している。

両隣りのビルともっと釣り合いの取れていた大きさのビル跡地に建てられたロックフェラー・ゲストハウスは、ミッドタウン・マンハッタンの伝統的な住宅街に佇む小さいが超モダニスト的な住宅である。フィリップ・ジョンソンがミース・ファン・デル・ローエの住宅建築を参考にしながら設計。堅牢なレンガ組積造の1階部分の上に、ガラスのカーテンウォールの2階部分が載っている。印象的なデザインと、元の所有者を表す名前から欲しがる人が多く、最近のオークションでは、1100万ドルで落札された。デザインは当時としてはかなり過激なものだったが、今でも世界中の建築家によって、ほとんどすべての側面が模倣されている。

場所

242 East 52nd Street, Manhattan

竣工　1950年

建築家

フィリップ・ジョンソン

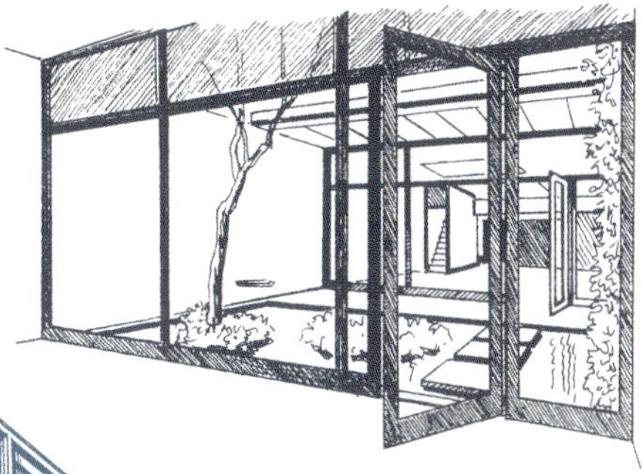

構造枠を見せる側面

Side view showing frame

建物のデザインは、構造的には鉄骨の枠組みの間を、フランス積みのレンガの組積造で埋めたものである。むき出しになったI型鋼によって、建築素材を隠すのではなく、むしろそれを表に出すというモダニスト的な考え方が象徴的に示されている。その結果、半工業的な美しさが感じられ、今でも多くのモダニスト建築愛好家に愛されている。

内部景観

Internal view

ゲストハウスは奥行きの深いうなぎの寝床型になっているが、その中央やや奥に、小さな中庭がある。その前後も大きなガラスのカーテンウォールになっており、そこから建物内部に明かりを採り入れることができる。また、日光反射用の浅い池にはトラバーチンの飛び石が置かれ、住人はそこを伝って次の間に通う。ジョンソンは笑いながらその水上歩行のことを、「安全な危険」と述べた。

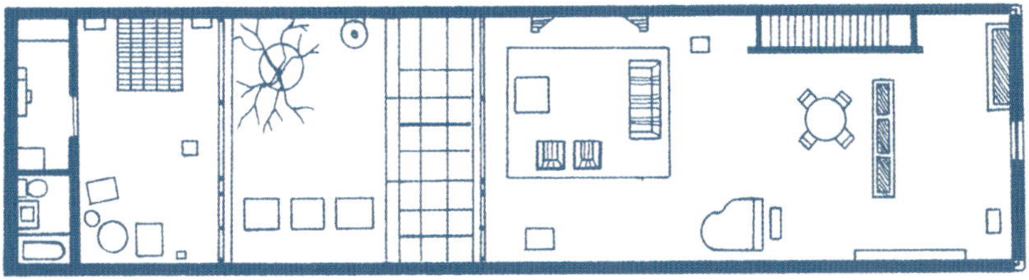

平面図

Plan

狭く長い敷地を有効に活用するため、通りから直接リビングに入るようになっている。何らかの廊下を設けることは、美意識と空間利用の妥協を意味したであろう。住人は中庭の四角い飛び石を伝って、奥のよりプライベートな空間に戻る。

クリムソン・ビーチ

場所
Lighthouse Hill, Staten Island
竣工　1959年
建築家
フランク・ロイド・ライト

　独自の哲学を持った建築家であったフランク・ロイド・ライトは、聡明であったが気難しい面も持っていた。そのためか、当時のニューヨークの景観を創造していた大物企業家からは、あまり好かれなかったようだ。ニューヨークには、彼が設計し完成した建物は2つ——グッゲンハイム美術館とこのクリムソン・ビーチの住宅——しかなく、それらはまったく異なる分野のものであるが、どちらもニューヨークの建築の歴史を語る上で欠かせないものである。クリムソン・ビーチ・ハウスは、ライトが彼のトレードマークであるユーソニアン様式に基づいて設計した組み立て構造の住宅である。それはウィスコンシン州の工場で造られ、その後船でスタテン・アイランドまで運ばれ、1959年に組み立てられた。

水平線の美
Low-rise highlight
水平な帯とゆるやかな勾配の屋根によって強調される大地を抱擁するようなデザイン、これがフランク・ロイド・ライトの設計するほとんどの住宅に見られる大きな特徴である。ライトは、クライアントの住宅のほぼすべての設備や備品——煙突から食器類まで——をデザインしたことで有名であるが、この住宅の場合は、規格化されたデザインの組み立て住宅という点が注目されている。

2階建て Two-story elevation

住宅は通りからは平屋にしか見えないが、斜面を生かして建てられており、裏に回ると2階建てになっている。ファサードは赤色のレンガと白色のメゾナイト（硬質繊維板）で構成されている。桟木が数本途切れることなく横に走り、デザインの水平性を強調している。ライトは素材に深いこだわりを持ち、その特性を知り尽くしているが、ここでも素材の組み合わせによって、細部までまったく隙のない完璧なファサードが生み出されている。

郵便受け Mailbox

敷地の入り口から、この家が普通の家ではないということがひしひしと感じられる。ここでは、金属彫刻のような郵便受けが、レンガの柱に差し込まれた装飾的なフィンによって支持されている。ライトは大量生産型住宅の可能性を追求したが、彼独自の装飾デザインも大事にした。彼は、このような小物をデザインすることが大好きだった。

玄関
Entrance

建物の正面ファサードを横に貫いて走る硬材の桟木が、玄関への道を指し示しているようだ。それは屋根のターンメッキ鋼板による横の線と呼応しながら、ライトのデザインの水平性をさらに強調している。

ザ・ハイライン

場所
10th Avenue between Gansevoort Street and West 34th Street, Manhattan

竣工 1934年

建築家
ニューヨーク・セントラル鉄道、ディラー ,スコフェィディオ＆レンフロ

　ウェスト・サイド・ウォーターフロントのザ・ハイラインは、たびたび事故の原因になっていた、一般道路と並走する貨物専用鉄道を分離する目的で、1929年から1934年にかけて建設された高架鉄道である。1960年に部分的に取り壊され、1980年には完全に閉鎖されたが、最近になって、高架遊歩道型市民公園として新たな命を吹き込まれた。設計を依頼されたのは、建築設計会社ディラー,スコフェィディオ＆レンフロと、景観デザイン会社のフィールド・オペレーションズである。遊歩道は、ところどころ植栽が設けられ、さまざまな植物が繁茂し、ベンチ、展望台、トイレなどの設備も揃っている。その結果、ニューヨーク市民は、自然を満喫しながらスカイスクレーパーの間を散策するという非日常的な体験をすることができるようになった。

鉄道散歩
Railroad walk
以前は、ウェスト・サイドの工業華やかなりし時代を偲ばせるだけの見捨てられた廃墟であったザ・ハイラインは、命を吹き返し、貨車の代わりに散歩する人々を運ぶ遊歩道として甦った。再生計画には、野生の植物や園芸植物による植栽も含まれ、また過去の遺産として線路も一部そのまま保存されている。

ザ・ハイラインの歴史

Historic High Line

一般道路と並走する鉄道を撤去した跡と、新しく建設された高架鉄道が一緒に写っている写真。鉄の支柱によって支えられた高架鉄道を建設したのは、ニューヨーク・セントラル鉄道で、総工費は1500万ドルであった。鉄道は倉庫街の間を抜けながら、船から工場へとさまざまな製品を運んだ。地上から鉄道を撤去したことによって、混雑は緩和し、貨物列車、自動車、歩行者を巻き込んだ事故は減少した。

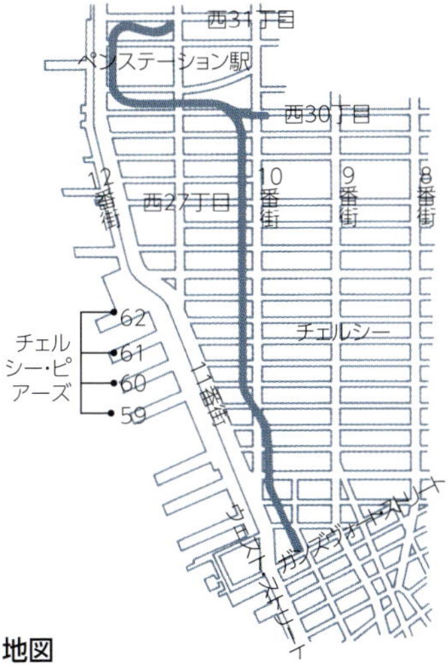

地図

Map

この地図は、貨物列車が実際に運行されていた当時の全路線を示している。新しく建設されたハイライン・パークはそのうちの一部で、最初2009年に、ガンズヴォート通りから西20丁目までが完成した。

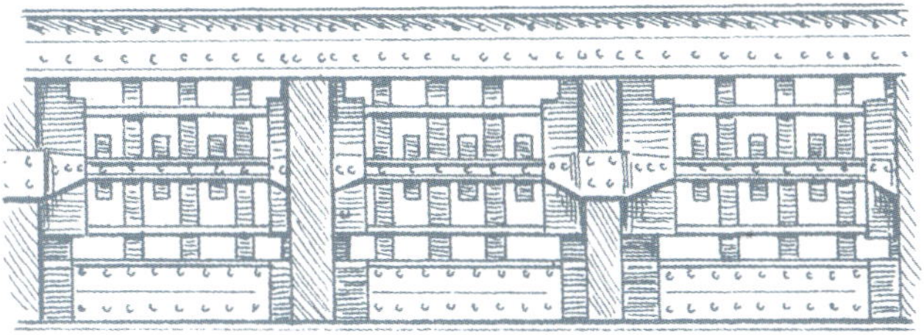

支柱

Stanchion

ザ・ハイラインの躯体は、単なる輸送システムのために造られたもので、特に建築的美観を考えて造られたものではない。しかし図に見られるように、その力強い機能主義はこの高架鉄道の魅力の1つとなっており、この街の工業華やかなりし時代の貴重な遺産である。重量感のある鋼鉄の接合部が、今も線状公園の土台を支えている。

トゥー・コロンバス・サークル

場所
2 Columbus Circle, Manhattan
竣工 1964年
建築家
エドワード・ダレル・ストーン

A&Pスーパーマーケット帝国の後継者であるハンティントン・ハートフォードのコレクションを展示するアートギャラリーとして建設されたトゥー・コロンバス・サークルは、改築前はファサードに東洋的な趣きを感じさせるモダニスト・デザインの傑作であった。そのビルは、建築評論家のエイダ・ルイーズ・ハクスタブルによって、一風変わった柱の形を酷評され、ロリポップ（アイスキャンディー）・ビルと揶揄されたが、多くのニューヨーク市民からは愛された。しかし2007年にそのビルのファサードは、新しい所有者となったアーツ&デザイン美術館によって、全面的に造りかえられた。そしてそれはまた、建築評論家に冷笑されている。

一風変わったコロンブス
Columbus's oddity
それを取り巻く多くのスカイスクレーパーの1つの、見晴らしの良い場所から見たトゥー・コロンバス・サークル。周りの建物とくらべると、かなり小さく見える。台形の区画に建てられたそのビルは、広い円形ロータリーの道路をはさんで、イタリアの彫刻家ガエターノ・ルッソによって制作されたコロンブスの彫像と対面している。

元のファサード

Historical appearance

以前のビルのファサードは、現在の釉薬テラコッタとガラスではなく、白いバーモント大理石によって被覆されていた。エドワード・ダレル・ストーンは幾何学模様を愛した建築家で、このビルでも、金線細工模様やアーチ型の開口部が、ミニマリスト的なデザインに優美さを添えている。

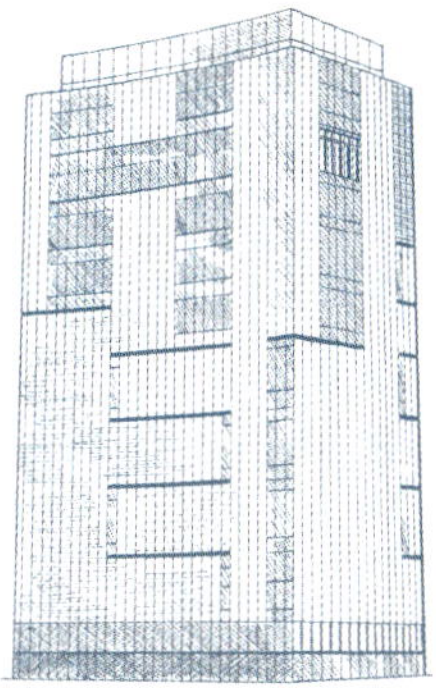

改築後の外観

Modern view

反対の声が大きかったにもかかわらず、アーツ＆デザイン美術館は、元の大理石のファサードを、釉薬テラコッタとガラスで覆った。しかし改築以来このビルには、保存に関して不正な圧力がかけられたといった良くない噂や辛辣な批評が絶えず付きまとっている。

ロリポップ・ピア Lollipop piers

ニックネームのもとになった1階部分の列柱が、トゥー・コロンバス・サークル・ビルの湾曲した大理石ファサードを支えている。その独特のデザインが、大部分モノリス的なスラブであるこのビルに快活さを加えていた。

内部からの眺め Internal view

ビルの内側から眺めると、ファサードを貫く開口部を連続的に設けることによってドラマ性を創造するというダレル・ストーンの天才的なひらめきがはっきり分かる。肩部のあるアーチが彫刻的なおもしろさを生んでいたのに対して、新しいガラスのファサードはただの風雨避けのスクリーンにすぎない。

アーサー・キル・ブリッジ

場所
Staten Island and Elizabeth, New Jersey

竣工　1959年

建築家
ボルティモア＆オハイオ鉄道

アーサー・キル・ブリッジは、世界最大の吊り上げ式可動橋で、建築的遺産というよりは工業技術の成果と呼んだ方がいいかもしれない。しかしその圧倒的な存在感は、人を魅了する。建設当初は、スタテン・アイランドの工業発展の原動力となると考えられていたが、ほどなく産業自体が衰退し始め、また輸送手段も船舶から大型トラックへと変わっていった。そのため橋は時代遅れとなり、1991年に閉鎖された。しかし現在、橋は修復され、ニューヨーク市スタテン・アイランドごみ処理施設で処理されたごみを埋立地へと輸送するために再稼働されている。

時を架ける

Spanning time

幅約180mのアーサー・キル潮汐海峡をまたぐように架けられているこの吊り上げ式可動橋は、それが奉仕していた産業と、それ自体の工業的デザインの両方で、工業が盛んであった頃のニューヨークを偲ばせる。この橋は先代の跳開橋に替わるものとして新たに建設されたものである。

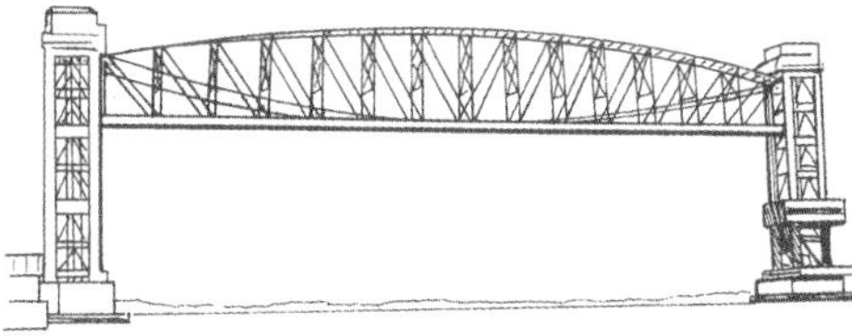

橋を上げた時

Bridge raised

中央のトラス架構部が水面より30mほど上に持ちあげられ、独特の形状を見せる吊り上げ式可動橋。使用していない時は、船舶はその下を自由に往来することができる(左)。

橋を下ろした時

Bridge lowered

橋のトラス架構部は、高さ65mの橋塔に設置されているモーターによって降下される。そうすると、その両端が鉄道線路と連結し、処理されたごみを積んだ列車が渡ることができるようになる(右)。

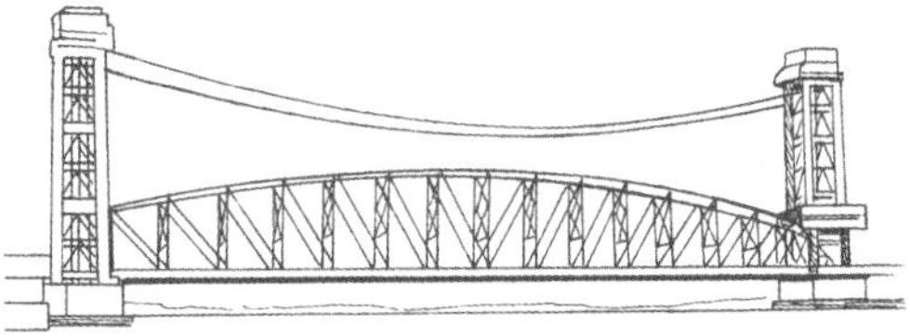

線路沿いの眺め

View along tracks

この巨大トラス架構部は、最も高い中央部で41mの高さがある。橋は、スタテン・アイランドとニュージャージ州の本土を結ぶ単線鉄道のための可動橋である。箱桁と格子状の桁を組み合わせて水平方向の安定性を確保しており、工業技術の水準の高さがそのまま芸術的表現になっている。

支柱

Stanchions

スタテン・アイランド側からの眺め。アーチ型の支柱によって線路が高く持ち上げられ、橋塔部で架構部の線路と連結するようになっている。線路は、強化コンクリートの支柱と頑丈なＩ形の桁によって支えられ、ニューヨークで最も進んだデザインにも関わらず最も知られていない橋の1つへと向かっている。

ウィリアムズバーグ・ハウジズ

場所
Maujer Street to Scholes Street, Leonard Street to Bushwick Avenue, Brooklyn

竣工　1937年

建築家
ニューヨーク住宅供給公社：ウィリアム・レスケーズ

ニューヨーク初のランドマーク的地位を与えられたモダニスト市営住宅団地であるウィリアムズバーグ・ハウジズは、ブルックリンの9.3haの土地を占める大規模な市街地開発事業であった。連邦住宅建築計画の一環として、12棟の老朽化したビルを解体した跡地に集合住宅団地が建設された。新しい住宅の入居者は、社会的に恵まれない階層の人々に限定された。市営住宅団地は4階建てのアパートが20棟、全部で1622戸からなり、総工費1280万ドルをかけて1937年に完成した。その後一時期荒廃したこともあったが、1990年代後半に7000万ドルをかけて全面的に修復された。

半世紀を経た住宅
Period homes

50回目の誕生日の後、装飾し直され、ほぼ1937年当時の姿に戻った市営住宅。強化コンクリートの床スラブの縁が建物外周部に露出し、帯となってファサードを構成している。その中間部は、艶消しの黄色いレンガの組積造で被覆されている。1階部分に目を向けると、モダニストが好んで使う素材であるガラス・ブリックが、小売店舗のための半透明の壁を形成している。

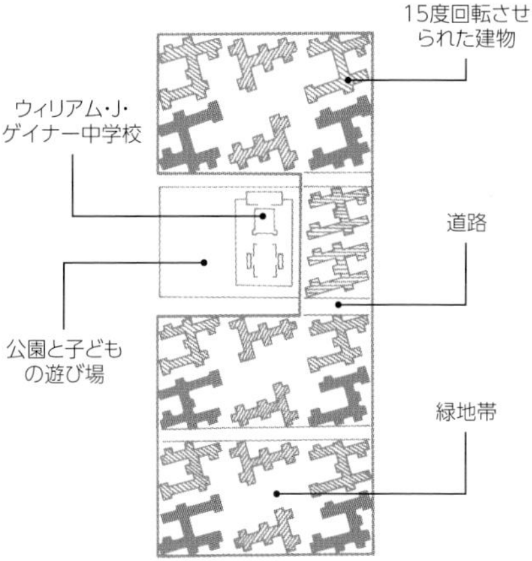

歴史的写真

Historic photograph

完成当初の市営住宅団地を空撮した歴史的1枚。中央の大きな建物がウィリアム・J・ゲイナー中学校、その前が公園と子どもの遊び場。この団地は、従来の市営住宅団地の古いイメージをモダニスト的に一新するものであったが、それが可能であったのは、スイス生まれの建築家ウィリアム・レスケーズが設計リーダーを務めたからである。

団地計画図

Plan of development

格子状に交差する既存の道路とは対照的に、市営住宅団地の4つの区画は、道路に対して15度斜めに回転させられている。それは日照を最大限取り込むためである。単純なようだが、実に重要なデザイン上の決断であった。さらに、建物の間には緑地帯が設けられている。この団地は、多くの市営住宅団地計画が失敗を重ねていた時代における輝かしい勝利であった。そのため、完成時の1937年と変わらず、現在も競争率の高い市営住宅団地となっている。

建物ファサード

Building facade

建物は十字型を組み合わせた形に設計されているが、それは団地内の人の交流を活発にするためである。建物ファサードは、明るい色のレンガとコンクリートで構成され、出入り口は、濃い青色のタイルとステンレス製の張り出し屋根で強調されている。最近の修復作業で、建物の外皮はすべて新しいものに取り換えられた。

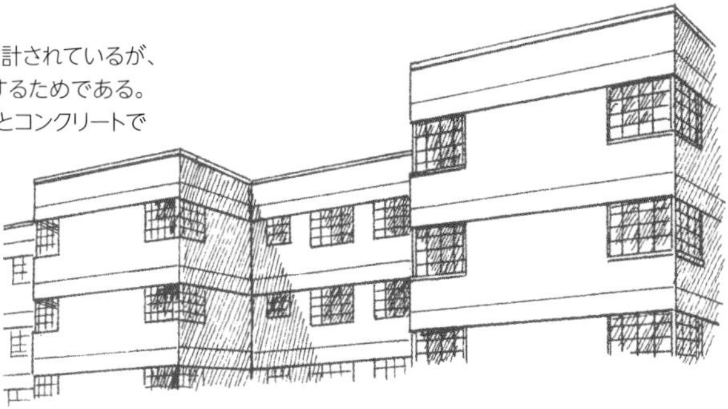

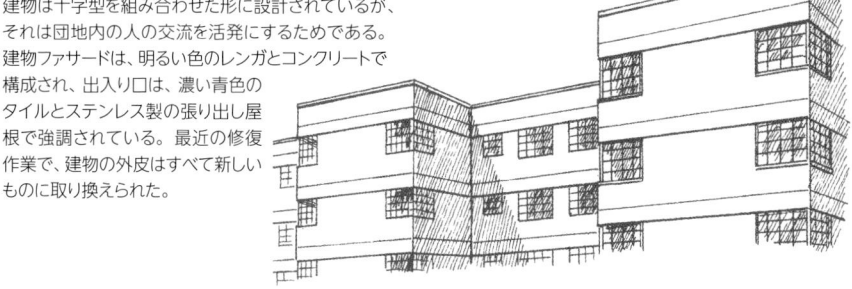

エドワード・ダレル・ストーン自邸

場所
130 East 64th Street, Manhattan
竣工　1956年
建築家
エドワード・ダレル・ストーン

ビクトリア朝時代の褐色砂岩で出来たファサードをはぎ取り、それを床から天井までの全面ガラスの壁に取り換えただけでも大きな反発を生んだが、今度はそのファサード全体をコンクリートの格子で覆ったものだから、エドワード・ダレル・ストーン自邸の隣人や批評家が大変立腹したのは無理からぬことだった。その格子は現在もそのままで、さらにこの住宅は、ニューヨーク市のランドマークにも認定された。そのため1980年代後半に破損して窓が落下した時、その住宅の新しい所有者はランドマーク毀損の罪に問われ、市から修復を言い渡された。このようにエドワード・ダレル・ストーン自邸は、好かれようが嫌われようが、ニューヨークの建築遺産として今も生き続けている。

格子をかぶったファサード
Getting a grilling
エドワード・ダレル・ストーン自邸は、もしそれが現在だったら、けっして建てることは許されなかっただろう。というのはこの地区は、格子をかぶらされた1956年の20年後に、イーストサイド歴史地区に指定されたからである。そのためこのユニークなデザインは、その後も取り壊されることなく今日まで保存されている。

ビフォー

Before

格子がない時でも、この建物のファサードは両隣りとはまったく異質であった。出窓やコーニスといった装飾のないモダニスト的ファサードは、純粋な線と形態の美しさだけが強調され、周囲を伝統的な住宅に囲まれた中でひときわ目を引いていた。

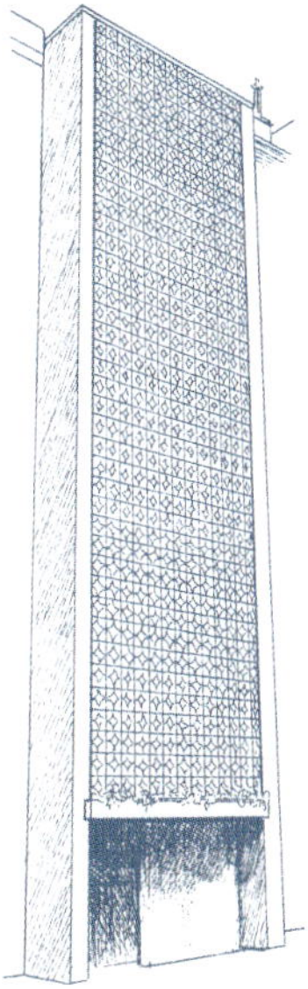

アフター

After

コンクリート製の格子をかぶせることで、外部から建物内部に向かう視線は完全に遮断される一方で、日光は劇的に拡散された。その一方で住人は、ガラスの壁と格子を通して、内部の涼しい聖域から通りを眺めることができる。

格子の細部

Detail of grille

ストーンは、以前、ニューデリーのアメリカ大使館のためにこの格子を使ったことがあった。そこで今度は、自邸のビクトリア朝時代の褐色砂岩をはぎ取り、この素材を使ったファサードで覆うことにした。建築批評家は彼をロマンティック・モダニズムと評したが、それは彼が機能的なデザインの中に装飾的要素を導入するのを好んだからである。

機能的な玄関

Functional entrance

ストーン自邸の玄関は、その上方の装飾的なファサードよりも明確なモダニスト的表現になっており、機能的な美しさが際立っている。それはファサードの中にセットバックされ、屋根のある玄関ホールによって外部の視線から守られている。住居表示の貼られている白大理石の壁面が、清潔さを演出しながら住宅内部のインテリア・デザインを暗示させる。

ヴェラザノ・ナローズ・ブリッジ

場所

Verrazano Narrows, between Staten Island and Brooklyn

竣工 1964年

建築家

オスマー・アマン、ミルトン・ブルマー

アッパー・ニューヨーク湾とローワー・ニューヨーク湾を区切る境界になっている橋、ヴェラザノ・ナローズ・ブリッジは、豪華客船でニューヨークを訪れる人が最初に目にする記念碑的な建築物であり、次に目にする劇的なスカイラインを予告するものである。その橋は、ブルックリンとスタテン・アイランドを結ぶもので、ヨーロッパ人で最初にハドソン川に入ったイタリアの探検家ジョバンニ・ダ・ヴェラッツァーノの名にちなんで名づけられた。現在この橋は、構造的表現主義の代表作の1つとされている。ニューヨーク・シティーマラソンのスタート地点としても有名で、毎年何千人という市民ランナーが、目も眩むような高いアーチ型の橋塔の間を駆け抜けていく。

アメリカ最長の橋

Longest in the US

スパンの長さ1298mは、完成時は世界最長であったが、今でもアメリカで一番長い橋である。建設には5年あまりの工期がかかり、上層デッキの4車線が1964年11月21日に開通し、下層デッキの4車線が1969年6月28日に開通した。

橋塔頂上からの眺め

Aerial view

橋塔頂上からメイン・ケーブルを見下ろす。橋の長さと高さがいかに桁はずれなものであるかがよく分かる。橋塔1つに、100万個以上のボルトと300万個以上のリベットが使われている。4本のメイン・ケーブルは、2万6108本のワイヤを撚り合わせて造られている。

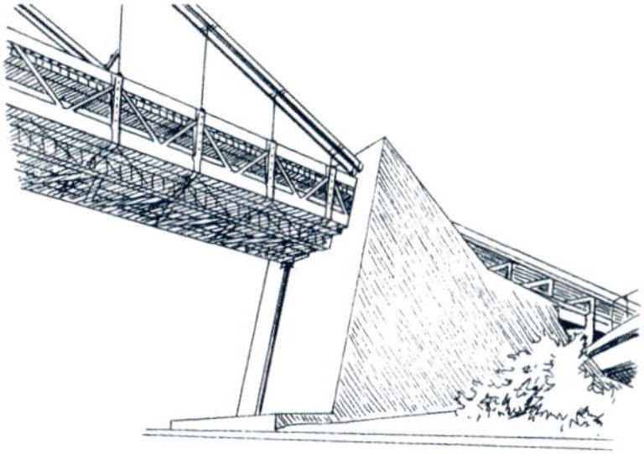

橋台とケーブル

Stanchion and cable

2つの橋塔の高さは210mもあり、そのとてつもない高さと2つの塔の間のスパンの長さのため、設計チームは地球の球面の曲率を計算に入れなければならなかった。すなわち2つの橋塔の距離は、頂上部分と基礎部分では違っているのである。

銘板

Plaque

ブルックリンとスタテン・アイランドの2つのボロウ（行政区）の境界を示す銘板

マンハッタンとの位置関係

Location in relation to Manhattan

ヴェラザノ・ナローズ・ブリッジの下をくぐると、大西洋からアッパー・ニューヨーク湾に入り、正式にニューヨーク市に到着したことになる。その先にハドソン川とイーストリバーへの分岐点がある。橋そのものがかなり高いので、5つのボロウすべての見晴らしの良い場所からこの橋塔を見ることができる。

クイーンズ・シアター・イン・ザ・パーク

場所
Corona Park, Flushing Meadows, Queens
竣工　1964年
建築家
フィリップ・ジョンソン

　このかなり仰々しいデザインのビルは、元々はコロナ・パークで開催された1964万博のニューヨーク州パビリオンとしてフィリップ・ジョンソンによって設計されたものである。1972年に劇場に改造され、その後、クイーンズ・シアター・イン・ザ・パークが建物を買い取り、非営利団体として1993年に開業した。劇場は、万博の時から存続している数少ない建物の1つであり、3つの構造物——ザ・テント・オブ・トゥモロー、展望タワー、サーカラマ（360度スクリーンの映画館）——で構成されている。現在そのサーカラマが劇場として使用されているが、残りの2つの構造物は使用されないまま錆ついている。

未来主義的な過去
Futuristic past
荒廃したままのものと修復されたものが並存しているニューヨーク州パビリオンは、1964万博の浪費——そのパビリオンの建設には数100万ドルを要したが、今はほとんど解体されるか錆びたまま放置されている——と、地方自治体による革新的事業——クイーンズ区はその素晴らしい劇場をここに設立することを積極的に支援した——の両方の良い見本となっている。

記録写真
Archive photo

中央小さく見える円筒形の建物が、現在の劇場である。3基の展望タワーが、この万博で最も高い構造物で、カプセル型のエレベーターが稼働していた。30mの高さの列柱に支えられている楕円形の天蓋が、ザ・テント・オブ・トゥモローで、その床には巨大なニューヨーク州の地図がテラゾで描かれていた。

正面出入り口
Front entrance

万博期間中サーカラマでは、ニューヨークを撮影した映画が360度のスクリーンに映し出されていた。ジョンソンのデザインは、彼のそれまでの厳格なミース主義者的なデザインから離れ、より多く遊びを取り入れたものとなっており、当時の評論家は、それを未来主義と評した。しかし現在では、この建物は、ジョンソンがポストモダニズムへ移行する転機を画したものとして位置付けられている。

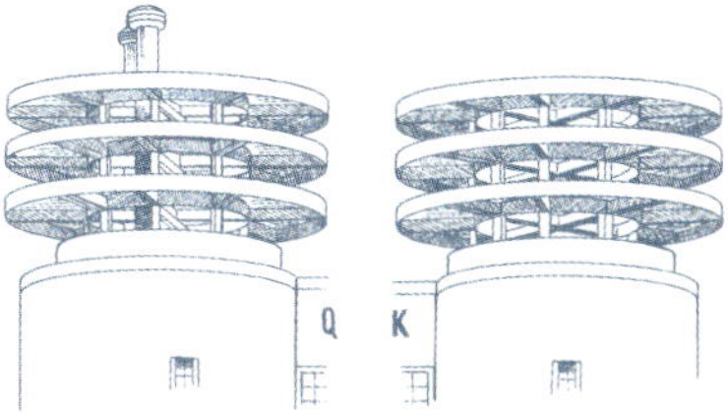

双塔
Towers

劇場入り口の両脇を固める双塔は、背後に放置されたまま立っている展望タワーのミニチュア版である。夜間には照明が灯され、劇場を訪れる人のための灯台になっている。それはまた、劇場自体の円筒形のデザインと呼応している。

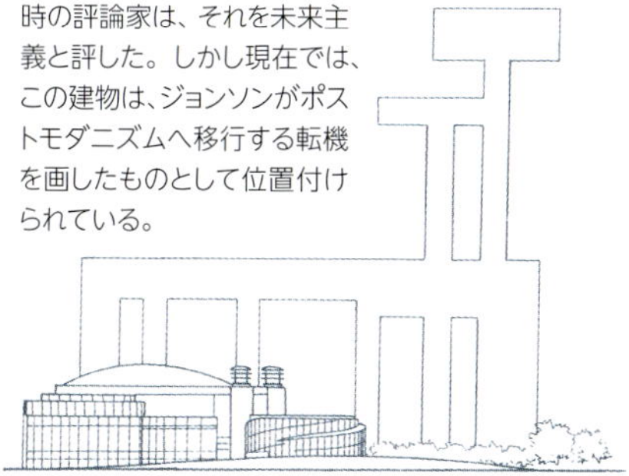

断面図
Section

これは、1964万博のために建設された他の構造物も合わせた劇場断面図である。現在放置されている2つの構造物がいかに巨大なものであるかが良くわかる。背後のザ・テント・オブ・トゥモローや展望タワーとくらべると、前面の劇場が非常に小さく見える。

ニューヨーク科学館

場所
Corona Park, Flushing Meadows, Queens
竣工　1964年
建築家
ハリソン＆
アブラモヴィッツ

ニューヨーク科学館は、クイーンズ・シアター・イン・ザ・パークと同様に、1964年の万博の時に建築され、今も残っている建物の1つである。万博の時に科学館として建てられ、現在もその役目を果たしている。しかしより多くの展示が行えるように、いくつかの建物が増築された。元のホールは、コンクリートとガラスの巨大な構造体で、巻いたカーペットを立てて置いた時に端がほどけたような形をしている。当時はその構造自体が人々を感嘆させ、また内部では、宇宙時代の乗り物が、浮遊しているような形で頭上に展示されていた。現在その前に新しいパビリオンが建てられ、その後ろのコンクリートとガラスの歴史的パビリオンのための親しみやすい入り口となっている。

建築という科学
Building science
ニューヨーク科学館の新しく建設された入り口ウィング。そのモダニズムの建物は、後ろに見える50年前に建てられたコンクリートとガラスの科学館とよく融和している。新しいウィングのロトンダと曲面の壁が、元の科学館の流れるようなフォルムと共鳴している。

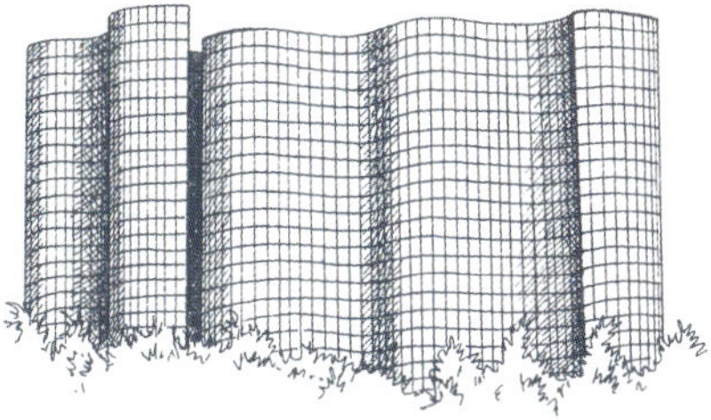

メイン・ファサード

Main facade

ハリソン＆アブラモヴィッツの独創的なデザインは、1964万博の最大の呼び物となった。万博の入場者は、建物と、その中に展示されている宇宙技術の両方を見るために何時間も並んだ。建物のデザインは、そのモダニスト的な雰囲気が、ル・コルビュジェが1958年のブリュッセル万博のために設計したフィリップス館を彷彿とさせる。

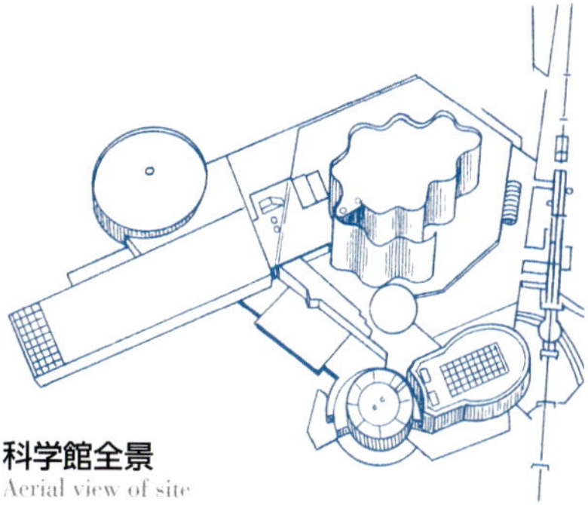

科学館全景

Aerial view of site

元の科学館は、一群の建物の右上の、波打つ形の建物である。その右、斜めに中心線が引かれているのが、ロケットが展示されていた場所を示す。それ以外の建物はあとから増設されたもので、科学館が人気を博し、重要性を増したために建設が決まった。

内部のデザイン

Internal design

元の科学館のファサードを内部から見ると、そのデザインの秀逸さを肌で感じることができる。波打つ形状とコンクリート外皮の格子が、建物に大きな安定性の感覚をもたらし、装飾的な着色ガラスが日光を受け、内部の温度を上げることなしに神秘的な光を注ぎ入れている。

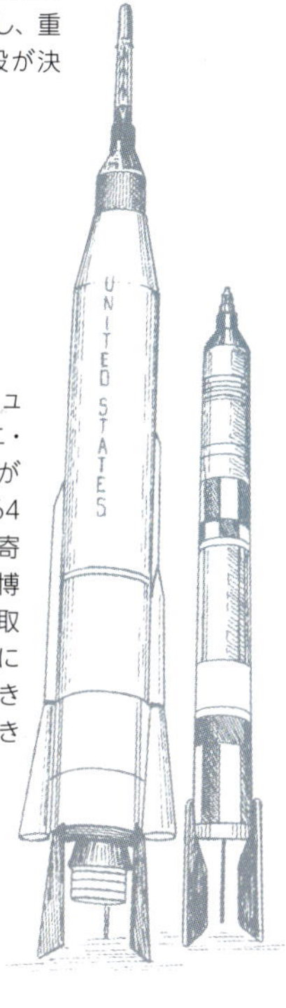

ロケット・パーク

Rocket park

建物の脇には、マーキュリー・アトラスとジェミニ・タイタンの2つのロケットが立っているが、それは1964万博のためにNASAから寄贈されたものである。万博終了後一旦NASAに引き取られていたが、1993年に科学館が再建された時、きれいに修復されて戻ってきた。

TWAターミナル

場所
JFK International Airport, Queens
竣工　1962年
建築家
エーロ・サーリネン

このTWAターミナルほど、飛行への憧れとジェット・エンジン時代の興奮を形で表現した建物はないだろう。設計したのは、フィンランド人建築家のエーロ・サーリネンである。建物自体が急降下しているような翼を持ち、ほとんどすべてコンクリートで造られているにもかかわらず、浮いているような軽さがある。出入り口は、コンクリートの天蓋に覆われた暗く見えるガラスのファサードを通り抜けたところ、低くかがんだ“機体”の下にある。その中に入ると、大きな窓を通して眼前に飛行場が広がり、その向こうに滑走路が伸びている。

飛翔するコンクリート
Flying concrete
サーリネンは、翼を広げた形に建物をデザインすることによって、コンクリートを軽く見せることに成功している。内部でも、階段が宙に浮いているように見える。

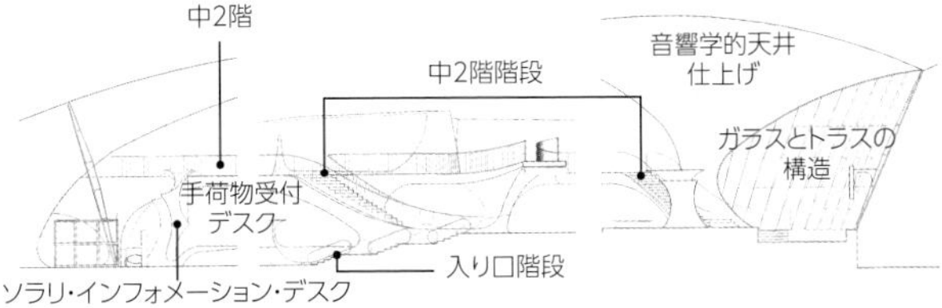

建物立面図

Building elevation

滑走路の想像上の1地点から見たTWAターミナルの正面図。展望所の窓の大きさが良く分かる（上図）。サーリネンは、荷重を構造全体にわたって放射状に均等に分散させながら地上に伝達させ、コンクリートの屋根を薄い殻のようにデザインしている。

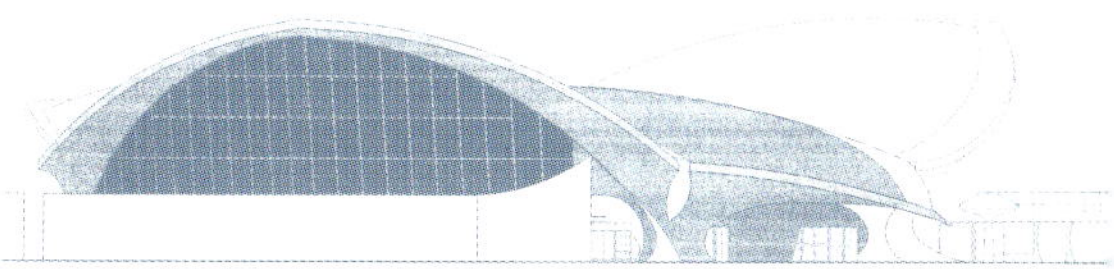

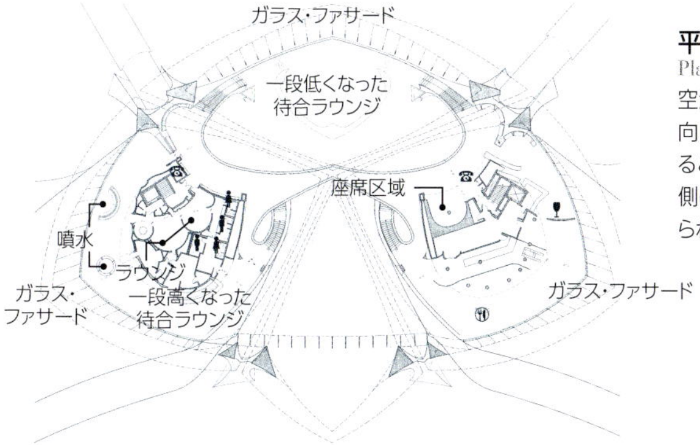

平面図

Plan

空港の中に入るとすぐに、乗客は窓の向こうに空港全体が広がるのを眺めることができる。待合ラウンジの両側に、搭乗口への通路——新しく設けられた——がある。

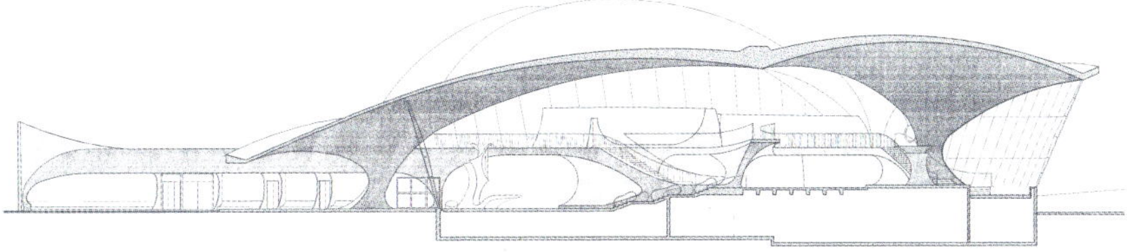

断面図

Cross section

サーリネンのデザインのダイナミックなフォルムを示す断面図。建物内部が2階建てになっており、コンクリートの外皮がとても薄いことが良くわかる。建物全体にわたってほとんど直線が見られないが、それは建築家が、全体を通してダイナミズムと未来主義的な美しさを喚起しようと意図したからである。

ソロモン・R・グッゲンハイム美術館

場所
1071 Fifth Avenue, Manhattan
竣工　1959年
建築家
フランク・ロイド・ライト

特異な象徴
Idiosyncratic icon

ニューヨークにはユニークと評される建物がごまんとあるが、このグッゲンハイム美術館ほど異形のものはない。この美しい螺旋を描く一風変わった構造物は、ニューヨークのもう1つの象徴的建物であるエンパイア・ステート・ビルのすぐ近くにある。

美術館のデザイン自体が中に展示されている絵画の影を薄くするとか、曲面の壁は作品が展示しにくいなどの理由で、当初は批判の矢面に立たされていたソロモン・R・グッゲンハイム美術館は、フランク・ロイド・ライトの設計した建物の中でも最も有名なものの1つである。実際、工事が始まる前から、その建物と建築家は紙面を賑わせていた。ずけずけと物を言うことで有名だったライトは、「私の新しい美術館が完成すると、メトロポリタン美術館はプロテスタントの馬小屋のように見劣りがするだろう」と言った。建設期間中、ウィリアム・デ・クーニングやロバート・マザウェルを先頭にした21人の画家が連名で、こんな型破りな空間に自分たちの作品が展示されることに反対するという声明を出した。それに対してライトは画家たちに、この新しい展示場にふさわしい絵画を制作してはどうかと応じた。建物の設計は、1940年代半ばに完成したが、第2次世界大戦とソロモン・R・グッゲンハイムの死去の影響で建設は遅れた。また不幸なことに、ライト自身も建物の竣工1か月前に亡くなった。1992年に、元の曲面の建物の横に、10階建てのタワーが造られた。設計したのは、グワスミー・シーゲル&アソシエイツであったが、それを付設することについても再度論議が起こった。というのは、そのライトの傑作は、すでにニューヨークを象徴する建物として定着していたからである。

ソロモン・R・グッゲンハイム美術館

美しき変人

Beautiful oddity

グッゲンハイム美術館は、外部から見ると人を寄せつけない要塞のように見えるが、内部は、大きな天窓のおかげで光に満ちている。そしてこの建物は驚きに溢れている。

見どころ

ソロモン・R・グッゲンハイム美術館は、一言でいえば、螺旋を描きながら上昇する強化コンクリートの帯である。しかしこのように要約してしまったのでは、その建物の持つ荘厳さをほとんど表現することはできない。というのは、ライトはその建物を、静かな、崩れることのない大きな波のようなものとして思い描いていたからである。実際、建物の内部に入ると、それまでの美術館の常識は覆され、鑑賞者は壁にさえぎられることなく流れるように、連続的に展示されている絵画を鑑賞することができる。中央の吹き抜け空間は、平らなリブによって支えられた天窓からの光に満たされている。しかし残念なことに、その光は下の空間を明るくすることはできるが、大きく張りだした通路が作品に影を落としてしまうという欠点があり、人工的な照明が必要となった。ライトの建物の後方に新設された10階建てのタワーは、劇的に対照的な建物である。同じくモダニスト様式の建物であるが、矩形の立体で、元の美術館の曲面とは違和感がある。とはいえ設計者のグワスミー・シーゲル&アソシエイツは、内部では、ライトの連続的なランプ（傾斜路）という考え方を矩形の枠組みの中に適用している。この2つの建物が連結されているのを眺めることも、ユニークな経験となるだろう。

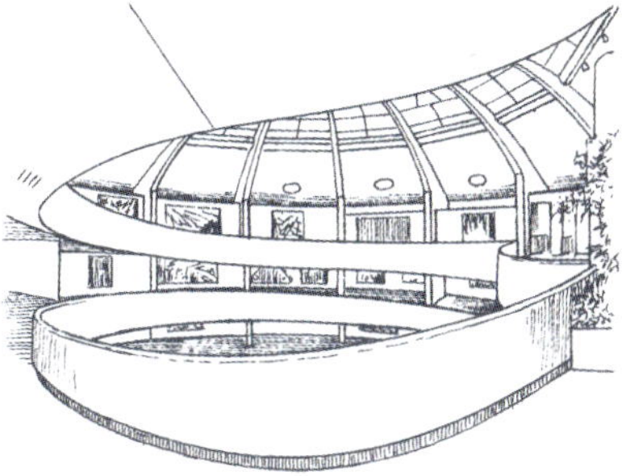

ランプ
Ramp

ライトは美術館を、これまでに類を見ない螺旋形状にすることに決めたが、それは彼が、入場者がエレベーターで最上階まで行き、そこから螺旋状のランプを歩いて下りながら絵を鑑賞し、最後に１階まで下りてくるということを想定したからである。

天窓
Skylight

中央吹き抜け空間の上の鋼鉄のフレームで支えられた天窓という形は、この建物の外見とは裏腹に古典的な形式であると同時に、ライトの独創性の光るデザインでもある。それは境界を押しやるという点ではモダニスト的といえるが、いかなる前例も持たない彼独自のものである。

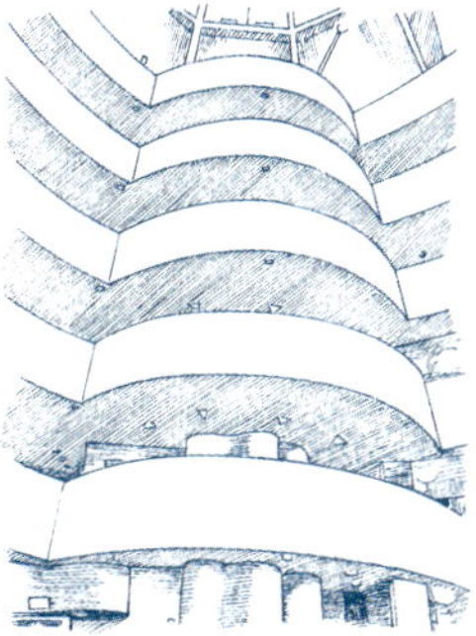

エレベーター・シャフトを包む曲面
Curves meet the elevator shaft

くるくると巻いたリボンという外観のイメージを持続させるため、内部ではランプが内側に張り出し、エレベーターシャフトを包み込んでいる。ここでもライトのデザインは、形態と機能の難しい接点をクリアし、統合性と美しさを維持している。

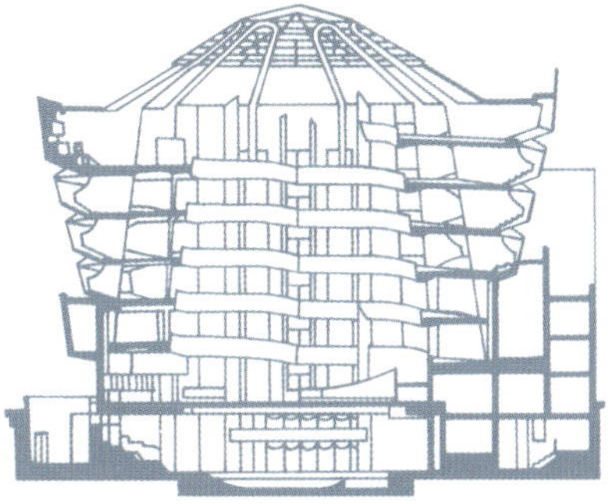

断面図
Section

強化コンクリートの螺旋状の壁は、外側は外部に向けて傾き、内側は内部に向けて傾いている。それは当時の建築技術を限界まで駆使して可能となったものである。さらにこの断面図を見ると、天窓の大きさと高さが良くわかるが、それはただ外周部のコンクリート壁だけで支えられている。

EARLY MODERNIST

ロケーション・マップ

モダニズムが建築の世界をひっくり返したのは20世紀初めであったが、実際にニューヨークを席巻し始めたのは、1950年代になってからである。国際様式——モダニストの一分派——が、ニューヨークの街角にガラスで覆われたスカイスクレーパーを出現させ、未来主義は奇抜なデザインで古典的様式に挑んだ。とはいえ現在から見ると、その宇宙時代の幕開けの楽天主義はやや滑稽である。また、シーグラム・ビルの厳格なモダニスト的形式主義と、JFK国際空港TWAターミナルの軽やかな曲面を対比してみるのも楽しいことである。

1 **国連本部ビル**
First Avenue between East 42nd and East 48th Streets
p.156

2 **ニューヨーク近代美術館(MoMa)**
11 West 53rd Street
p.160

3 **ニュー・スクール・フォー・ソーシャル・リサーチ**
66 West 12th Street
p.162

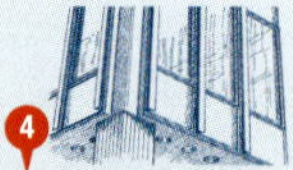

4 **シーグラム・ビルディング**
375 Park Avenue
p.164

5 **レヴァー・ハウス**
390 Park Avenue
p.166

6 **スターレット・リーハイ・ビルディング**
601 West 26th Street
p.168

7 **マニュファクチャラーズ・トラスト・カンパニー**
510 Fifth Avenue
p.170

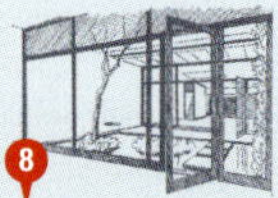

8 **ロックフェラー・ゲストハウス**
242 East 52nd Street
p.172

9 **クリムソン・ビーチ**
Lighthouse Hill
p.174

10 **ザ・ハイライン**
10th Avenue between Gansevoort and West 34th Streets p.176

11 **トゥー・コロンバス・サークル**
Two Columbus Circle
p.178

12 **アーサー・キル・ブリッジ**
Staten Island and Elizabeth, New Jersey
p.180

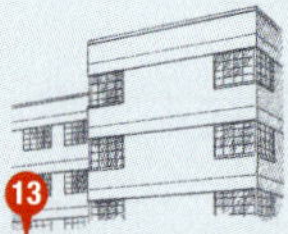

13 **ウィリアムズバーグ・ハウジズ**
Maujer Street to Scholes Street, Leonard Street to Bushwick Avenue
p.182

14 **エドワード・ダレル・ストーン自邸**
130 East 64th Street
p.184

15 **ヴェラザノ・ナローズ・ブリッジ**
Between Staten Island and Brooklyn
p.186

16 **クイーンズ・シアター・イン・ザ・パーク**
Corona Park, Flushing Meadows
p.188

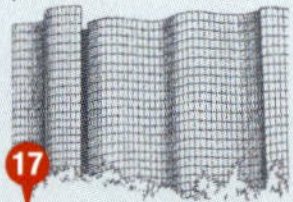

17 **ニューヨーク科学館**
Corona Park, Flushing Meadows
p.190

18 **TWAターミナル**
JFK International Airport
p.192

19 **ソロモン・R・グッゲンハイム美術館**
1071 Fifth Avenue
p.194

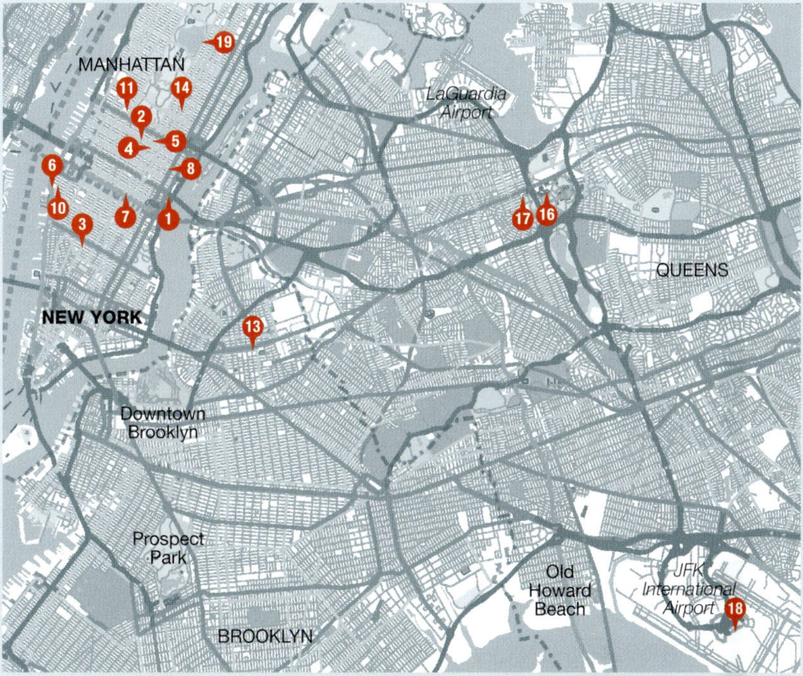
19
MANHATTAN
11
14
2
5
4
8
6
10
7
1
3
LaGuardia Airport
17
16
QUEENS
NEW YORK
13
Downtown Brooklyn
Prospect Park
Old Howard Beach
JFK International Airport
18
BROOKLYN

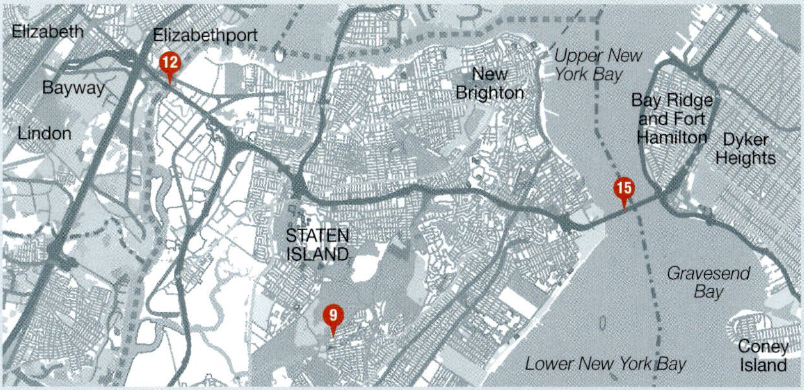
Elizabeth
Elizabethport
12
Bayway
Lindon
New Brighton
Upper New York Bay
Bay Ridge and Fort Hamilton
Dyker Heights
15
STATEN ISLAND
Gravesend Bay
9
Lower New York Bay
Coney Island

MODERN & POSTMODERN

モダン&ポストモダン

モダニズム+何か

Modernism and some

エイト・スプルース・ストリートをはじめとするニューヨークの最新建築は、モダニズムの効率主義に、以前は想像することすらできなかったような、コンピューターを駆使したデザインによる洗練された美しさを結合させている。

現代建築は20世紀の産物であるが、それ以上に、過去の大げさな建築的ジェスチャーに対する反動の産物でもある。両大戦の間に台頭してきたモダニズムは、装飾に対立するものとして、フォルム、線、機能を前面に押し出した。しかしそれは時に、不慣れな大衆の目には評価するのが難しいものであった。

モダニストによるデザインの多くは、建築家仲間からは支持されたが、大衆には受けが良くなかった。高い理想の下に設計された大規模住宅団地は、ことごとく失敗した。しかしそれ以降も、モダニズムに基づくプロジェクトは、新たな"伝統"を造るために邁進した。大衆がだんだんとそれを受け入れるようになってきたからである。

厳格と受け取られがちなモダニズムに対するポピュリスト的な解決策が、ポストモダニズムである。モダニズムの空間的および機能的な考えを受け継ぎながらも、それを鮮やかな色や装飾で修飾した。ポストモダニズムは次にくる偉大な建築運動であると喧伝された。しかしそれはすぐに、一過性のものであることが判明した。ニューヨークは、ポストモダニズムの光と影を映し出している——オーストリア文化フォーラムは秀逸なポストモダン建築であるが、対してソニー・ビルディングは品のない皮肉の典型である。

現在建築は、定義されるのを拒む方向に進んでいるようだ。ワン・ワールド・トレードセンターは、建築の新しい時代の到来を告げるものとなるであろう。

ニューヨーク・タイムズ・ビルディング

場所

620 Eighth Avenue, Manhattan

竣工 2007年

建築家

レンゾ・ピアノ

ビッグ・ニュース

Big news

ニューヨークを代表する報道グループのための社屋であるニューヨーク・タイムズ・ビルディングは、高さを競うことが無意味となった時代において、これ以上に知的で優れたビルを造ることができるかと建築家に挑戦状を突きつけているような鉄とガラスのモノリスである。建物のフォルムと機能のすべてが、効率よく活用されることを主眼に置いて微調整されている。

イタリアの建築家レンゾ・ピアノは、世界に対してそのシルエットを誇らしげに自慢する象徴的なスカイスクレーパーを創造するという風潮に背を向け、ニューヨーク・タイムズ・ビルディングを、そこで働く人々に最高に奉仕するマシーン、緻密に計算された知的構造体として設計した。しかしそう言ったからといって、そのビルが何のオーラも発していないというわけではけっしてない。ニューヨーク・タイムズと姉妹誌のための52階建て（クライスラー・ビルよりもほんの60cmだけ低い）の新社屋は、ミッドタウン・マンハッタンのスカイスクレーパーの中でも確かな存在感を放っている。2001年にピアノは、1913年以来となるその新聞社の新社屋の設計コンペに優勝した。彼のデザインは、ハイテク様式——彼やノーマン・フォスターなどの彼の仲間の建築家で有名な——と、1950年代から60年代にかけてニューヨークを席巻した国際様式を統合したものである。たとえば、ニューヨーク・タイムズ・ビルのロビーは、内部空間と外部空間の境界をあいまいにしたもので、それはミース・ファン・デル・ローエの代表作であるシーグラム・ビルと同質である。さらにタワーの構造的枠組みをそのまま露出させているところも同じである。鉄骨の梁、柱、対角線上の筋交い、支柱などすべてが露出している。この建物は間違いなく現代的であるが、同時にモダニストのルーツを示していて、どこか郷愁を感じさせる。

The New York Times
6779
Clean Air Hybrid

ニューヨーク・タイムズ・ビルディング

インサイド・ストーリー

Inside story

ニューヨーク・タイムズ・ビルディングの透明性は、夜に見ると最もよくわかる。そのタワーは、アメリカで最も権威ある新聞社の社屋として、ニューヨークの夜空に誇り高く輝いている。

見どころ

ニューヨーク・タイムズ・ビルディングは、この街で最も環境に優しいスカイスクレーパーかもしれない――“かもしれない”というのは、建築家のレンゾ・ピアノが、アメリカの環境認証基準LEEDによる認証を拒んだからである。彼はその認証は項目にチェックを入れるだけの単純作業にすぎないと切り捨てた。ピアノはただ未来を見据え、この建物をできる限りエネルギー効率の良いものにすることだけを考えた。外部から見た時、それを最もよく示しているのが、建物の外皮を覆うように水平方向に張られた無数のセラミック・チューブである。それはすだれのように内部に影を造り、建物内部に侵入する光を拡散させる。内部では、床下に設けられた迷路のようなダクトが、新鮮な空気を足元から作業空間に送り込む。ここでは、暖気や冷気は天井から下に向けて放出されるのではなく、床から上に向けて放出される。従来の前者の方法は、本質的に非効率的なやり方である。

とはいえ、一般の人がニューヨーク・タイムズ・ビルディングを体験することのできる外部からでは、内部の空気の質は判断できない。しかし人々は、ガラスのタワーの心臓部を覗き、建物の周囲に螺旋を描く赤い階段を記者たちが慌ただしく徒歩で昇降しているのを眺めることができる。この透明性こそが、企業の宮殿であるニューヨークの多くのスカイスクレーパーとピアノのデザインを峻別するものである。

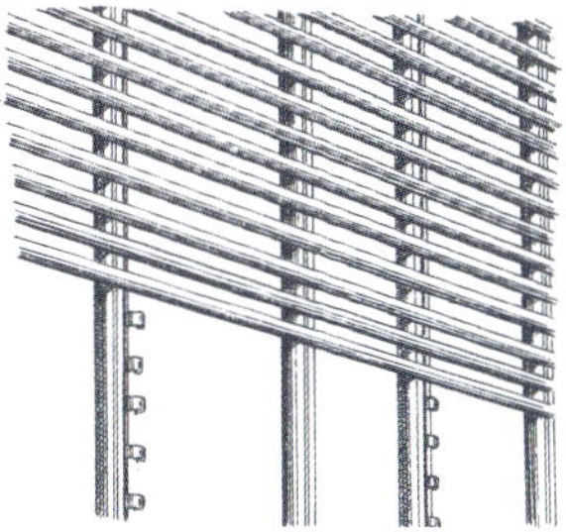

ファサード

Facade

建物のガラスのファサードは、18万6000本の細いセラミック・チューブでできた2番目の外皮で覆われている。そのチューブはすだれのように作用し、日光を反射して室内の温度が上昇するのを防ぐと同時に、それを拡散させて室内に招き入れることによって眩しさを解消し、快適な作業空間を創造する。

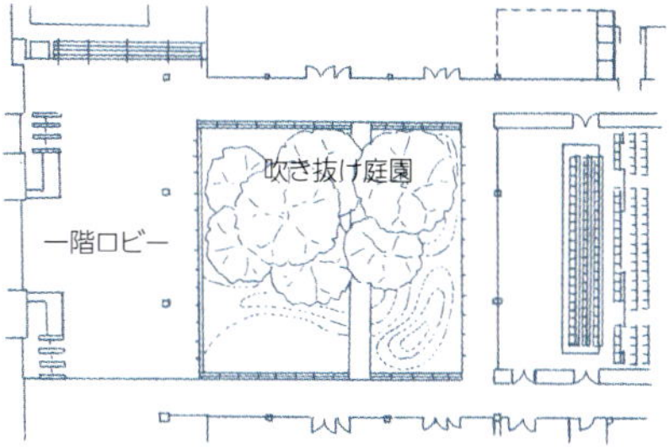

中庭平面図

Courtyard plan

内部では、吹き抜けの中庭がこのビルの最大の特徴である。細い幹の白樺が苔のようなカーペットから何本も伸びている。それは自然のオアシスで、その手前の、石とガラスの整然としたロビー空間と美しい対照を見せている。

表玄関

Main entrance

新しいものと古いものの共存――世界中の空港や駅の売店で目にするニューヨーク・タイムズの独特の渦巻き型のロゴが、新聞社の新社屋の2番目の外皮に鮮やかに浮かび上がっている。そのビルは21世紀の理想をしっかりと抱卵している。

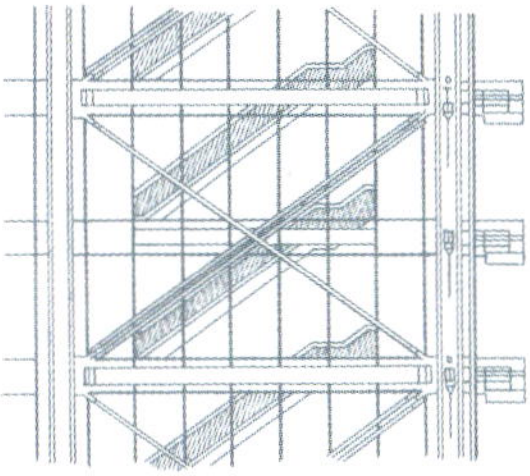

階段室

Stairwell

モダニストの理念に従い、建物の機能的側面が重要視されている。階段は赤色で強調され、ガラスのカーテンウォールを背景にとても良く目立つ。それは建物の透明性の印象を高めると同時に、どこよりも早くアメリカ国民に吉報を知らせようと働く人々の様子を通行人が垣間見ることを可能にする。

コニーアイランド駅

場所
Stillwell Avenue, Brooklyn

竣工　1919年；
改築2004年

建築家
キス＆カスカート

　高く持ち上げられた構造物の上に建てられているニュー・ウェストエンド・ターミナルは、元々は1919年に、コニーアイランドのいくつかの蒸気機関車駅を統合するために建設されたものであった。この駅はニューヨークの地上を走る鉄道網にとって要となる駅で、21世紀の始めに大規模な改築工事が行われた。設計を行ったのは、キス＆カスカートである。建築家は、元の駅に敬意を表してファサードをテラコッタで覆った。とはいえ、新築されたガラス張りのプラットホームの屋根は薄いフィルム状の太陽光発電パネルで覆われており、この駅は再生可能エネルギーを活用したアメリカ最大の公共交通機関駅となった。

古いものと新しいもの
Old and new
古めかしいロゴの駅名表示と緑色に塗装された鉄骨が、元のニューウェストエンド・ターミナルを思い出させるが、新調されたテラコッタのファサードが、この駅が全面的に改築されたことを物語っている。かつては、鉄道全盛時代の栄華を示す遺構にすぎなかったものが、再び大量輸送機関の中心的担い手として蘇った。

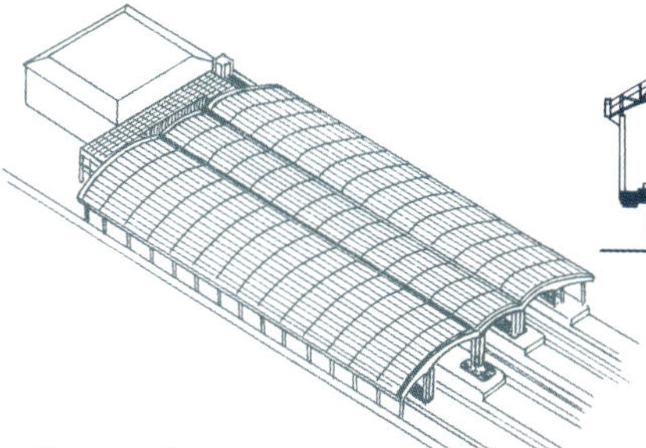

ガラスのプラットホーム屋根
Glass train-shed roof

列車の到着を待つ乗客を風雨から守ること、そして巨大な3階建ての駅舎に光を通すこと、この2つの役目を持つガラスの屋根には、薄いフィルム状の太陽光発電パネルが張られている。そのパネルによって太陽エネルギーが集められ、それが電気に変えられて、駅の必要電力の一部をまかなっている。

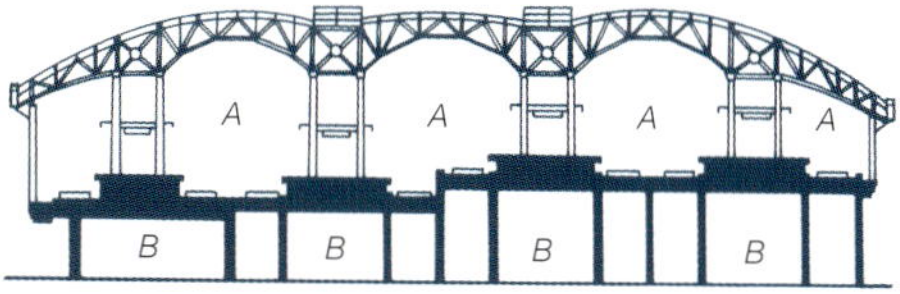

駅構内断面図
Section through the building

一段高く持ち上げられた線路とガラス屋根に覆われたプラットホーム（A）。その線路の下にはバスの停留所(B)があり、バスに乗り換える乗客は1階に下りるだけで良い。こうして駅という限られた土地が二重に有効活用されている。

鉄骨アーチ構造の屋根
Steel arched roof

19世紀後半から20世紀初めにかけての古い駅舎の屋根を彷彿とさせるこの鉄骨アーチ構造の屋根は、装飾的であると同時に構造的必要性からも生まれたものである。両外側のアーチは、1本の線路だけを覆っているが、中央の3つのアーチは、それぞれ2本の線路を覆っている。

ジッグラト
Ziggurat

コニーアイランド駅の栄光を示す標識が、ジックラトである。世界中のポストモダニスト建築家が好むそのピラミッド型の塔は、装飾的な標識以外にはほとんど意味はなく、このエネルギー効率の良い21世紀型の駅にはあまり似つかわしくない要素である。

アメリカン・フォーク・アート美術館

場所
45 West 53rd Street, Manhattan

竣工 2001年

建築家
トッド・ウィリアムズ&ビリー・ツィン建築事務所

一見しただけでは、ただの閉ざされた石の壁のようにしか見えないかもしれないが、じっくり眺めるとアメリカン・フォーク・アート美術館は、内部に展示されている民芸品の歴史同様に、ゆっくりと自らを開き始める。トッド・ウィリアムズとビリー・ツィンの2人の建築家によって設計されたこの美術館は、2787平方メートルの床面積を持つ8階建てのビルで、世界中から収集した民芸品を展示している。建物は2001年に完成し、以前の4倍の展示スペースを持つことになった。この美術館は、2人の新進建築家がニューヨークで最初に手掛けた高層建築である。その建物は、建築的な決まりごとを裏切るものであるが、素材とフォルムの斬新な組み合わせは、間違いなくモダニスト的である。

切り子のファサード
Faceted facade
この建物が、1つの基壇を共有する2つの建物の間に滑り込ませたようなものだったら、これほど目立つ存在ではなかったかもしれない。しかしアメリカン・フォーク・アート美術館は、ミッドタウンのタワーの中に独り屹然と立ち、異彩を放っている。この美術館は、建築的にも霊感的にもそれ自体が強靭な意志であり、訪れる人に、その存在そのものと中に展示されているものの両方の意味を問いかける。

ファサード

Facade

青銅合金トムバジルの63枚のパネルで覆われた美術館のファサード（右）は、高さが26mある。そのパネルの形状の背後にある考え方は、それらが全体として（角度の異なる3つの平面によって）人間の手の形を表現し、また日光を異なった角度で捕獲することによって、時間ごとにファサードの表情を変化させる、というものである。

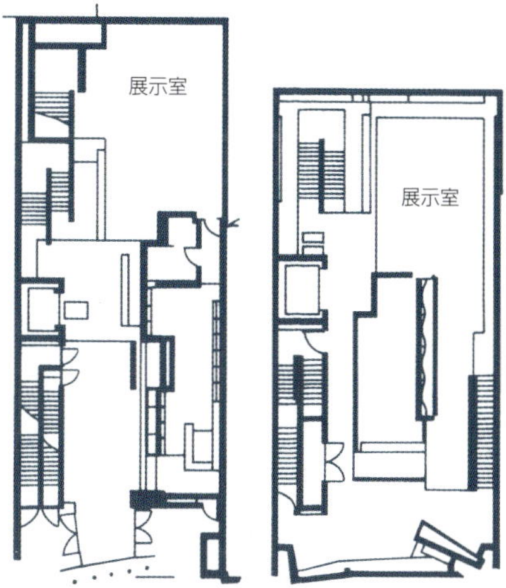

出入り口　　2階から上

内部展示室（左）

Interior gallery (left)

アメリカン・フォーク・アート美術館は、その外観同様に、内部空間も異質であり、それ自体が1つの彫刻である。展示室はほとんど装飾を受けていないが、ドラマが感じられる。重厚な素材——石、金属、緑色の厚いガラス——が使われることによって、館内に、永劫あるいは畏怖の空気さえもが漂っている。

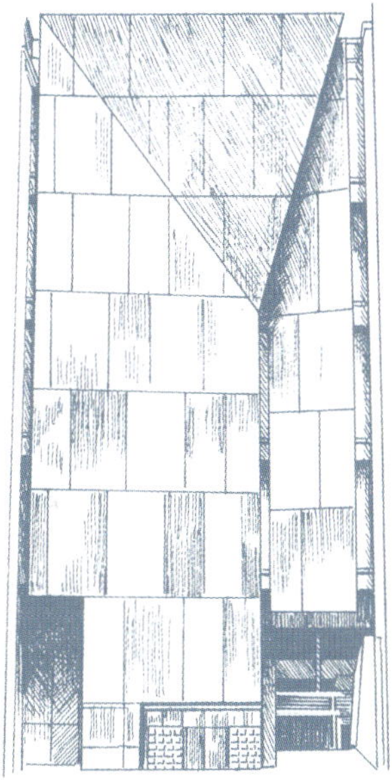

平面図

Plan view

平面図（左）を見ると、美術館内部が全体として矩形で構成されていることがわかる。1階部分では、出入り口が前に突き出した形になっているが、それは1枚のファサード・パネルによって隠されている。2階から上の平面図では、中心に吹き抜けがあり、巡回路は建物の左側に寄せられ、展示スペースが右側に設けられている。

シティグループ・センター

場所
153 East 53rd Street, Manhattan

竣工 1977年

建築家
ヒュー・スタビンズ&アソシエイツ；エメリー・ロス&サンズ

ニューヨークのスカイラインの中で、高さ279mのシティグループ・センターほど、鈍重な巨体をさらしている建物はないだろう。それはクライスラー・ビルやウールワース・ビルのような優美なタワーに対するアンチテーゼである。空間を最大限活用するために柱がほとんど使われていないそのビルは、セントラル・コアと、底面4辺の中央にある巨大な脚によって支えられている。非対称的な斜角の頂部の内部には、巨大なダンパー（緩衝機械）が据え付けられ、風圧による建物の振動を吸収し安定させている。建物内部は、小売商店街やサンクンプラザ、事務所、レジャー施設などに使用されている。

頂部
High point
ぶざまに見えるが、シティグループ・センターの頂部のデザインは、他に例を見ないほどに強い印象を与える。またタワー基部の柱が、四隅ではなく辺の中央に位置しているのも例外的だ。その理由は、この土地の前所有者であったルーテル聖ペテロ教会が、ビルが上からかぶさるようになっても良いから、通りの角の位置にそのまま存続できるようにすることを条件に土地の売却に応じたからである。

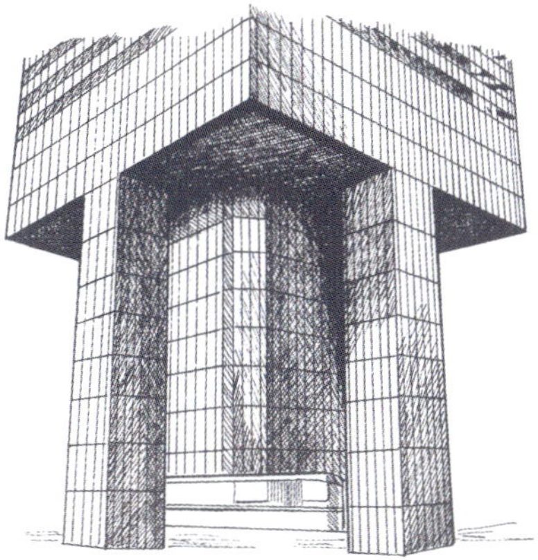

タワー基部

Tower base

高さ約35mの4本の柱がビルを支えているが、それらはビルの角ではなく、4辺の中央から出ている（左）。それは構造技師のウィリアム・ルミスリエが考案したもので、そうすることによってビルの北西部の角を片持ち状に22mほど突き出すことができ、その下に、こちらもそれ自身モダニスト的な建物である聖ペテロ教会を建てることが可能となった。

ファサード

Facade

タワーの高さと、体積からくる垂直方向の威圧感をやわらげるかのように、ファサードはガラスとアルミニウムのパネルで被覆されている（右）。完全空調のその密閉された空間は、現在の環境基準からすると、エネルギーを浪費する悪魔のようだが、1970年代にはこのような建築が一般的であった。

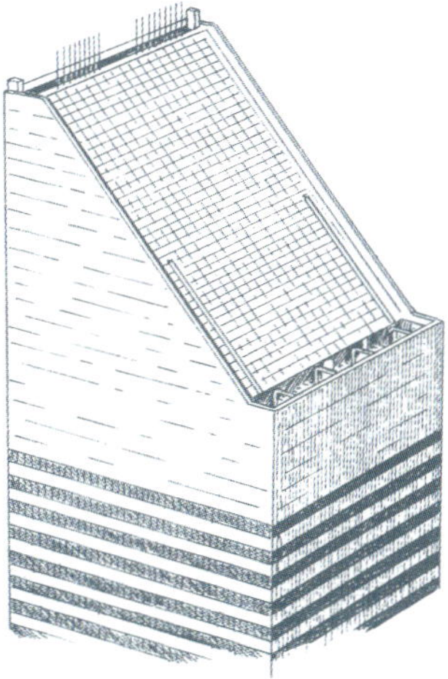

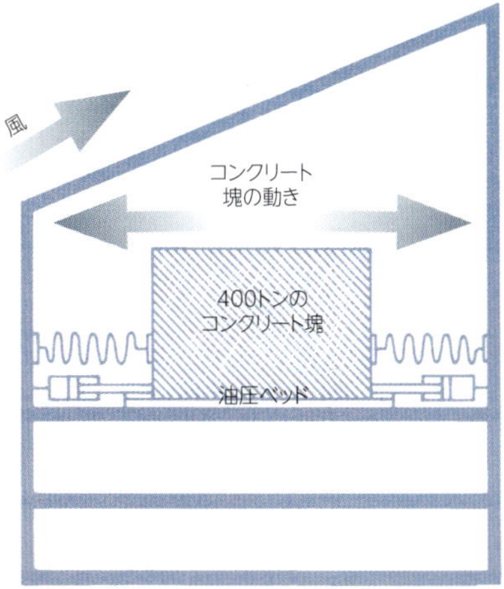

巨大ダンパー

Mass damper

タワーの最頂部には巨大なダンパーが据えられている。400トンのコンクリートの塊が油圧ベッドの上に載せられ、建物に風圧がかかると、その塊がそれを緩衝するようにコンピュータ制御で動く仕組みになっている。シティグループ・センターは、このようなダンパーを設計に組み込んだ最初のビルであったが、これ以降多くのビルが同様の緩衝装置を導入している。

ニュー・ミュージアム・オブ・コンテンポラリー・アート

場所
235 Bowery, Manhattan
竣工　2007年
建築家
SANAA

子どもが無邪気に積み木で遊ぶように、6個の箱を1個ずつ無造作に積んだ形——この比喩を現実のものとしてニューヨークに出現させたのが、日本の2人の建築家、妹島和世と西沢立衛のパートナー事務所SANAAである。そのニュー・ミュージアム・オブ・コンテンポラリー・アートのための建物は、モダニストの夢——大切な積み荷を格納する単純な容器あるいは一連の容器——そのものである。それが完成した時、報道は感嘆と失望の両極端に割れた。しかし今日このビルは、さびれたバワリー通りの新しいランドマークとして輝いている。

積み重ねた箱
Stacking boxes
建築を論理的概念にまで還元するかのように、SANAAは美術館を積み重ねた箱としてデザインした。内部の展示室は、全般的に矩形になっているが、それはその方が使いやすく、展示する作品がどのようなものであっても柔軟に対応できるからである——グッゲンハイム美術館などの古い美術館には見出せない長所である。

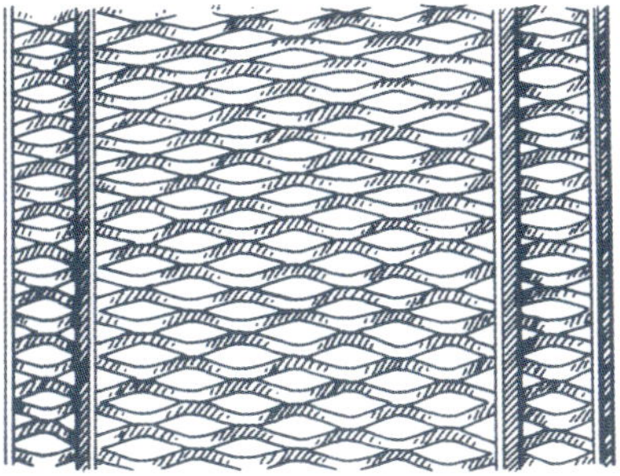

メッシュのファサード

Mesh facade

1階部分を除いて、ビルのファサードはすべてメッシュのスクリーンで覆われている。それによって建物内部に鋭い直射日光が入るのを防ぐことができ、同時に、自然光を分散させ、展示されている作品にも、それを鑑賞する人にも、優しい光を届けることができるようになっている。このダブルスキン・ファサードという方法は、最近この建築家がよく採用しているものである。ここでは外側のメッシュの外皮が、内側の風雨避けのガラスの外皮のためのシェードの役割を果たしている。

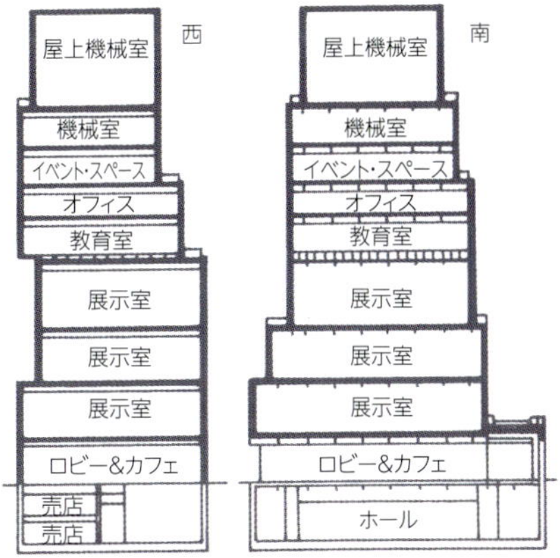

階段状のフォルム

Stepped form

2枚の断面図から分かるように、階段状の建物は単純にフロアーと展示室に分かれている。展示室は折りたたまれたパーティションによって分割することができ、作品の大きさや雰囲気に応じて、空間を自由に変えることができる。

透明な出入り口

Transparent entrance

1階部分を見ると、美術館の出入り口は、まるでブティックのショーウィンドーのように透明になっている。建築家がこのように決断したのは、美術館や画廊といえども、小売業の荒波に立ち向かわなければならず、客を引き付けるために強引な販売方法もとらなければならないと考えたからである。またそのガラスのファサードは、その上の金属的な外皮と美しい対照をなしている。しかし美術館の中に入ると、入館者は美術館全体がガラスで覆われていることに気付く。

クイーンズ植物園ビジターズ・センター

場所 *Queens Botanical Garden, Flushing, Queens*

竣工 2007年

建築家

BKSK建築事務所

売店、展示場、多目的ホール、管理事務所、集合場所などの機能を併せ持つクイーンズ植物園ビジターズ・センターは、多くの要件を満たす必要があり、そのようなものとしてさまざまな異質な空間が融合されている。建築事務所のBKSKは幅広い要求に応え、優れた機能性と外観的な美しさの両方を兼ね備えたモダニズムの傑作を創造した。またその建物は、さまざまな環境基準を満たすための多くの技術を採用しているが、それらのすべては、環境を保全するという意識が建築においてますます重要な課題となるにつれて、常識となりつつある。

モダニズム的融合

A modern mix

緑に囲まれた環境の中に溶け込むように佇むビジターズ・センターは、モダニズムの気品に溢れた建物で、そのピロティや柱は、ル・コルビュジェの作品を彷彿とさせる。また水平方向にしつらえられたブリーズ・ソレイユ（日除け用ルーバー）は、パッシブ環境制御の考え方を取り入れて欲しいという施主の要望に応えた新しい建築デザインである。

前庭とキャノピー

Forecourt and canopy

ビジターズ・センターの存在を強く印象付ける訴求力のある前庭のキャノピー（左）は、本館の機能的な美しさと好対照をなす建築要素である。それは見学者の集合場所となり、屋外授業の場所を提供し、また昼から夕刻まで人々が自由に集える場所となる。

断面図

Section

ビジターズ・センターの断面図（右）を見ると、キャノピーの大きさがわかる。それは屋外空間を雨や雪から守るだけでなく、建物にも陰を作り、それによって人工的な冷房の必要を減らすことが可能になる。

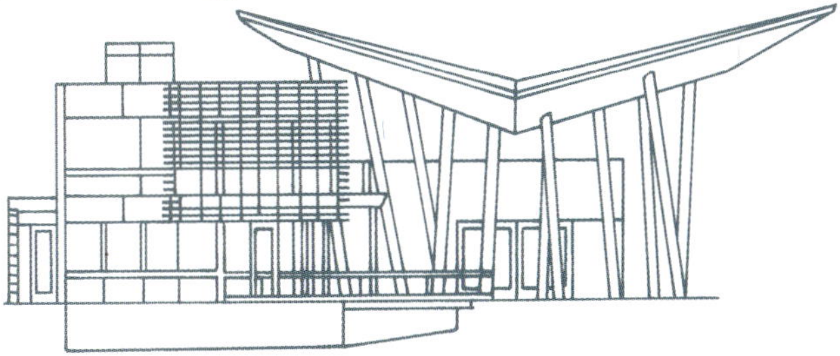

見取図

Site plan

下の現地見取図を見ると、建物の設計の中に多くの環境保全技法が採り入れられていることがわかる。（1）新しい水路、（2）湿地、（3）地下多目的ホールを覆う植栽の屋根、（4）太陽光発電パネル、（5）天蓋のある屋外テラス、（6）水質浄化ビオトープ（バランスのとれた環境条件区域）

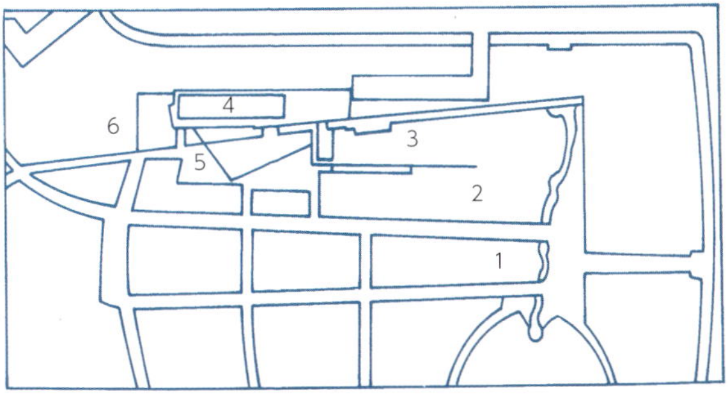

ワン・コート・スクエア

場所
1 Court Square, Queens
竣工　1990年
建築家
スキッドモア，オウイングス＆メリル

マンハッタン以外のニューヨークで最も高いビルであるワン・コート・スクエアは、企業利益最優先の時代のスカイスクレーパーのデザインを代表するビルである。チャニン・ビルのような初期のタワーに見られる装いの美しさも見られず、またニューヨーク・タイムズ・ビルに見られるような環境保護の意識も見られないこの209mの完全空調のモノリスは、デベロッパー主導の高層事務所市場に捧げられた神殿である。床面積約13.9ヘクタールのの事務所スペースを持つ地上50階のタワーのために、31基のエレベーターと6基のエスカレーターが稼働している。

クイーンズの最高峰
Queens high

ワン・コート・スクエアもシティグループ・ビルと呼ばれることがあるので、シティグループ・センター・ビルと混同しないように。実はこのビルは、クイーンズ区でビル名がそのまま地下鉄の停留所名になっている唯一のビルである。建築的には、このビルにはこれといった特徴はない。特記すべきことは、ただその立地である。この巨大タワーは、クイーンズ区におけるスカイスクレーパー時代の幕開けを飾るものとして大々的に宣伝されたが、国際的な金融危機のせいで、これ以降この区には1つもスカイスクレーパーが建っていない。

緑色のファサード

Green facade

緑色の着色ガラスに覆われている建物は、この街のスカイラインでひときわ目を引く。巨大なモノリスの4つの角は、すべて少し内側に切り込みが入れられているが、これは単純に装飾のためだけではない。それは各フロアーに、2面以上の開口部を持つ特別な部屋を設けることによって、オフィス空間の賃貸料を高く引き上げる効果を狙ったものである。

階段状の頂部

Stepped top

このビルが、イーストリバーのあまり恵まれていない河岸側に立つ巨人であることを示す唯一の要素は、その階段状の頂部であろう（上）。少しずつ階段状に尖っていく頂部のデザインは、低層の建物ばかりの周囲の環境に対してタワーの威圧感を抑えようと努力しているように見えなくもない。

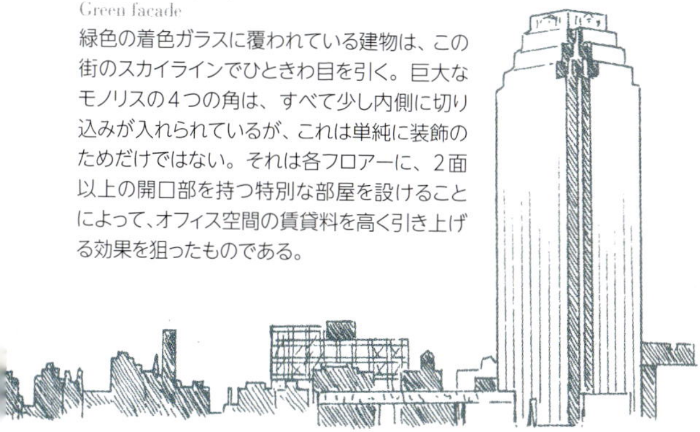

低いスカイライン

Low-rise skyline

メトロポリスのマンハッタン島の川向かいに立つワン・コート・スクエアは、低層や中層の建物の海に浮かぶ唯一のスカイスクレーパーである（上）。それゆえその視認性は、ニューヨークの高層ビル街の同じ大きさのビルとは比べものにならないほど高い。

出入り口

Entrance

スカイスクレーパーのガラスのスラブの中にはめ込まれたもう1つのガラスのスラブ、それがこのビルの出入り口である。暗い影の窪みによって強調されている同じく緑色の着色ガラスの出入り口は、ポストモダンの表現であるが、設計図段階で考えられていたことが、必ずしもうまく具象化されていないのではと考えたくなる。

ハースト・マガジン・ビルディング

場所 *300 West 57th Street, Manhattan*

竣工
1928年／2006年

建築家
ジョセフ・アーバン、フォスター＆パートナーズ

ジョセフ・アーバンが最初に6階建てのハースト・マガジン・ビルを設計した時、彼はそれをスカイスクレーパーのための基部にする予定だった。しかしその1年後世界恐慌が起こり、そうはならなかった——ほぼ80年後までは。現在われわれが見る、アーバンが設計したアール・モダンの基部の上に立ち上がっているタワーは、イギリスの建築事務所フォスター＆パートナーズが設計したもので、高さは182m、46階建てである。フォスターはそのタワーをダイアグリッド構造で設計したが、その方法を用いると、通常の水平垂直の梁と柱による外殻構造よりも20%少ない鉄骨ですむといわれている。その建物は2006年に、その年に完成した最高のタワーに贈られるエンポリス・スカイスクレーパー賞を受賞した。

アール・デコ様式の上のハイテク様式
High Tech on Art Deco
独特な形のハースト・マガジン・ビルは、超現代的なデザインと20世紀初期のデザインの両方の愛好者を惹きつける建築物となっている。石造の基部は、飾り壺の柱頭を持つ円柱やアール・デコのレリーフによって装飾されているが、その上に立つ三角形を組み合わせた構造のタワーは、フォスター＆パートナーズのトレードマークであるハイテク様式を前面に打ち出している。

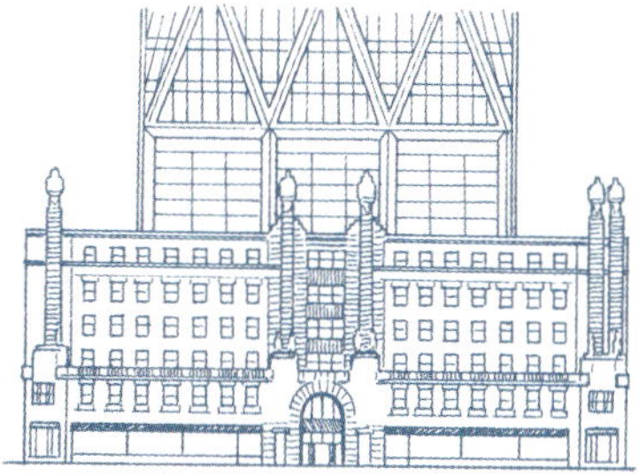

タワー基部

Tower base

ウィリアム・ランドルフ・ハーストが施主であった最初のハースト社本社ビルは、1928年に200万ドルの工費で完成した。その建物は新しいタワーのデザインの中に組み込まれることになったが、その理由は、その建物がアメリカ合衆国歴史的建造物登録財に指定されていたからである。

三角形のパネル

Triangular panels

建物ファサードを明確に分節化する三角形の模様は、露出した架構である。ダイアグリッド工法と呼ばれるそのデザインは、ノーマン・フォスターが好んで使うもので、通常の外殻構造よりも少ない鉄骨ですむ。彼はこれ以前に同じ工法を用いて、ロンドンのスイス・リ・タワーを造っている。

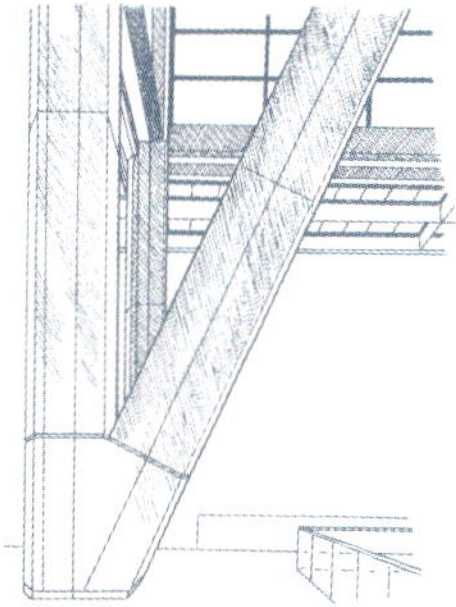

大梁構造

Big beam structure

建物の中央吹き抜けの上のバルコニーにあるカフェテリアに入ると、目の前にタワーを支えている巨大な架構が迫ってくる。巨大な垂直梁と斜め梁が新しいタワーを支え、それを低層の歴史的建造物の上に効率良く持ち上げている。

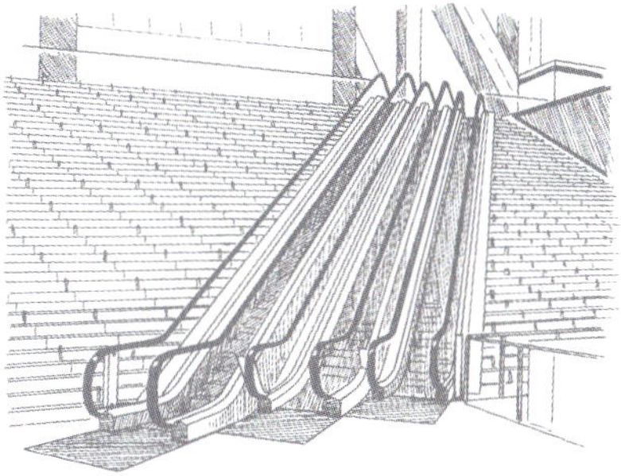

水の彫刻

Water sculpture

中央吹き抜け空間を3階分の落差で流れ落ちる“アイスフォール”は、水を装飾的要素として使っているだけでなく、濾過した雨水を循環させることによって、夏は吹き抜け空間を冷却し、冬はそこに適度な湿度を与える役割を果たす。それは自動調節されたエアコンのように吹き抜け空間の大気を調節する。持続可能な設計によってこのオフィスビルは、エネルギー使用量を大幅に削減することが可能となった。

コープ・シティ

場所
Baychester, The Bronx
竣工　1973年
建築家
ハーマン・J・ジェサー

ニューヨークの重要な建築物のすべてが、見栄えが良く、丁寧に造られているというわけではない。35棟の高層団地と7棟のタウンハウスに1万5000戸以上の所帯が入居するコープ・シティは、巨大な住宅開発事業であり、アメリカ全体でも単一の事業としては最大規模のものであった。しかしながら、連邦住宅基金のためにハーマン・J・ジェサーが設計したこの開発事業は、完成後ずっと、粗雑な建築工事と管理の悪さによって悩まされてきた。最初は団地の管理を州政府が行っていたが、後に入居者自身が責任を持って管理することとされた。とはいえ、完成から30年以上も経つが、コープ・シティは今なおそれが当初うたい文句にしていた活気ある都会生活という約束を果たし続けているのは間違いない。

強い印象
Big impression
コープ・シティを構成するタワーは、24階から33階までの高さのもので、わりと無造作にグループ分けされて立っている。デザインもばらばらのように見えるが、4種類の建物から構成されている。3つのコアを持つ連棟型、逆V字型、単一コア型の3種類のタワーとタウンハウスである。写真左下の低層の建物は、ハリー・S・トルーマン高校である。

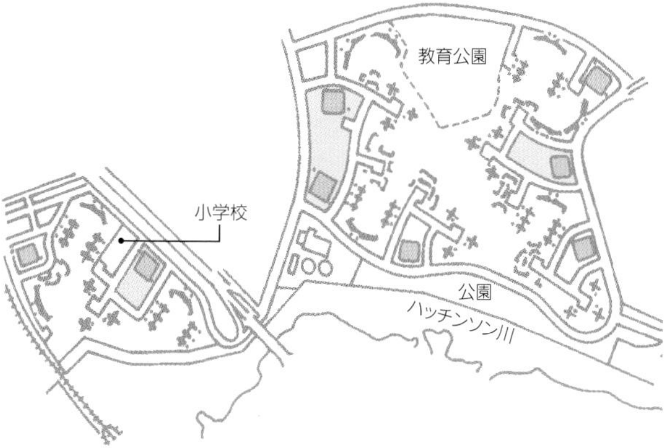

敷地配置図

Site plan

この敷地配置図をみると、開発事業の規模の大きさがわかる。全体で129ヘクタールの敷地は、5区画に分かれており、4区画はひと続きになっているが、1区画（図の左側）は、ハッチンソン・リバー緑地公園によって他の区画から切り離されている。

高層団地

Apartment buildings

この団地では、十字型を3つつなぎ合わせた形のタワーが高く聳えているのが目立つ。世界中のどのような都市の大規模住宅開発計画を見渡しても、優雅な生活という理想を実現しているものは見当たらない。問題は必ずしも建築にあるというわけではない。入居者の多くが低所得者で、それゆえ大量の失業者と、既存の支配機構に対する根強い反発によって、ミニゲットーになる可能性が高いという点に一番の問題がある。

景観美化公園

Landscaped parks

連邦住宅基金によるコープ・シティのマスタープランには、団地の入居者によって活用してもらうための大きな緑地公園が用意されている。しかし残念ながらその机上の景観計画は、設計のまずさと、コープ・シティの入居者の公民権を剥奪されているという精神性によって具体化されていない。

メトロポリタン・オペラ・ハウス

場所
Broadway at Lincoln Square, Manhattan
竣工　1966年
建築家
ウォーレス・K・ハリソン

ブロードウェイと39丁目の角にあった旧メトロポリタン・オペラ・ハウスに替わるものとして建てられたこの建物は、ジョン・D・ロックフェラー３世の主導の下に建設された舞台芸術のための6.5ヘクタールの複合施設、リンカーン・センターの一部で、設計したのはウォーレス・K・ハリソンである。オペラ・ハウスは、ロマンチック・モダニスト建築の最高傑作である。ただの箱形の建物が、正面ファサードによって命を吹き込まれ、アーチとシンメトリカルなガラス・パネルによって、内部で上演されている壮大なオペラにふさわしい劇的な印象が喚起される。

高音の響き
Hitting the high notes
ジョジー・ロバートソン広場から眺めるメトロポリタン・オペラ・ハウス。この建物には永遠の輝きがある。デザイン的にはモダニスト的と言えるが、その頂部まで届く高いアーチ窓は、ロマネスク様式を連想させ、また内部から発する金色の輝きは、19世紀の偉大な建物に多くみられる古典的荘厳さの感覚を喚起させる。

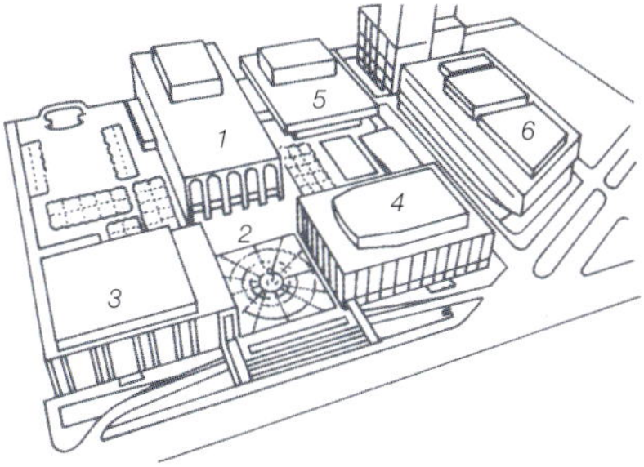

リンカーン・センター配置図

Site plan

舞台芸術のためのリンカーン・センターには、さまざまな会場が用意されている。オペラ・ハウス（1）のアーチ・ファサードの向かいにあるのがジョジー・ロバートソン広場（2）。左下の建物がデイヴィッド・コーチ・シアター（3）で、その右手にエイブリー・フィッシャー・ホール（4）、ミッチ・E・ニューハウス・シアター（5）、ジュリアード音楽院（6）がある。

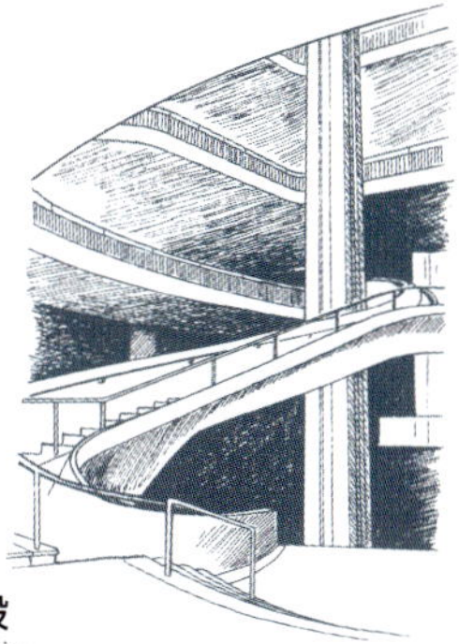

曲線階段

Curved stairs

オペラ・ハウスのロビーを支配しているのは、5階建てになっている観客席への入り口と1階のラウンジを結ぶ片持ちの曲線階段である。その壮麗な曲線は、ファサードのアーチ型窓を通して外部からも眺めることができ、建物のデザインにさらなるドラマ性を付け加えている。

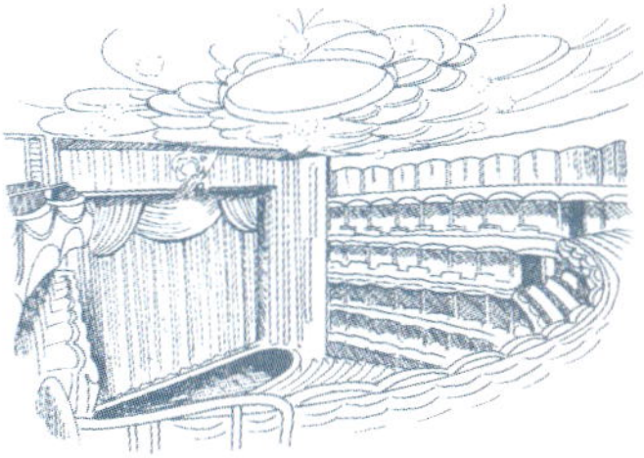

観客席

Auditorium

観客席は、オーケストラ・ピットの上に5階の高さで扇型に広がっている。白と金色を基調に装飾された観客席は、整然と並べられた21基のシャンデリアに照らされている。最も大きいものは、直径が5.5mもある。舞台は、高さと幅が16.5mで、特注の緞帳は、金色のダマスク織で、吊り緞帳としては世界最大のものである。

アーチ窓のファサード

Arched facade

建物は白のトラバーチン大理石で被覆されている。観客の目を舞台に集中させる必要のある箱形の劇場はどこもそうだが、3つの壁面は全体的に開口部のない平面になっている。しかし広場と噴水に面した入り口ファサードには、美しいプロポーションの5連のアーチ型窓があり、ガラスはすべて透明で、それを通して建物の内部を眺めることができる。

マディソン・スクエア・ガーデン

場所
46 Pennsylvania Plaza, Manhattan

竣工　1968年

建築家
チャールズ・ラックマン建築事務所

1879年の創業以来、マディソン・スクエア・ガーデンはニューヨークには欠かせない存在になっている。一般にMSGⅣと呼ばれている現在の建物は、1968年にペン駅を解体した跡地に建てられたもので、その複合施設を設計したのはチャールズ・ラックマン建築事務所である。実はMSGⅣの建設中も、その地下を列車が走っていたが、それは今も変わらない。マディソン・スクエア・ガーデンの中心に位置するのは、事務所と娯楽施設の複合施設である円筒形のアリーナで、以前はペンシルベニア・プラザと呼ばれていた。接続しているオフィスビルには、アリーナと地下のペン駅へと向かう入り口がある。

花形選手
Sporting star
アイスホッケー・リーグNHL最古の、そしてNBAでは2番目に古い競技場であるマディソン・スクエア・ガーデンは、老朽化しているが、今でもニューヨークを象徴するスポーツの殿堂である。オーナーは何度も移設を迫られたが、その古い建物から発するオーラは何物にも代えがたいことを証明してきた。そのため、定期的に改修工事が行われており、その独特の雰囲気を味わいたいという新しいファンを獲得し続けている。

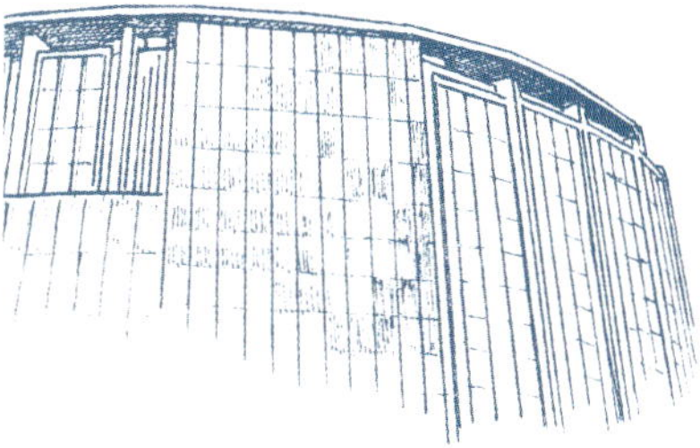

曲面ファサード
Curved facade

どっしりとした円筒形のマディソン・スクエア・ガーデンは、細長いスカイスクレーパーが林立するマンハッタンでは異色の存在である。その曲面ファサードは、大部分開口部がないが、それは内部のアリーナに外部光源からの眩しい光線が入らないようにするためである。ガラスのパネルが露出しているところが、出入り口と、曲面ファサードのところどころに設けられている光に満ちたロビー・スペースである。

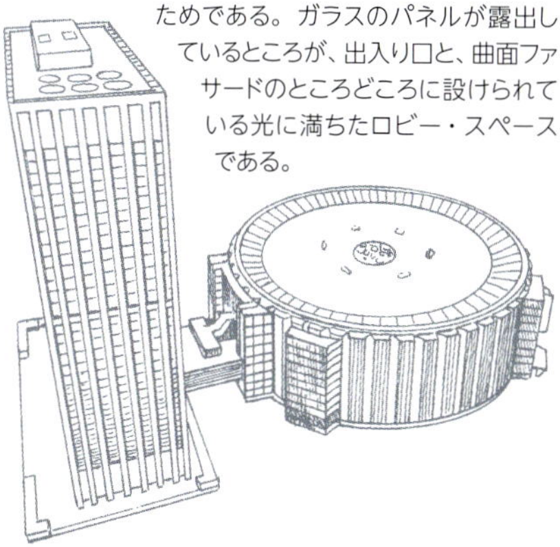

接続するビル
Building connection

アリーナとその姉妹オフィスビルをつなぐ通路は、不格好としか言いようがない。それは2つの建物をつなぐ広い廊下以外の何ものでもなく、地下のペン駅で降りた乗客がマディソン・スクエア・ガーデンへ入るための連絡路であり、またオフィス・スペースとスポーツ／娯楽複合施設をつなぐ連絡路でもある。

7番街出入り口
Seventh Avenue entrance

接続している商業ビルに設けられている7番街出入り口からも、MSGとペン駅へ行くことができる。モダニスト建築の多くがそうであるように、その簡潔なデザインに想像力が入り込む余地はほとんどない。道路に片持ち状に張り出している屋根には、ビル名を表す標識以外には何の飾りもない。

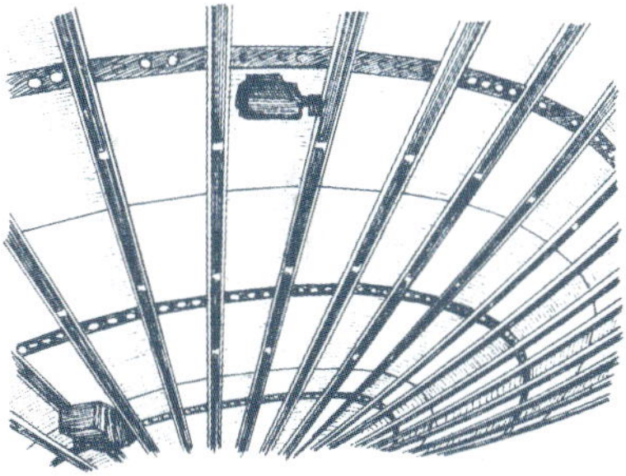

天井
Ceiling

巨大な車輪のように、中心からスポークが放射状に出ているアリーナの天井が、建物が円筒形であることを強調している。広い天井パネルを等間隔に区切る黒い線は、アリーナで開催される大規模な興業のために、照明器具などの機材を移動させるレールである。

クーパー・ユニオン新校舎

場所
41 Cooper Square, Manhattan
竣工　2009年
建築家
モルフォシス

建築家がコンピュータを駆使した設計システムの可能性を認識し、新奇なデザインに挑戦しようとするにつれて、世界中の大都市の目抜き通りに、このモルフォシス設計によるクーパー・ユニオン新校舎のような建物が次々に出現してきた。ここでは建築家は、絵画、建築、技術の最先端の技能を習得するセンターのために12階建ての建物を創造した。ありふれた形の建物にすることもできたが、モルフォシスはあえてそのデザインの中に、クーパー・ユニオンの持つ価値とその革新性を表現しようとした。

変容する建物
Shape-shifter
有孔ステンレス鋼板に被覆されたこの大きな異様な形状の建築物は、固く侵入を拒む塊のように見えるが、一歩中に足を踏み入れると、そこは光に満ちている。それはスチール・メッシュとガラスの透明なダブルスキン、そして建物内部の吹き抜け空間を上から下へ、また左右にねじれながら広がるガラスの岩場によって創り出された世界である。

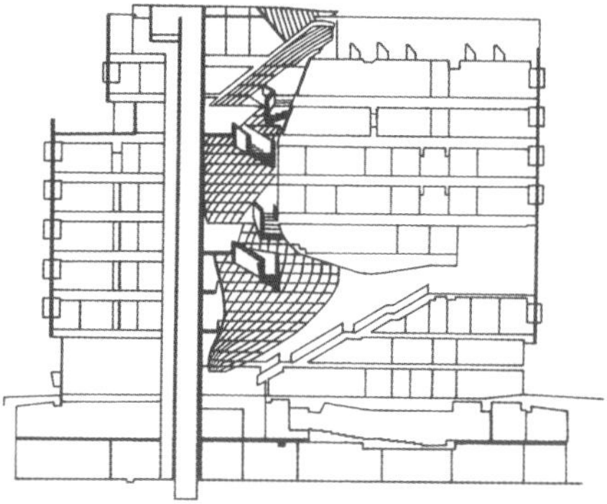

建物断面図

Section through the building

建物内部はおおむね普通の教室で構成されているが、驚くべきことは、この建物がその内部に大きな竜巻きを包含していることである。その竜巻きが吹き抜けである。他に例を見ない有機的な形態のその吹き抜けは、正統的な学習の場としての内部空間における、ほとんど原初的ともいえる建築的意思表示である。

内部の眺め

Internal view

吹き抜け頂部から主階段を見下ろし、巨大な空間を包み込む異様な構造骨組みを見ると、この建物を通じて建築家が表現したかったものが明確に伝わってくる（右）。この21世紀の建築と技術に捧げられた神殿は、数年のうちにそれらの分野を革新していくであろう若き魂に大いなる霊感を授けている。

躯体柱群

Structural columns

建物の外皮と吹き抜けは、前衛建築の最上のものを表現しているが、それを支えている骨組みは、どこか古典的である（左）。建物の構造的骨組みは巨大なコンクリートの柱によって構成されている。とはいえ、それらは不均等に並び、斜めに立ち上がる角度もまちまちである。それは建物全体のデザインと同様に例外的である。

エイト・スプルース・ストリート

場所
8 Spruce Street, Manhattan
竣工 2011年
建築家
ゲーリー・パートナーズ

フランク・ゲーリーに設計を依頼すると、必ず今までとはどこか違うものが返ってくる。現在世界中で最も注目されている建築家と言えるであろうフランク・ゲーリーは、流れるような有機的な線によって構成される建物を創造することで有名であるが、ここでも彼は、それをタワーというフォルムの中でやってのけた。彼はスカイスクレーパーに魔法をかけ、そこから優美な曲線的フォルムを出現させた。高さ265mのその建物は、西半球で最も背の高い高層マンションで、彼にとっては最初のニューヨークにおける住宅建築である。そのマンションは、“ゲーリーによるニューヨーク”というキャッチコピーで売り出された。それほど彼の名は知れ渡っている。

天に昇るさざ波
Rippling skyward
76階建てのこのタワーは、ゲーリーにとって初めてのスカイスクレーパーであり、また、おそらく2001年9月11日のテロ以来、ローワー・マンハッタンに建てられた建物の中で最も重要なものであろう。そのテロはデベロッパーに、このかつて栄華を極めた金融地区を一度解体し再建することを余儀なくさせた。

ロビー空間

Lobby space

タワー内部のどの空間も、ゲーリーの筆致で彩られている——ドアの取っ手がそのよい例。ロビー空間は、有機的フォルムが繁茂し躍動する洞窟であり、そのすべてをゲーリーがデザインした。ここではタワーに見られる曲線を、より人間的なレベルで触れ経験することができる。それは“ゲーリーによるニューヨーク”の導入部である。

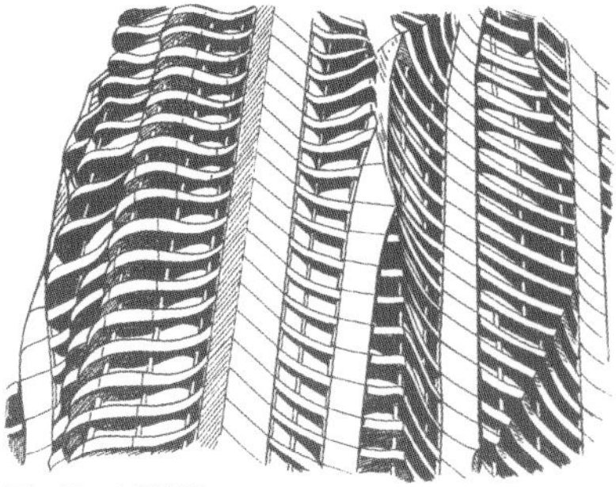

ファサード細部

Close-up of facade

ファサードは、1万500個の独立したステンレス・パネルで造られている。そのほとんどすべてが1つひとつ異なった形状で、それゆえ見る角度によってタワーの形状は常に変化する。パネルは、以前ゲーリーがビルバオ・グッゲンハイム美術館で用いたソフトウェアによって設計されているが、建築費は通常の鉄とガラスのファサードとあまり変わらない。

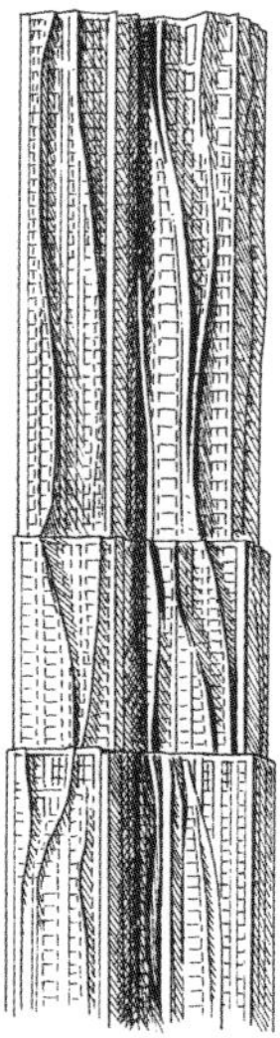

独創的なデザイン

Unique take on design

エイト・スプルース・ストリートは、デジタル・デザインによる建築の新時代の幕開けを告げるもので、21世紀に実現されるであろう、これまで想像することもできなかったほどの革新的な創造の予兆である。建築は常に進化してきたが、今日ほど急激に進んでいる時代はない。一見すると無秩序に波立っているようなタワーのスキンは、10年前でも想像することさえできなかったデザインの新しい可能性を見事に証明している。

ドア取っ手

Door handle

建物を設計するとき、ゲーリーは常にすべてを彼自身の手で設計するが、ドアの取っ手もその例にもれない。ゲーリーは、商品、家具、宝石アクセサリーなどの会社から引っ張りだこで、彼の、繁茂する植物を連想させるデザインのレパートリーは、ビル同様に、家具や備品にまで広がっている。

ホイットニー・アメリカ絵画美術館

場所
945 Madison Avenue, Manhattan
竣工　1966年
建築家
マルセル・ブロイヤー

絵画収集家ガートルード・ヴァンダービルト・ホイットニーは、1920年代に、自分が持っていた700点の絵画をさまざまな美術館に寄贈しようとした。しかしどの美術館も断ってきたので、彼女はついに1931年、所有する3つのタウンハウスを彼女自身の美術館に改造することにした。そのホイットニー・アメリカ絵画美術館の3番目の生まれ変わりであるこの建物は、ブルータリスト・モダニズムの傑作で、設計したのはハンガリー出身の建築家マルセル・ブロイヤーである。このビルが完成した時、ニューヨーカーたちは驚きの声を挙げた。それは国際様式のガラスの箱的な美しさの正反対に位置するものだったからである。その独創的なデザインは、今も変わらず見る人を、困惑させるのと同じくらい楽しませる。

ブルータリストの最高傑作
Brutal best
スカイスクレーパーと褐色砂岩で埋め尽くされているマンハッタンの中で異彩を放っているホイットニー・アメリカ絵画美術館は、その中に収められている絵画と同じくらいに、その建物によって観光客をひきつけている。この異様な建物は、マルセル・ブロイヤーがデザインした大型建築の代表作である。

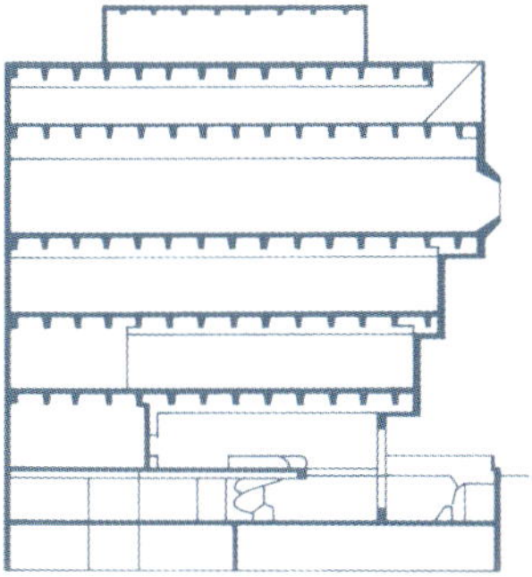

断面図
Cross section

美術館の断面図が示すように、1階部分には正面入り口と管理事務室があり、彫刻を展示している地下庭園には螺旋階段で下りていく。2階から上は絵画展示室になっているが、上に行くほど空間が広がっているのがわかる。最上階の展示室からは、不等辺四角形の窓が突き出している。

正面入り口
Main entrance

美術館の正面入り口は、独特の形状で強い訴求力がある。道路に向かって長く突き出した片持ち状の張り出し屋根の下を進むと、片方の角柱だけで支えられているプレキャスト・コンクリートの橋があり、その橋を渡って美術館に入る。その橋の下は、整然としたミニマリスト的な彫刻庭園になっており、ブロイヤーのすべてのプロジェクトに見られる独特の緊張感が感じられる。

窓
Window

御影石のブロックの格子状の目地以外にはこれといった建築的装飾要素のないファサードにあって、不等辺四角形の窓が創り出す陰影だけが鮮烈に浮かび上がる。それはブロイヤーが他の建築物で示した厳格なモダニスト的規範から逸脱するものである——美術館の創設者は彫刻を愛しており、彼女もこれに賛同したに違いない。

ファサード
Facade

ブルータリズムというのは形容詞brutal（残忍な）に由来するのではなく、コンクリート打ち放しを意味するフランス語のbétonbrutに由来するものである。その様式は、建築に精通していない人の目には、それこそ冷酷なものに映るかもしれない。しかしこの御影石で被覆された、さかさまに置かれたジックラトには、厳しさだけでなく親しみも感じられる。

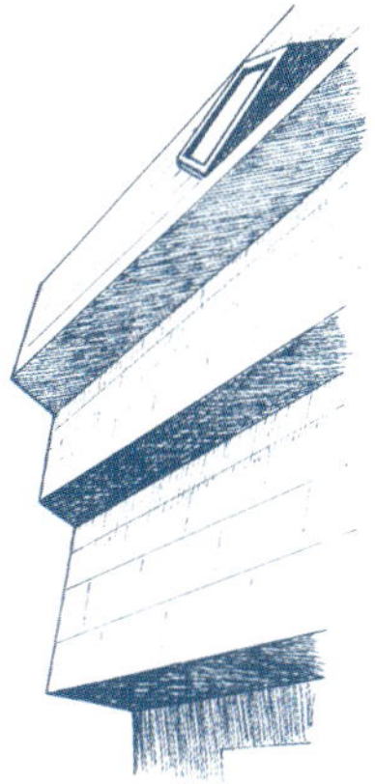

ソニー・ビルディング

場所
550 Madison Avenue, Manhattan

竣工　1984年

建築家
フィリップ・ジョンソン、ジョン・バージー

この一企業のためのポストモダニズムの大聖堂は、好き嫌いはともかく、ニューヨークで最も目立つタワーであろう。元々はAT&Tのために建てられたこのタワー・ビルディングは、37階建てのオフィス・ビルで、ミッドタウン・マンハッタンに位置している。設計したのは、この30年前にアメリカに国際様式を紹介し、今日でもそうであるが、ミース的なモダニズムの禁欲的な線を広めた功労者でもあるフィリップ・ジョンソンである。

とはいえ、ジョンソンと彼のパートナーであるジョン・バージーは、モダニズムの束縛に飽きていた。彼らは建築ともっと遊びたかった。そしてこのビルは、彼らが遊び心を思いっきり自由に羽ばたかせた代表作である。チッペンデール様式の破れ破風から基部の凱旋門的ローマ様式アーチに至るまで、ソニー・ビルディングは大衆受けを狙った装飾で充満している。

粋なかぶり物

Jaunty headgear

ミッドタウンに居並ぶスカイスクレーパーの中でも、ソニー・ビルはひときわ目を引くが、それは主にその疑似古典的なかぶり物のおかげである。そのビルは、ニューヨークで最も高いビルというわけではないが、間違いなく人の目を惹きつけるものを持っている。それは建築探訪の観光客を愉快にさせ、同じくらいに苛立たせる。

citi
citi

ソニー・ビルディング

皮肉をこめた建築

Ironic architecture

高さを巡る競争に駆られたニューヨークの商業主義に敬意を表して建てられたソニー・ビルは、アール・デコ様式の宮殿であるクライスラー・ビルに対するポストモダニズムの解答である。

見どころ

ソニー・ビルのデザインを見ていくと、まるで建築史の授業を受けているような気分になる。一見するとこのビルは、単純にポストモダンと分類できそうに見えるが、よく見ると古典様式やその代表的建築物からの引用が無数にあり、興味は尽きない。

全体をみると、このビルは古典様式の円柱のように、3つの部分に分かれている。アーチのある基部。これについては次ページで詳しく見ていく。次に柱身。これはファサードの垂直に伸びる縦帯で強調されている。そして破風のある柱頭である。

モダニストの影響をうけた建築家からは下品と思われるかもしれないが、ポストモダンのデザインは、古典建築から多くのものを借用しており、一時期、一般大衆からも企業のクライアントからも大変好まれた。というのは、これらの人々は、古典様式的な円柱やアーチ、彫像、そして堅固な形態に慣れ親しんでおり、モダニズムの厳格なルールや装飾性の欠如に疎外感を感じていたからである。

ジョンソンとバージーは、このような建築的不確定性と文字通り“遊んだ”のであり、彼らがソニー・ビルをはじめとする多くの建物を、皮肉を交えて楽しみながら設計したのは間違いない。

破れ破風
Broken pediment

ソニー・ビルの輝く王冠は、バロックとロココ様式の入り口装飾としておなじみの破れ破風である。ここではそれがとてつもない大きさで引用されており、ほとんどコミカルである。その形はチッペンデール破風と呼ばれ、その名前のイギリスの家具職人が背の高い箪笥の頂部を飾るものとして使っていた装飾の模倣である。

アーチと円柱
Arch and columns

マンハッタン・ミュニシパル・ビルディング（p.76参照）のデザインを基にしたと思われるソニー・ビルの凱旋門アーチと円柱は、ニューヨークの揺籃期に真に偉大なビルを建てた建築家が好んで用いたロマネスク様式建築の歴史的引用である。

エレベーター・ドア
Elevator doors

ローマ様式のアーチと、余分な装飾のない力強い円柱に守護されながら、精緻な装飾で飾られたエレベーター・ドアが控えている。ジョンソンとバージーは、建物外観には大きな分かりやすい表現を用いたが、内部では素材と様式を融合させ、不思議な雰囲気を創造している。

ガラスの回廊《ガレリア》
Glass galleria

建物基部にあるガラス張りの回廊は、建物内部に公共の空間を設けてほしいという市の都市計画局の要望に応えたものである。そのガレリアは当初から一般に開放されていたが、あまり利用されなかった。しかし1992年にソニーが買収すると、回廊は、1階部分を占める複合小売施設の一部となった。

モルガン・スタンレー・ビルディング

場所
1585 Broadway, Manhattan
竣工　1990年
建築家
グワスミー ,シーゲル&アソシエイツ

1980年代の金融資本主義の絶頂期、建築様式はポストモダニズムに大きく傾いていった。モルガン・スタンレーのような企業クライアントは、こぞってオフィス・タワーを欲しがったが、それもただのタワーではなく、その時代のアメリカの熱狂的な雰囲気にマッチした、豪華な、富を象徴するようなタワーを欲しがった。モルガン・スタンレー・ビルディングは、そのような楽天主義時代の産物であった。そのデザインは、ファサードのストライプからセットバック、そして異形の頂部まで、装飾と新奇さに満ちている。そのタワーを装飾過剰と非難する評論家もいるが、それが構想されていた時代の高揚した気分を物語っており、そのためか、しばしばニューヨーク建築探訪の旅の目的地の1つとなっている。

巨大な誇示
Giant statement
街の1ブロック全体を占める基壇の上に立つその52階建てのオフィス・タワーは、投機マネーの対象として開発されたものであったが、完成前にすべて入居者が決まった。モルガン・スタンレーがこのタワーを買収したのは1992年のことで、それ以降同社の国際本社ビルとして使われている。

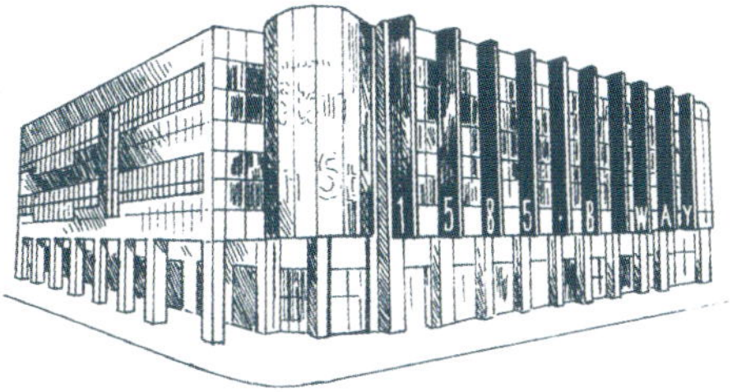

基壇
Podium

タワーを支えている基壇は、周囲の環境に合わせて小売商店街となっている。その建物は、それが建っている通りと同じくらい賑やかだ。大理石の外皮に窓が穿たれているところもあれば、ガラスの壁もあり、ファサードにはフィンもある。そのフィンは装飾以外には何の役割もない。

出入り口
Entrance

ブロードウェイに面したオフィス・タワー入り口は、豪華なステンレス張りになっている。そのデザインは、ファサードと同じく富と栄華を象徴している。それはポストモダンの繁栄の美学ともいうべきもので、10年間続いた株式市場の好景気と、「光るものはすべて金なり」という信条によって生み出されたものである。

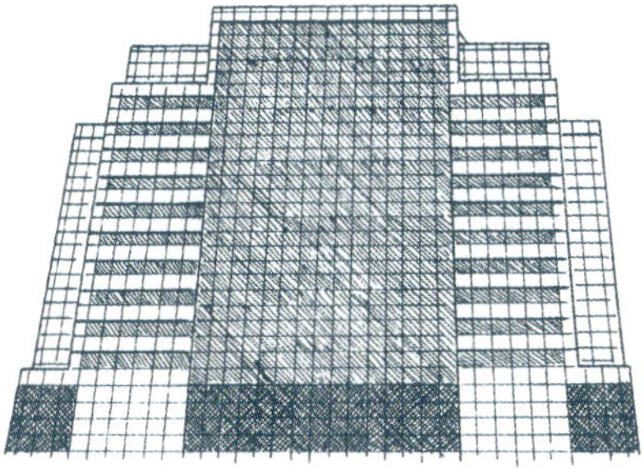

ファサード
Facade

ビルのファサードは、繁栄の1980年代を謳歌した株式仲買人が身に着けていたピンストライプ・スーツのスカイスクレーパー版と言えるかもしれない。ガラスの壁面は銀灰色のアルミニウムの水平なストライプに変わっている。またタワーの中央部には、ステンレス鋼板の広い帯が巻かれている。それはタキシードのカマーバンドのようである。デザインのすべてが、度を越しており、ポストモダンによる歴史の風刺のようだ。

頂部ディテール
Top detail

男性の礼服のアナロジーをそのまま継承して、タワー頂部は気取ったとんがり帽子になっているが、それはかなり遠くからしか見えない。しかしアール・デコ様式のビルに似ている繰り返されるセットバックが、その存在を予告している。それはモルガン・スタンレー・ビルを、ニューヨークのスカイラインに欠かすことのできない役者にしている。

シティ・フィールド

球場の大きさ

Ballpark figure

すり鉢型のスタジアムは、それよりももっと大きい三角形の木枠のような建物の中に収められている。そしてその周りを広大な駐車場が取り囲んでいる。写真のように、外枠の建物が前に突き出すような独特の形になっているが、その頂点にジャッキー・ロビンソン・ロトンダが設けられている。

ローマの壮大なコロッセウムを連想させるアーチを持つシティ・フィールドは、ニューヨーク・メッツのホームグラウンドである。設計したのは、建築会社のポピュラスで、老朽化していたシェイ・スタジアムに代わるものとして建設された。この新しくなったメッツの本拠地の収容観客数は、4万1800人である。一般にスタジアムは、ある特定の建築様式に基づいて建てられるが、シティ・フィールドのデザインは、古典様式、アール・デコ、ポストモダンを折衷したものということができる。しかし観客は、その建物の中に一歩足を踏み入れるや否や、その洗練されたファサードのことはすっかり忘れてしまう――彼らの意識はただホーム・チームの勝利だけに向けられる。

場所	*126th Street and Roosevelt Avenue, Queens*
竣工	2009年
建築家	ポピュラス

巨大アーチ

Giant arches

シティ・フィールドのファサードのアーチは、全部で2027あるが、そのアーチは、ニューヨーク市の内部を結び、また市を州内の他の都市と結ぶ架け橋の比喩と言われている。そのシンボリズムは、メッツのロゴにも明確に示されており、それはニューヨーク・ジャイアンツやブルックリン・ドジャースなどの過去のナショナル・リーグのチームのロゴを思い出させる。

球場

Ballpark

観客席は3層になっており、最近建てられた他の球場と同じく、背後にはデジタル式の巨大な広告板が並んでいる。球場の大きさ自体は、リーグの中でも最大であるが、収容可能観客数は元のシェイ・スタジアムよりも1万5000人少なくなっている。それは投手に有利な球場として設計されたからである。

ジャッキー・ロビンソン・ロトンダ

Jackie Robinson Rotunda

伝説的な野球選手ジャッキー・ロビンソンにちなんで名づけられた球場入り口のロトンダは、彼に捧げられた神殿である。そこには高さ2.4mの彼の背番号の彫刻が置かれ、ロトンダの天井にはロビンソンの名言が彫られている。「他人の人生に影響を与えられなければ、私の人生は意味を成さない。」

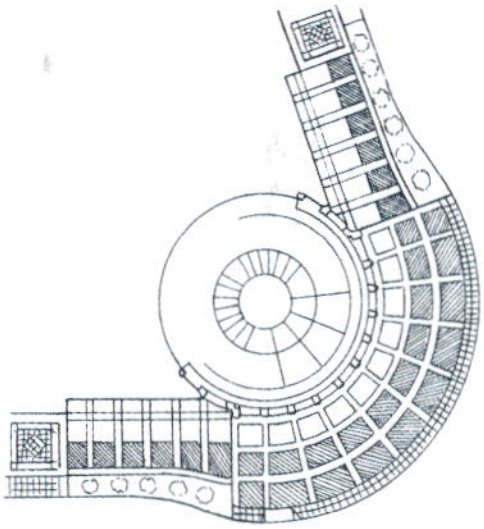

舗装行為の景観化

Landscaped paving

正面出入り口の周囲は、レンガの歩道になっている。それ自体は少しもめずらしいことではないが、そのレンガは、ファンが購入したものを貼りつけたものである。レンガにはファンの名前が刻まれており、それによってこの建物や周囲の景観に、市民の誇りという要素が付け加えられている。ファンはまた、注文すればそれと同じレンガを自宅に持ち帰り飾ることができる。

オーストリア文化フォーラム

場所
11 East 52nd Street, Manhattan
竣工　2002年
建築家
ライムント・アブラハム

オーストリア生まれの建築家ライムント・アブラハムがアメリカで最初に手掛けた大型建築であるオーストリア文化フォーラムは、1920～30年代に台頭したロシア構成主義絵画の3次元的表現ということができるだろう。それは、その狭い敷地といい、仮面のようなファサードといい、すべてがユニークである。そのため、ニューヨークの建築シーンにとっては欠くことのできない重要な存在となっている。アブラハムの発想の源泉は定かではないが、オーナーを納得させる分類としては、ポストモダニズムというのが最も妥当であろう。しかしここでは古典様式に対する皮肉っぽいふるまいは見られず、建築家は装飾化された構造に関して、新しく興味深い解釈を行っている。

文化的対比
Cultural contrast
街の景観の中に無理やり押し込まれたようなこの銀色のビルは、高さが間口の10倍以上もある。このアブラハムの建物は、何気なく通りを歩いているとすぐには気づかないかもしれないが、目指していくとすぐにそれとわかる。というのは、それは周囲にある企業の巨大ビルとはまったく文化的に異質だからである。

側面図

Side view

その建物は通りから遠ざかるように後ろに寄り掛かっている。建築家は、その傾斜のあるファサードによって、真っ直ぐ上昇し真っ直ぐ下降するという規範に挑戦している。アブラハムは、通りの他のビルが通行人に対して威圧感を与えることがないようにセットバックしているのを参照しながらこのビルを設計した。もしそれが垂直に立っていたら、そのスラブのような存在感は激しく人を威圧したであろう。

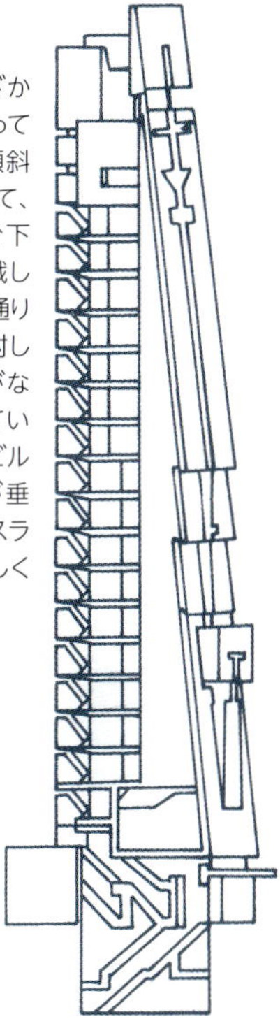

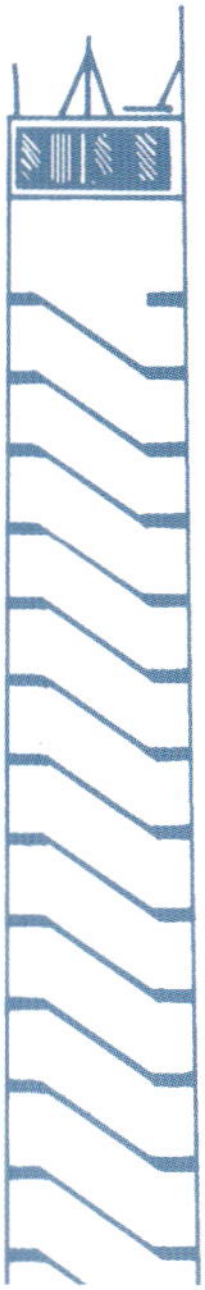

階段

Stairwell

建築家によれば、建物の背部に設けられている非常用階段は、この建物の脊椎骨である。それをこの場所に持ってくることによって、正面ファサード全体をオフィス／窓空間に用いることが可能となった。それは間口が7.6mしかないビルにとっては重要なデザイン的決断であった。

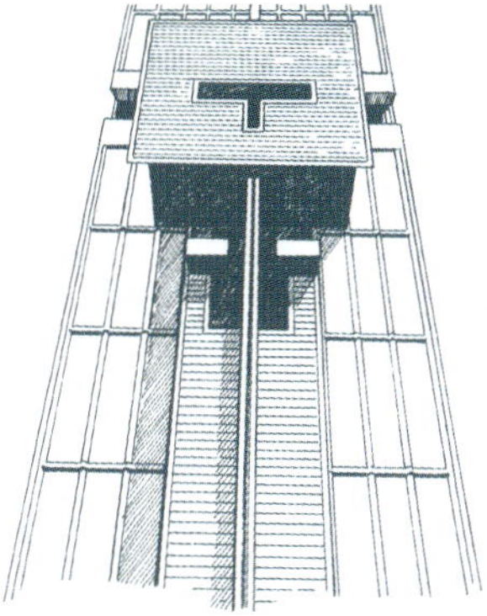

ファサードの装飾

Facade decoration

抽象彫刻のような正面ファサードの装飾を、建築家は“ルーバーの仮面”と名付けた。アブラハムのデザインからは宗教的な雰囲気が伝わってくるが、それは精神的であると同時に、機械のようでもある。その背後にどのような考えがあるかは分からないが、このファサードには力強い主張が込められている。

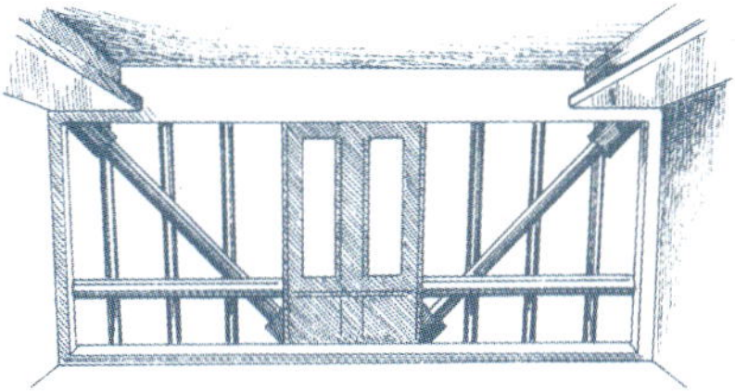

内部

Interior

アブラハムは、1992年に行われたオーストリア連邦外務大臣主催のコンペに優勝し、この24階建て、床面積2308平方メートルの建物を建てた。部屋の多くが建物の幅と同じ幅を持ち、床から天井まで全面ガラス張りになっている。

トランプ・タワー

場所

725 Fifth Avenue, Manhattan

竣工　1983年

建築家

デア・スカット、スワンク・ハイデン・コンネル建築事務所

1950年代以降のアメリカのスカイスクレーパーのデザインに浸透してきた国際様式の流れを受け継ぎながら、それを1980年代の傲慢なニューヨークに再現したのがトランプ・タワーである。この建物は、それが建つ商業地区、ミッドタウンとセントラル・パークの交差するあたりを象徴する建物となっている。着色ガラスのファサード、通りに面した1階部分を占める高級ブランドの店舗、そしてその上に居を構える巨大企業等々。トランプ・タワーは、1つの建物に凝縮された資本主義アメリカである。強く、高く、時には予言者のように居丈高に立つその建物は、尊大さと結合した建築の典型である。

トランプ遊び

Playing the Trump card

ソニー・ビルなどのニューヨークを象徴するタワー群の中に立つトランプ・タワーは、その折りたたんだファサードと、街路よりも高い場所に植えられている樹木によって、他のビルと差別化されている。このタワーは、影響力と野望を持つクライアントの、世界中をアッと言わせる建物を建てたいという要望に応えて出来上がったものである。

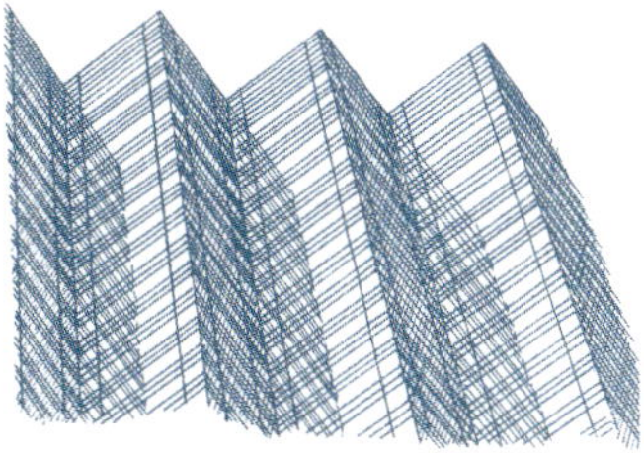

折りたたまれたガラスのファサード

Stepped glazed facade

暗反射ガラスで被覆されたトランプ・タワーは、最初角の部分から、ダイアモンド型のテラスの連続という形でセットバックを始め、次にその水平方向の段差が、縦方向の折りたたみへと変化し、それがそのまま頂部まで真っ直ぐ伸びる。その結果ニューヨークでも一際目立つタワーとなったが、同時に、それによって2方向に眺望の良い開口部を持つオフィスを多く提供することができるようになった。

正面出入り口

Entrance

建物のデザインはモダニスト的と呼べるかもしれないが（国際様式もモダニズムの分派である）、正面出入り口は狂気じみた資本主義以外の何ものでもない。金ぴかの巨大なロゴでタワー名が記され、回転ドアには帽子を着用したドアマンが控えている。上質な建築とけばけばしい消費主義が混淆している。

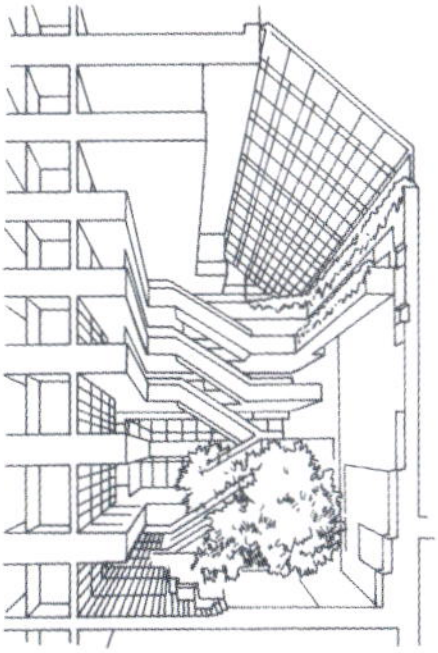

吹き抜け断面図

Section through atrium

トランプ・タワーの中には、たぶんニューヨークで最も大きく、また最も贅沢に装飾された吹き抜けがある。その7階分の吹き抜けには、ショッピング・センター、滝、庭園（後の2つは吹き抜け空間の温度と湿度を調整する役目を果たす）がある。吹き抜けを斜めに横切る長いエスカレーターに乗っていくと、高額所得者向けのブティックがある。

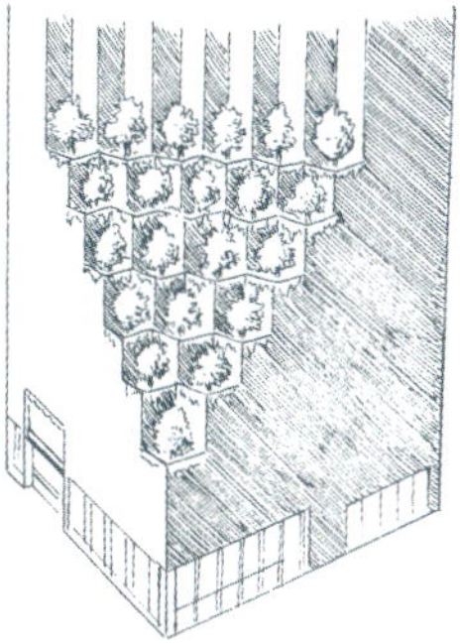

タワーを昇る樹木

Towering trees

屋上庭園が出現する以前であったが、ニューヨークの高層ビルにはめずらしく、トランプ・タワーにはひと続きのダイアモンド型のテラスがあり、それぞれに異なった樹木が植えられている。それは装飾目的以外の何ものでもないが、建物の外観と美しく調和し、このタワーについて語る時には必ずといってよいほど話題になる。

ワールドワイド・プラザ・コンプレックス

ポイントは？

Making a point

独特のシルエットで目立つこのポストモダンのスカイスクレーパーは、1980年代の商業主義からの要請と1920年代の高層ビルの優雅さを結合させる1つの試みであった。

この複合施設全体の設計を担当したデイヴィッド・チャイルズは、ワン・ワールドワイド・プラザのことを、「アメリカの偉大なる古典的スカイスクレーパーとして想像しうる最高のもの」と自画自賛するが、実際はこのビルは、膨れ上がったポストモダンの遺物ともいうべきもので、建築家が目指した高い目標には及ばなかったようだ。それに先行するスカイスクレーパーの多くが、天を突きさすように細く尖っているが、ワン・ワールドワイド・プラザは、どちらかといえば、ずんぐりとした胴廻りの太い48階建てのビルで、その隣人たちが持つ優雅さに欠けている。劇的なものといえば、セットバックするごとにその角を縁取る白いキャップのような鋸歯装飾ぐらいで、垂直性については、窓の間のマリオンによって鈍重に表現されているにすぎない。

場所　*West 49th Street to West 50th Street, between Eighth Avenue and Ninth Avenue, Manhattan*

竣工　1989年

建築家　スキッドモア,オウイングス&メリル

正面入り口

Main entrance

ポストモダンが凱旋門や色の違う石の帯――かつてはルスティカ積みにするのが標準であった――、彫刻のほどこされたコーニスなどの古典的建築様式を身につけている。しかしその実体は、商業的要請と、周囲の建物とは一風違ったものを建てたいという建築家の願望の合成物である。

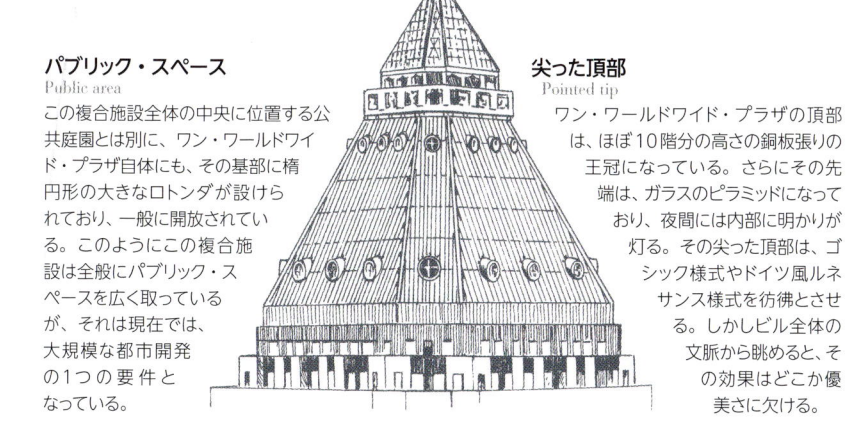

パブリック・スペース

Public area

この複合施設全体の中央に位置する公共庭園とは別に、ワン・ワールドワイド・プラザ自体にも、その基部に楕円形の大きなロトンダが設けられており、一般に開放されている。このようにこの複合施設は全般にパブリック・スペースを広く取っているが、それは現在では、大規模な都市開発の1つの要件となっている。

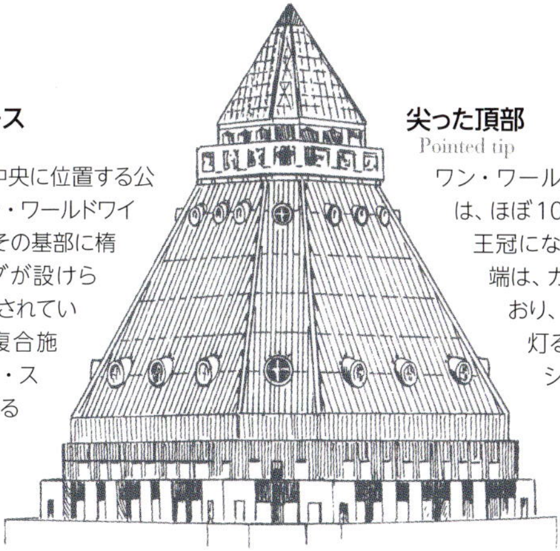

尖った頂部

Pointed tip

ワン・ワールドワイド・プラザの頂部は、ほぼ10階分の高さの銅板張りの王冠になっている。さらにその先端は、ガラスのピラミッドになっており、夜間には内部に明かりが灯る。その尖った頂部は、ゴシック様式やドイツ風ルネサンス様式を彷彿とさせる。しかしビル全体の文脈から眺めると、その効果はどこか優美さに欠ける。

ワン・ワールド・トレード・センター

場所
Liberty Street and Church Street, Manhattan

竣工　2013年予定

建築家
スキッドモア,オウイングス&メリル

スキッドモア,オウイングス&メリルの建築家、デイヴィッド・チャイルズによって設計されたワン・ワールド・トレード・センターは、高さが1776フィート（約541m）であるが、1776という数字はアメリカが独立した年号と同じで、象徴的な意味が込められている。104階建ての建物は、最初は四角形の基部から始まり、高くなるにつれて八角形に変容し、再び頂部で四角形に戻る。そのタワーは、外観的には周囲の全面ガラス張りのタワーと変わりないが、中心の鋼鉄の骨組みの垂直コアは、60cmを越えるコンクリートの壁で包まれている。そのコアには、数基のエレベーターと階段が含まれ、消防隊員用の非常用階段も設けられている。

フリーダム・タワー
Freedom Tower
この強いメッセージが込められた極めて象徴的な建物は、デザインが何度も変更された。しかし、現在ロワー・マンハッタンに立ち上がりつつあるこのタワーは、その形態のすべてで、ニューヨークとアメリカ国民のテロリズムに対する断固たる決意を表現し、この場所にふさわしい灯台となっている。

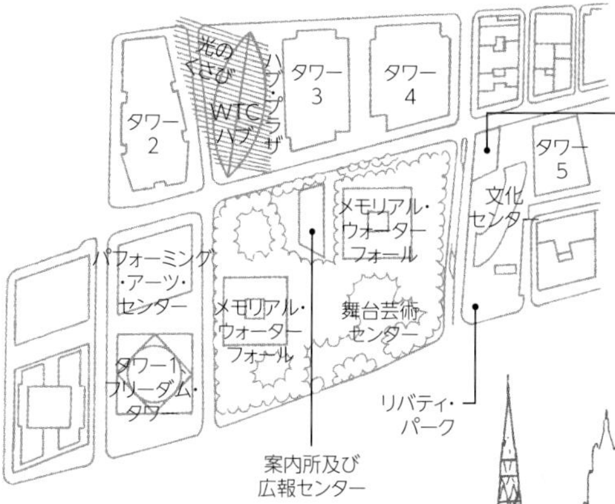

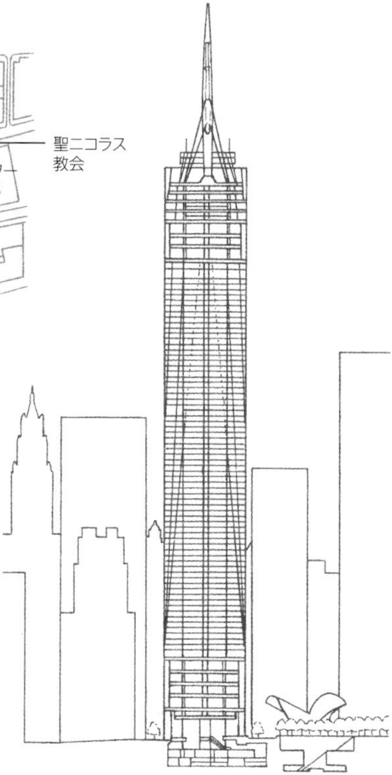

敷地見取図

Site plan

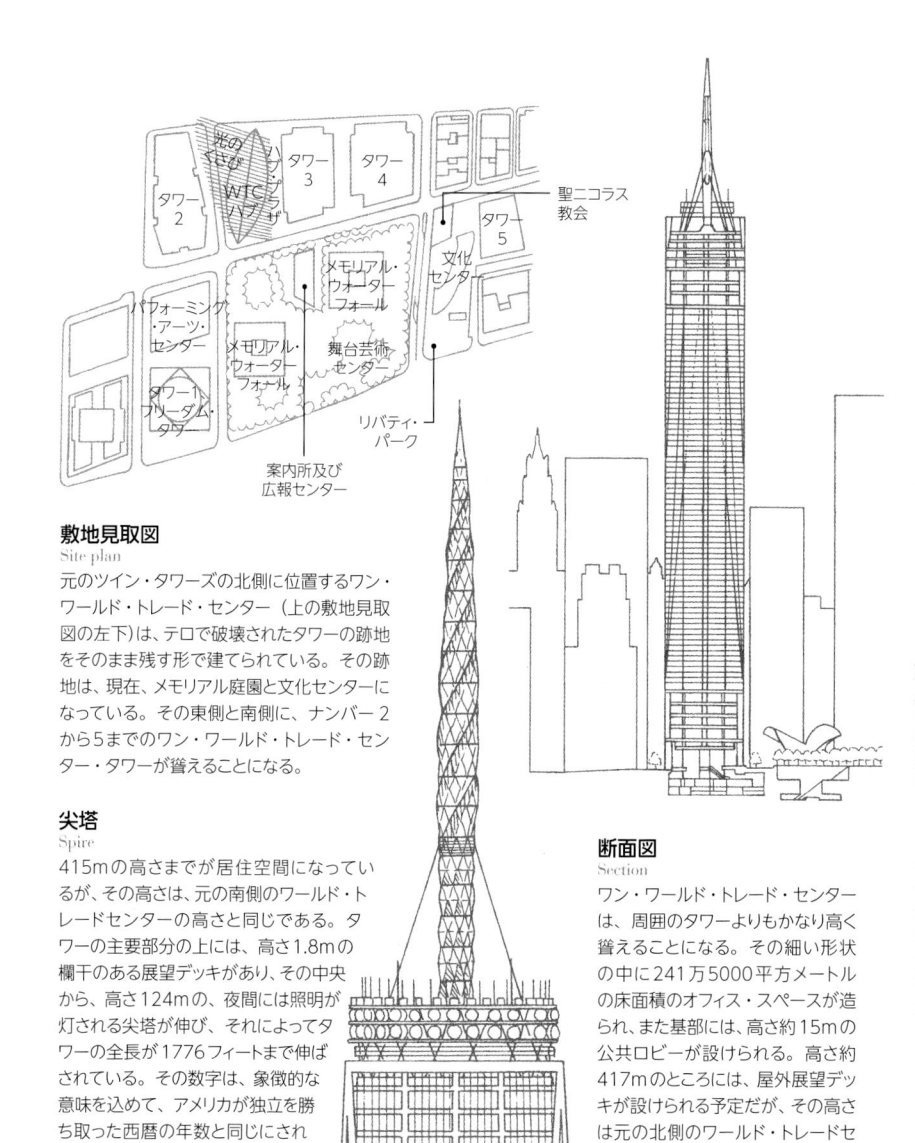

元のツイン・タワーズの北側に位置するワン・ワールド・トレード・センター（上の敷地見取図の左下)は、テロで破壊されたタワーの跡地をそのまま残す形で建てられている。その跡地は、現在、メモリアル庭園と文化センターになっている。その東側と南側に、ナンバー 2から5までのワン・ワールド・トレード・センター・タワーが聳えることになる。

尖塔

Spire

415mの高さまでが居住空間になっているが、その高さは、元の南側のワールド・トレードセンターの高さと同じである。タワーの主要部分の上には、高さ1.8mの欄干のある展望デッキがあり、その中央から、高さ124mの、夜間には照明が灯される尖塔が伸び、それによってタワーの全長が1776フィートまで伸ばされている。その数字は、象徴的な意味を込めて、アメリカが独立を勝ち取った西暦の年数と同じにされている。

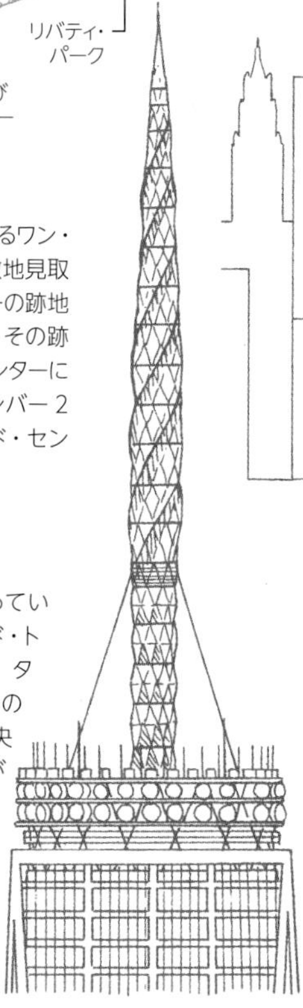

断面図

Section

ワン・ワールド・トレード・センターは、周囲のタワーよりもかなり高く聳えることになる。その細い形状の中に241万5000平方メートルの床面積のオフィス・スペースが造られ、また基部には、高さ約15mの公共ロビーが設けられる。高さ約417mのところには、屋外展望デッキが設けられる予定だが、その高さは元の北側のワールド・トレードセンターの高さと同じである。

MODERN & POSTMODERN

ロケーション・マップ

1 ニューヨーク・タイムズ・ビルディング
620 Eighth Avenue
p.202

2 コニーアイランド駅
Stillwell Avenue
p.206

3 アメリカン・フォーク・アート美術館
45 West 53rd Street
p.208

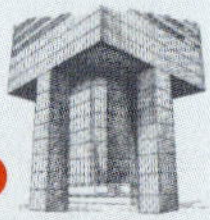

4 シティグループ・センター
153 East 53rd Street
p.210

5 ニュー・ミュージアム・オブ・コンテンポラリー・アート
235 Bowery p.212

6 クイーンズ植物園ビジターズ・センター
Flushing
p.214

7 ワン・コート・スクエア
1 Court Square
p.216

8 ハースト・マガジン・ビルディング
300 West 57th Street
p.218

9 コープ・シティ
Baychester
p.220

10 メトロポリタン・オペラ・ハウス
Broadway at Lincoln Square
p.222

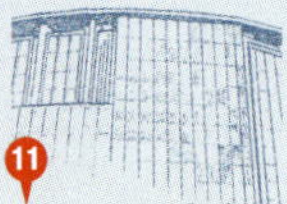

11 マディソン・スクエア・ガーデン
46 Pennsylvania Plaza
p.224

12 クーパー・ユニオン新校舎
41 Cooper Square
p.226

13 エイト・スプルース・ストリート
8 Spruce Street
p.228

14 ホイットニー・アメリカ絵画美術館
945 Madison Avenue
p.230

15 ソニー・ビルディング
550 Madison Avenue
p.232

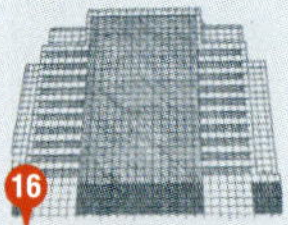

16 モルガン・スタンレー・ビルディング
1585 Broadway
p.236

17 シティ・フィールド
126th Street and Roosevelt Avenue
p.238

18 オーストリア文化フォーラム
11 East 52nd Street
p.240

19 トランプ・タワー
725 Fifth Avenue
p.242

20 ワールドワイド・プラザ・コンプレックス
West 49th to West 50th Streets p.244

21 ワン・ワールド・トレード・センター
Liberty Street and Church Street
p.246

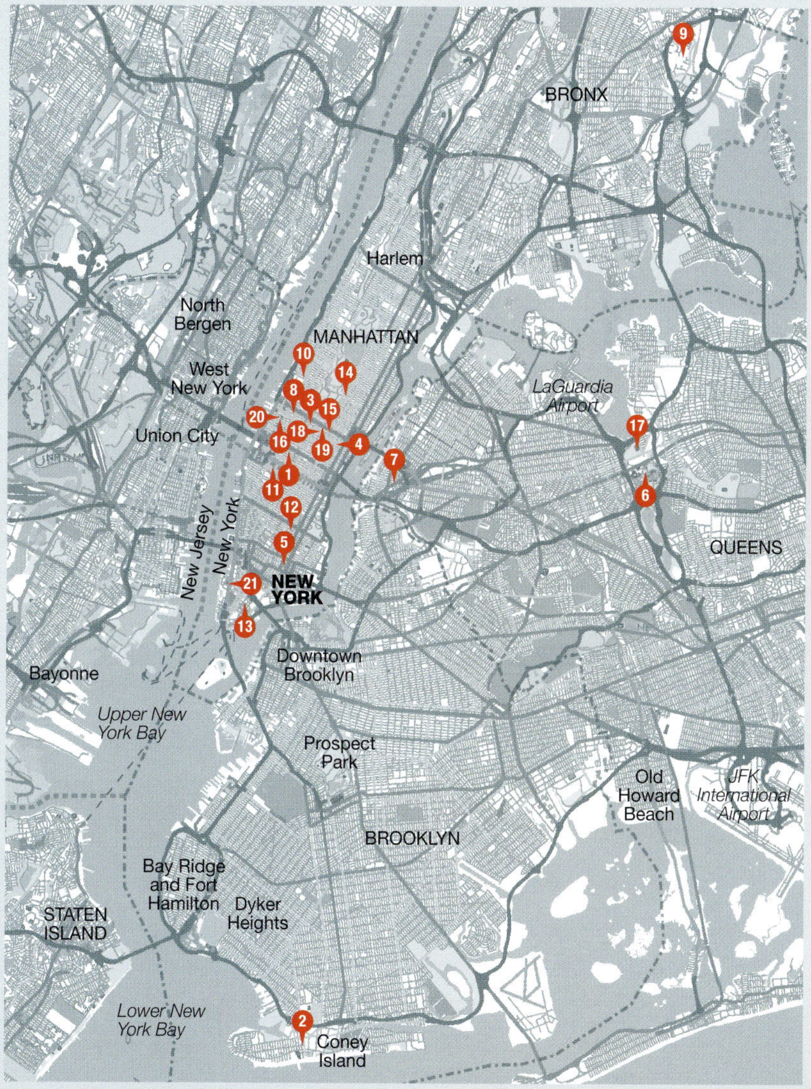
9
BRONX
Harlem
North Bergen
MANHATTAN
10
14
West New York
8
3
15
LaGuardia Airport
20
18
16
19
4
17
Union City
7
1
11
6
12
QUEENS
New Jersey
New York
5
21
NEW YORK
13
Downtown Brooklyn
Bayonne
Upper New York Bay
Prospect Park
Old Howard Beach
JFK International Airport
BROOKLYN
Bay Ridge and Fort Hamilton
Dyker Heights
STATEN ISLAND
Lower New York Bay
2
Coney Island

著名建築家18人作品一覧

カレール& ヘイスティングス
CARRERE & HASTINGS
ロシア連邦領事館
キュナード・ビル
クリスチャン・サイエンス第1教会
フォーブズ・マガジン・ビル
フリック・コレクション(p.42)
ギリシャ総領事館
HSBC銀行
ニューヨーク市立図書館(p.98)
リッツ・タワー
スタンダード・オイル・ビル

キャス・ギルバート
CASS GILBERT
ウェスト・ストリート90番地
西57丁目130番地
アレクサンダー・ハミルトン税関事務所
ブロードウェイ・チャンバー・ビル
ジョージ・ワシントン橋
ニューヨーク郡弁護士会館
ニューヨーク生命保険ビル
連邦裁判所
ウールワース・ビル(p.156)

ワランス・K・ハリソン
WALLACE K. HARRISON
コーニング・グラス・ビルディング
メトロポリタン・オペラ・ハウス(p.222)
国連本部ビル(p.156)

ヘインズ&ラファージュ
HEINS & LAFARGE
IRTボーリング・グリーン駅(p.50)
ブロンクス動物園(p.102)
セント・ジョン・ザ・ディヴァイン大聖堂(p.128)
エノック・グランドロッジ
ジャドソン記念教会

レイモンド・フッド
RAYMOND HOOD
アメリカン・ラジエター・ビル(p.112)
デイリー・ニュース・ビル
GEビル
マックグロー・ビル

フィリップ・ジョンソン&ジョン・バージ
PHILIP JOHNSON AND JOHN BURGEE
5番街1001番地
ボブスト図書館
ニューヨーク近代美術館(p.160)
ニューヨーク州パビリオン
ロックフェラー・ゲストハウス(p.172)
ソニー・ビル(p.232)
高島屋
トランプ・インターナショナル・ホテル&タワー

マッキム,ミード&ホワイト設計事務所
MCKIN, MEAD & WHITE
パーク・アベニュー23番地
5番街998番地
アメリカス協会
バワリー貯蓄銀行
ケーブル・ビル
センチュリー・アソシエーション・クラブハウス
昇天教会
コレクターズ・クラブ
フランス文化大使館
第一長老派教会
ゴレ・ビル
ハーバード・クラブ
エルメス
イタリア文化会館
IRT発電所
ジェームズ・A・ファーレー郵便局(p.90)
ラムズ・クラブ
ロウ・メモリアル・ライブラリー(p.20)
マディソン・スクエア・ガーデン
マンハッタン・ミュニシパル・ビルディング(p.76)
メトロポリタン・クラブ
メトロポリタン美術館(p.56)
ニューヨーク・ヘラルド・ビル
NY生命保険会社
ペン駅
ラケット&テニス・クラブ
リージェント・ウォールストリート・ホテル
サヴォイ・プラザ・ホテル
スペイン協会
聖バーソロミュー教会
聖パウロ教会
コロンビア大学
ストライバーズ・ロウ
ユニヴァーシティ・クラブ
ヴィレッジ・コミュニティ教会
ヴィラード・ハウス

ルートヴィッヒ・ミース・ファン・デル・ローエ
LUDWIG MIES VAN DER ROHE
シーグラム・ビル(p.164)

オルムステッド& ヴォークス
OLMSTED & VAUX
ベルヴェデーレ・キャッスル
セントラル・パーク(p.22)
マーケット・ライブラリー(ヴォークス)
メトロポリタン美術館(ヴォークス、p.56)
ナショナル・アーツ・クラブ(ヴォークス)
プロスペクト・パーク
タバーン・オン・ザ・パーク

レンゾ・ピアノ
RENZO PIANO
モルガン・ライブラリー・アンド・ミュージアム(p.32)
ニューヨーク・タイムズ・ビル(p.202)

シュリーヴ,ラム&ハーモン
SHREVE, LAMB & HARMON ASSOCIATES
5番街500番地
バンカーズ・トラスト・カンパニー
エンパイア・ステート・ビル(p.132)
フォーブズ・マガジン・ビル
モニ・タワー
スタンダード・オイル・ビル
トランプ・ビル

スキッドモア,オウイングス&メリル
SKIDMORE, OWINGS & MERRILL LLP
ワン・リバティ・プラザ
西57丁目9番地
5番街461番地
ベルテルスマン・ビル
チェース・マンハッタン銀行タワー
ゴールドマン・サックス・ビル
HSBCバンク・ビル
イスラム文化センター
レヴァー・ハウス(p.166)
舞台芸術のためのリンカーンセンター
マニュファクチャラーズ・トラスト・カンパニー(p.170)
ワン・ワールド・トレードセンター(p.246)
パーク・ウェスト・ヴィレッジ
サーチ&サーチ
タイム・ワーナー・センター
ワールドワイド・プラザ・コンプレックス

(p.244)
WRグレース・ビル

エドワード・ダレル・ストーン
EDWARD DURELL STONE
トゥー・コロンバス・サークル(p.178)
エドワード・ダレル・ストーン自邸(p.184)
ニューヨーク近代美術館(p.160)
ワン・ファイナンシアル・スクエア
ラジオ・シティ・ミュージック・ホール

ルイス・サリヴァン
LOUIS SULLIVAN
ベイヤード・コンディクト・ビルディング(p.130)

ジョセフ・アーバン
JOSEPH URBAN
ベデル・デパート
ハースト・マガジン・ビル(p.218)
ニュー・スクール・フォー・ソーシャル・リサーチ(p.162)

ワレン&ウェトモア
WARREN & WETMORE
5番街927番地
チェルシー・ピヤーズ
コン・エジソン・ビル
クラウン・ビル
ダウンタウン・アソシエーション
グランド・セントラル駅(p.64)
ヘルムスレー・ビル
聖ジェームズ・シアター
ニューヨーク・ヨット・クラブ
ヴァンダービルト・ホテル

ウィリアム・ヴァン・アレン
WILLIAM VAN ALEN
クライスラー・ビルディング(p.148)
エド・サリヴァン・シアター

フランク・ロイド・ライト
FRANK LLOYD WRIGHT
クリムソン・ビーチ(p.174)
ホフマン・オート・ショールーム
ソロモン・R・グッゲンハイム美術館(p.194)

Acknowledgments

Simon Absonditus: 128.
Alamy/Patrick Batchelder: 32, 244; Michael Doolittle: 236; Len Holsborg: 102; Interfoto: 140; Albert Knapp: 50; Russell Kord: 92; Terese Loeb Kreuzer: 38; Richard Levine: 162; Frances Roberts: 126, 216; Alan Schein: 233; Vespasian: 42, 172.
Jules Antonio: 212.
Oscar Arranz: 30.
Austrian Cultural Forum New York, Photo by David Plakke: 240.
Scott Beale: 190.
Dave Beckerman: 142.
Peter Bennett: 4.
Mario Burger: 54, 180.
Corbis: 168; Bettmann: 90, 94; Cameron Davidson: 144; Nic Lehoux/View: 188; James Leynse: 224; Charles E. Rotkin: 220.
Dan DeChiaro: 222.
Vincent Desjardins: 62.
Enid A. Haupt Conservatory, Conservatory in Winter, Photo by Joseph DeSciose: 82.
Simon Fieldhouse: 64.
Flickr/Alsandro: 218; Beyond My Ken: 226; Bill: 174; BrOnXbOmBr21: 11; Dan: 176; Elaine: 195; Flickr4Jazz: 16; Gryffindor: 230; Malrite: 238.
Fotolia: 2; Matt Apps: 242; Ilja Mašík: 132.
Getty Images/AP Photo: 189TL;
FPG: 114; Edwin Levick/Stringer: 134; Andrew C. Mace: 118; Barbara Singer: 143.
Emilio Guerra: 100, 124, 146, 170, 182, 192B, 214.
Aurelien Guichard: 196.
Jim Henderson: 24, 96, 138.
Dave Hoggan: 119TR.
Jason Hook: 36, 72, 80, 120, 150, 164.
Emmett Hume: 228.
iStockphoto/Ian Klein: 157;
Jitalia17: 18.
Courtesy Kalmbach Publishing Company: 177TL
Library of Congress, Washington, D.C.: 8, 12, 13, 14BR, 20, 21, 26, 27TR, 27BL, 27BR, 28, 29, 33, 44, 45, 46, 52, 55BR, 55BL, 55TR, 56, 58, 59TL, 65, 66, 70, 74, 77, 78, 88, 91, 93, 98, 99TL, 105, 107R, 116, 119TL, 119BR, 121, 122, 130, 133TL, 136, 149, 183TL, 186, 187TL, 192T, 193.
Min Liu: 40.
Kenny Louie: 110.
J. Eric Lynxwiler: 86.
Lauren Manning: 154, 208.
Christoph Anton Mitterer: 204.
Arad Mojtahedi: 57.
Kim Navarre: 34.
Dirk Olbertz: 203.
Photolibrary/Barry Winiker: 113, 178.
Amar Raavi: 210.
Stefan Schulze: 158.
Silke Seybold: 84.
David Shankbone: 68, 166, 234.
Shutterstock/Elliotte Rusty Harold: 206; Morphart: 123TR.
Skidmore, Owings & Merrill LLP: 247.
Robert Skolmen: 184.
Martin St-Amant: 6, 22B.
Studio Daniel Libeskind: 247.
Superstock: 47TR; Tony Linck: 48.
Joe Vare: 201.

CREATIVE DIRECTOR Peter Bridgewater
PUBLISHER Jason Hook
EDITORIAL DIRECTOR Caroline Earle
ART DIRECTOR Michael Whitehead
SENIOR EDITOR Stephanie Evans
DESIGN JC Lanaway
ILLUSTRATOR Coral Mula
PROJECT EDITOR Jamie Pumfrey
COLOR ORIGINATION Ivy Press Reprographics

GLOSSARY 用語

アール・デコ　1920年代から30年代にかけて流行した建築様式で、優美で光沢のある流線型のフォルム、幾何学模様による装飾を特徴とする。

浅浮き彫り　像が地からわずかに浮きだしたレリーフ彫刻。

イタリアネート　イタリア・ルネサンス様式とピクチャレスク運動が融合して生まれた19世紀の建築潮流。

エンタブラチュア　古典様式の神殿やそれに類する建物において、軒と柱の間に位置する部分全体をさす。通常は、アーキトレーヴ、フリーズ、コーニスからなる。

褐色砂岩　古い住宅用被覆石材

カルトゥーシュ　円形の凸状の表面で、たいてい周囲を渦巻き紋様で飾られ、その内部に絵画や浅浮き彫りが収められている。

基壇　建物の基部を形成する低い構造要素。

切妻　建物の正面または側面の部分で、勾配屋根の端部をふさぐ三角形の壁の部分。

クーポラ　鐘楼、ランタン、見晴台などの用途のためドームや屋根の上に設けられた軽量構造物。

グロテスク　空想的または神話的なものの総称で、特に、人間と動物や植物の形態を合成させた形をいう。

コーニス　壁などの構造物の頂部にある良く目立つ水平の帯状の突出物で、構成上の目的でその構造物を分割する。

コーベル　主にレンガや石で出来た持ち送りのことで、通常は壁から少し突き出ている。

国際様式　造形的モダニズムの一分野で、1930年代にフィリップ・ジョンソンによって具体化された。

ゴシック　1150年頃から1500年頃まで、また19世紀後半にはネオ・ゴシックとして大衆化したヨーロッパの建築様式で、尖頭アーチ、ヴォールト、光による表現の追求などを特徴とする。

古典様式　当初は古代ギリシャやローマ時代に建てられた建築物に対してだけ用いられた用語であったが、後に、15世紀に広く読まれるようになった古代ローマの建築家ウィトルウィウスが書いた『建築十書』に記された古典的理想に厳密に従って設計された建築物に対しても用いられるようになった。

コロニアル様式　ヨーロッパを起源とする建築様式が、主にイギリス、フランス、オランダ、ドイツからの移民によって新世界に持ち込まれ、各地に定着していった建築様式。

コロネット　小型の円柱で、装飾的に用いられるもの。

新古典主義　古典様式の先例を基礎にした18世紀から19世紀初めに流行した建築様式。

スタッコ　壁面装飾仕上げやモールディングに使われるきめの細かい漆喰。

スタンション　直立した柱や支柱。

ストラップワーク　革紐細工に似た装飾模様。

スパンドレル　鉄骨造の建物において、窓の上部とその上の階の窓の敷居部分の間を構成するパネル状の部分。

隅石　レンガ壁などの角を形成する普通の形のレンガや切石。

セットバック　建物の上部が、建築線よりも後退すること。構造の重圧感を和らげたり、必要な光や空気を建物基部に届けるために行われる。

柱頭　円柱の頂部。

テラゾ　モザイクによる床仕上げの一種で、大理石の破片とセメントの混合したものを張り付けた後、研磨して仕上げる。

トレーサリー　木の枝に似たリブによって構成される装飾細工で、特にゴシック様式の窓やパネルに用いられる。

狭間壁　胸壁に銃眼のような切り込みを設けて仕上げた壁。

バットレス　建物の外向きの推力に対抗して構造を支えるために造られる外部支持材で、特に組積造の壁面と一体化して、あるいはそれに付属するように造られる突出した構造物をさす。

バッフル　音の流れを制御あるいは拡散させる人工的障害物。

破風　列柱や壁、あるいは正面の主要部分（特に古典建築）の上に置かれる、水平なコーニスと斜めのコーニスの間にある通常は三角形の低い切妻。

パラディアン　16世紀のアンドレーア・パッラーディオの作品

と理論に影響を受けた建築様式で、対称性、遠近感、古典神殿建築のオーダーの価値を重視する。

パラペット　バルコニー、屋根、橋などの端部にある低い防護的な壁や柵の総称。

バラ窓　中央からトレーサリーで対称的に装飾された円形の窓。

バロック　17～18世紀のヨーロッパを起源とする華麗で浪費的な建築様式で、劇場的な装飾、凹凸を強調する壁面装飾などが特徴である。

ピナクル　バットレス、切妻、タワーの頂部にある円錐形、ピラミッド形あるいは尖塔形の細い直立した部材。

ピラスター　壁から浅く突き出た柱形の部材で、柱頭や柱礎を持つ。通常は円柱の形を真似ている。

ファンライト　ドアまたは窓の上の窓で、多くが半円または半楕円形。

フリーズ　外壁にある装飾的帯で、蛇腹よりも幅が広く、文字や像の浮き彫りなどが施されている。

ブルータリズム　コンクリート打ち放しを意味するフランス語のbéton brutからこう呼ばれるようになった様式で、コンクリートまたは石材で被覆され、ほとんど装飾がほどこされず、構造がむき出しになっているのが特徴である。

フレミッシュ　フランドル地方の伝統的な建築様式。多くが装飾的で、花のモチーフの中に帯細工が含まれているのが特徴。

プロセニアム（プロセニアム・アーチ）　舞台と観客席を隔てるアーチ

ベスタビュール　住居や建物の内部と外のドアの間にある廊下やホール、ロビーなどのこと。

ボザール様式　19世紀後期から20世紀初めにかけて流行した精巧な建築様式で、パリのエコール・デ・ボザールで教えられた理論を基にしていることからこう呼ばれている。古典的なフォルム、豊かな装飾、対称性、壮大なスケールを特徴とする。

ポストモダン　20世紀の後半に興った建築運動で、意識的にモダニズムから離れ、多くの場合皮肉や寄せ集めの形で、さまざまな建築様式から引用する。

ポルティコ　円柱や柱に支えられた屋根のある構造物で、通常は建物に付属して玄関となる。

マリオン　窓や羽目板パネルなどを縦方向に仕切る石または木の部材。

未来主義　20世紀初めから中頃にかけて興った建築運動で、歴史的様式の引用を放棄し、工業や宇宙時代の理想に基づくデザインを好み、プラスチックなどの新しい素材を積極的に用いた。

モダニズム　1920年代に興り、主に20世紀末まで流行した建築様式で、装飾を機能に従属させるのを特徴とする。21世紀の建築でも優れたものが多い。

リンテル　窓やドアなどの開口部にかかる上からの力を支える水平の部材。

ルーバー　固定または可動の羽根板を斜めに一部重なりあうように並べ、狭い開口部を連続して設けた部分。

ルスティカ積み　深い目地を取ったデザインの鮮明な切石積み（外壁）の一種で、通常は表面は粗く仕上げる。

ルネサンス　15～16世紀にイタリアで興った、古代ギリシャやローマの建築、学問を復興させる運動で、16～17世紀に北欧に伝わる。18～19世紀の新しい構造の中に取り入れられた。

ロココ　18世紀に流行した装飾的建築様式で、貝殻細工、渦巻き、C形またはS形の曲線などを多用するのが特徴。

ロトンダ　建物の中にある大きく天井の高い円形のホールまたは部屋。特にドームで覆われているものをさす。

ロマネスク　1000～1200年頃にヨーロッパで流行したローマ建築を模倣した建築様式で、円形アーチ、円筒ヴォールト、厚い壁や柱、直線的な定型化が特徴。

索引 INDEX

ア行
アーサー・キル・ブリッジ 180-1,198
アール・デコ 8-9,24-5,110-2,114-5,132-51,163,218,237-8
IRTボーリング・グリーン駅 50-1,60
アドルフ・ウェインマン 17,77
アメリカン・フォーク・アート美術館 208-9
アメリカン・ラジエター・ビルディング111-15,152
アメリカ合衆国国定歴史建造物 36,78,90,149,219
アメリカ合衆国歴史的建造物登録財 18,38,44,78,80,142
アルフレッド・エリー・ビーチ 88
アレキサンダー・ジャクソン・デイヴィス 34
アレクサンドル・ギュスターヴ・エッフェル 15
イーグル・ウェアハウス・アンド・ストレージ・カンパニー 40-1,60
イサム・ノグチ 137
イタリアネート様式 31,34-5,79
ヴァルター・グロピウス 162
ウィリアム・ヴァン・アレン 148,150,251
ウィリアム・デ・クーニング 194
ウィリアム・マーチン・エイケン38
ウィリアム・ルミスリエ 211
ウィリアム・レスケーズ 182
ウィリアム・ロドリグ 118
ウィリアムズバーグ邸 182-3,198
ウィロビー・J・エドブルーク 38
ウェスタン・ユニオン・ビルディング 138-9,152
ヴェラザノ・ナローズ・ブリッジ 186-7,198
ヴォーヒーズ,グメリーン&ウォーカー 138
ウォールドルフ・アストリア・ホテル 140-1,152
ウォーレス・K・ハリソン 222,250
ウォルター・コリー168
ウジェーヌ・ヴィオレ・ル・デュク 117
エイダ・ルイーズ・ハクスタブル 178
H・シドンズ・モウブレイ 33
エイト・スプルース・ストリート 200,228-9,248
エヴァレット・シン 101
エーロ・サーリネン 192-3
エドワード・クラーク・ポッター 99
エドワード・ダレル・ストーン 160,178-9,184-5,250
エドワード・ダレル・ストーン自邸 184-5,198
エニッド・A・ホウプト・コンサーバトリー 82-3,108
エマ・ステビンス 23
エムレン・T・リッテル 124
エメリー・ロス・アンド・サンズ 210
エリス島移民博物館 12,70-1,108
エンパイア・ステート・ビルディング 7,132-3,149,152
オーストリア文化フォーラム 201,240-1,248
オスカー・ニーマイヤー 156,158-9
オスマー・アマン186
オリン・レヴィ・ワーナー 37

カ行
ガエターノ・ルッソ 178
カルヴァート・ヴォークス 22-3,56,58,250
カレール& ヘイスティングス 42,99,250
監獄船慰霊碑 16-17,60
カンファレンス・ハウス 46-7,60
キャス・ギルバート 116-7,251
キャリー・ビルディング 80-1,108
クイーン・アン様式 37,97
クイーンズ・シアター・イン・ザ・パーク 188-9,190,198
クイーンズ植物園ビジターズ・センター 214-5,248
クーパー・ユニオン新校舎 226-7,248
クーパー・ヒューイット博物館 94-5,108
クライスラー・ビルディング 7,111,132-3,148-52
クラム,グッドヒュー&ファーガソン 126-8
グランド・コンコース 146-7,152
グランド・セントラル駅 64-7,108
グリーン・ウッド墓地 122-3,152
クリストファー・ビロップ 46
クリムソン・ビーチ 174-5,198
グロテスク様式 72-3
グワスミー,シーゲル&アソシエイツ 194,196,236
ゴードン・バンシャフト 166-7
コープ・シティ220-1,248
国際様式 158-60,162,202,242-3
国連本部ビル 130,156-9,198
ゴシック・リバイバル/ネオゴシック 31,58,110-29,147
ゴシック様式 8-9,19,23,79,135,245
古典様式 8-9,11-63,76,81,93,102,115,131,134,163,197,234,238
イオニア式 20-1,29,33,43,51,54,75,81,93
ギリシャ 26-9,71,81,86-7,91,101,104,106,165
コリント式 27,35,66,77,81,87,90-1
ドーリア式 16,19,27,33
ローマ 19-21,41,43,49,58-9,66-7,77,81,83,91,93,95
コニーアイランド駅 206-7,248
コロニアル・リバイバル 97,101
コロニアル様式8,10,30-1,44-7

サ行
ザ・ウールワース・ビルディング 116-7,152
ザ・クロイスターズ 48-9,60
ザ・ダコタ 68-9,108
ザ・ハイ・ライン 176-7,198
ザ・プラザ 68,78-9,108
ザ・フリック・コレクション 42-3,60
サー・クリストファー・レン 52,123
SANAA9,212
ジ・アーカイブ38-9,60
シーグラム・ビルディング 9,130,154,155,164-5,198
シーザー・ペリ160-1
ジェイコブ・レイ・モウルド 23,56,58
ジェイムズ・ギブズ 52-3
ジェームズ・A・ファーレー郵便局 90-1,108
ジェームズ・ノックス・テイラー 38
ジェームズ・レンウィックJr118
シカゴ学派135
静かな湖面に佇むボートハウス 18-9,60
シティ・フィールド238-9,248
シティー・ホール 74-5,108
シティグループ・センター 210-1,248
シャニン・ビルディング 9,111,134-5,152
自由の女神像 12-5,39,60
ジュール・アレクシス・クータン 67
シュリーヴ,ラム&ハーモン 132,250
シュルツ&ウィーバー 140-1
ジョージ・B・ポスト 36-7
ジョージア王朝様式 27,54,55
ジョゼフ・H・フリードランダー 24-5
ジョセフ・アーバン 162-3,218,250
ジョセフ・フランソワ・マンギン 74-5
ジョレールモン・トンネル 89
ジョン・エベルソン85
ジョン・オーグスタス・ローブリング 120
ジョン・グリグノラ 55
ジョン・バージー 232,234-5,250
ジョン・ボウン 44-5
ジョン・ボウン邸 44-5,60
ジョン・マッコムJr 74-5
ジョン・ラッセル・ポープ 42
新古典主義様式 9,15,18-20,24,35,89,95,99,101
スキッドモア,オウイングス&メリル 166,170-1,216,245,246,250
スターレット・リーハイ・ビルディング 168-9,198
スタンフォード・ホワイト 17 マッキム,ミード&ホワイトも参照
スローン&ロバートソン 134
スワンク・ハイデン・コンネル建築事務所 242
セイラーズ・スナッグ・ハーバー 28-9,60
妹島和世 212
セント・ジョージ・シアター 72-3,108
セント・ジョン・ザ・ディヴァイン大聖堂 128-9,152
セント・トーマス教会 126-7,152
セント・パトリック教会

111,118-9,152
セント・ポール教会 52-3,60
セントラル・パーク 6,22-3,60
ソニー・ビルディング 201,232-5,248
ソロモン・R・グッゲンハイム美術館 174,194-7,198
ダニエル・H・バーナム 104,106

タ行
谷口吉生 160-1
地下鉄 88-9,108
チャーチ・オブ・ジ・インカーネーション 124-5,152
チャールズ・エヴァンス・ヒューズ 171
チャールズ・コニック 119
チャールズ・コレンス 49
チャールズ・ブース 37
チャールズ・マッキム 32-3
チャールズ・ラックマン建築事務所 224
デア・スカット 242
TWAターミナル 192-3,198
デイヴィッド・ジャーディン 124
デイヴィッド・チッパーフィールド 112
デイヴィッド・チャイルズ 244,246
デイヴィッド・ベイツ・ダグラス 122
ティファニー 101
ディラー,スコフェィディオ&レンフロ 176
トゥー・コロンバス・サークル 178-9
トーマス・マクビーン 52-3
都市高速交通会社発電所 88
トッド・ウィリアムズ&ビリー・ツィン建築事務所 208
トランプ・タワー 242-3,248

ナ行
ナサニエル・アレクサンダー・オウイングス 170
スキッドモア,オウイングス&メリルも参照
ニーナ・セムンドソン 141
西沢立衛 156,158-9
ニュー・スクール・フォー・ソーシャル・リサーチ 162-3,198
ニュー・ミュージアム・オブ・コンテンポラリー・アート 9,212-3,248
ニューヨーク・セントラル鉄道 176
ニューヨーク・タイムズ・ビルディング 202-5, 248
ニューヨーク科学館 190-1,198
ニューヨーク近代美術館（MoMa）155,160-1,198
ニューヨーク公立図書館 62,98-9,108
ニューヨーク市ランドマーク 34,36,78,86,112,182
ニューヨーク住宅供給公社 182
ネオ・ゴシック様式　ゴシック・リバイバル/ネオ・ゴシックの項参照
ネオ・ジョージアン様式 100-1
ネストル・カストロ 72
ノッター,ファインゴールド&アレクサンダー 79
ノリス・G・スタークウェザー 96-7

ハ行
パーク・プラザ 147
ハースト・マガジン・ビルディング 162,218-9,248
ハーツ&タラント 86-7
ハーマン・J・ジェサー 220
ハイテク様式 32,202,218
バブ・クック&ウィラード 194
パラシュート・ジャンプ 142-3,152
パラディアン様式 33,35
ハリソン&アブラモヴィッツ 190-1
バレンタイン－バリアン邸 54-5,60
バロー・ホール・ストリートのエレベーター 89
バロック様式 9,73,84-7,235
BKSK建築事務所 214
ビージーB・G・グッドヒュー 127
ビザンティン－ロマネスク様式 128-9
ヒュー・スタビンズ&アソシエイツ 210
表現主義 139,141,146
ピントゥリッキオ 33
フィールド・オペレーションズ 176
フィオレロ・ラガーディア 24,99
フィリップ・グッドウィン 160
フィリップ・ジョンソン 161,164,172-3,188-9,201,232,234-5,250
フォスター&パートナーズ 162,218
フォスター・ノーマン 202,219
フラットアイアン（フラー・ビルディング）104-8
フランク・ゲーリー 9,228-9
フランク・フリーマン 40
フランク・ロイド・ライト 174-5,194,196-7,250
フリッツ・ラング 136,140
ブルータリズム 230-1
ブルックリン橋 120-1,152
ブルックリン美術館 92-3,108
ブルックリン歴史協会 36-7,60
フレデリク・オーギュスト・バルトルディ 12,14
フレデリック・ロー・オルムステッド 22,250
フレミッシュ様式 51
ブロンクス・カウンティ・コートハウス 24-5,60
ブロンクス動物園 102-3,108
ベイヤー・ブリンダー・ベル 70
ベイヤード・コンディクト・ビルディング 130-1,152
ヘインズ&ラファージュ 51,102-3,128,250
ベラスコ・シアター 100-1,108
ヘルムレ・ヒューバティ&ハズウェル 18-9
ヘンリー・J・ハーデンバーフ 68,78-9
ヘンリー・ドレフェス 171
ホイットニー・アメリカ絵画美術館 230-1,248
ボーリング&ティルトン 70
ポール・セザール・エリュー 66-7
ポール・マンシップ 102-3
ボザール様式 8,18-9,56,64,701,73,86-7,89,934,96,98,101-2,138
ポストモダニズム 8,166,189,201,207,232-47
ポッター・ビルディング 96-7,108
ポピュラス 144-5,238-9
ポルシェク・パートナーシップ92
ボルティモア&オハイオ鉄道 180

マ行
マーティン・E・トンプソン 28
マイケル・マリオ 142
マイナード・ラフィーヴァー 27-8
松井康夫 168
マッキム,ミード&ホワイト 17,20-1,32,56,58-9,76,88,90,92-3,98,250
マックス・ハウゼル 24-5
マディソン・スクエア・ガーデン 224-5,248
マニュファクチャラーズ・トラスト・カンパニー 170-1,198
マリナーズ・テンプル 26-7,60
マルセル・ブロイヤー 230-1
マンハッタン・ミュニシパル・ビルディング 76-7,108,235
ミース・ファン・デル・ローエ 155,164,167,172,202,250
ミルトン・ブルマー 186
ムーリッシュ様式 71
メトロポリス 136,140
メトロポリタン・オペラ・ハウス 222-3,248
メトロポリタン美術館 48,58-9,60
モダニズム 8-9,11,25,92,115,134,200-31
初期 154-99
ブルータリスト 230,231
ロマンチック 185
モルガン・スタンレー・ビルディング 236-7,248
モルガン・ライブラリー・アンド・ミュージアム 32-3,60
モルフォシス226

ヤ行
ヤンキー・スタジアム 144-5,152
ユージン・デローサ 72

ラ行
ライムント・アブラハム 201,240-1
ラジオ・シティ・ミュージック・ホール 37
ラッセル・コリー 168
ラファエル・グアスタヴィーノ 67,71,103
ラファエル・グアスタヴィーノJr 103
リー・ローリー 127
リード&ステム 64
リチャード・アップジョーン

索引

122,126
リチャード・モーリス・ハント 14,56,58
リッチフィールド・ヴィラ 34-5,60
リッチモンド・タウン 30-1,60
リンカーン・シアター 86-7,108
ル・コルビュジエ 156,158-9,162,167,194,214
ルイス・アロイス・リッセ 146
ルイス・サリヴァン 130-1,135,154,251
ルイス・スキッドモア 170
ルネ・ポール・シャンペラン 115,135
ルネサンス様式 8,33,43,51,62-109,245
レイモンド・フッド 112,114-5,136-7,254
レヴァー・ハウス 166-7,198
レンゾ・ピアノ 32-3,202,204,250
ロウ・メモリアル・ライブラリー 10,20-1,60
ロウズ・パラダイス・シアター 84-5,108
ローチ&ディンケルー 56
ロード&バーナム 82-3
ロココ様式 43,73,89,235
ロックフェラー・ゲストハウス 172-3,198
ロックフェラー・センター 136-7,152
ロバート・マザウェル 194
ロマネスク様式 21,37,38-9,40,49,58,62,71,75,85,95,103,119,122,128-9,222,232

ワ行

ワールド・ワイド・プラザ・コンプレックス 244-5,248
ワシントン・オーグスタス・ローブリング 120-1
ワレン&ウェトモア 64,66,122,123,251
ワン・コート・スクエア 216-7,248
ワン・ワールド・トレード・センター 201,246-7,248

This book was conceived, designed, and produced by
Ivy Press Ltd
210 High Street
Lewes, East Sussex
BN7 2NS, UK
www.ivy-group.co.uk

HOW TO READ NEW YORK

ニューヨーク

建築様式を読み解く

発　行　2013年5月1日
発行者　平野　陽三
発行所　株式会社ガイアブックス
〒169-0074 東京都新宿区北新宿3-14-8
TEL.03(3366)1411
FAX.03(3366)3503
http://www.gaiajapan.co.jp

ISBN978-4-88282-861-7 C0052

Printed in China

著者:
ウィル・ジョーンズ(Will Jones)
カナダ・オンタリオを拠点に活躍するジャーナリスト、作家。建築とデザインを専門とし、各国の建築デザイン誌に15年以上にわたって寄稿を続けている。主な著書に、『The New Modern House』、『Unbuilt Masterworks of the 21st Century』、『Architects' Sketchbooks』などがある。

翻訳者:
乙須敏紀(おとす　としのり)
九州大学文学部哲学科卒業。訳書に『世界の建築様式』『シンボルの謎を解く』『木工技法バイブル』(いずれもガイアブックス)など。